GIACOMO BRUNO

COACH 360

Strategie Avanzate per il
Personal Coach, lo Sport Coach,
il Financial Coach

Titolo

"COACH 360"

Autore

Giacomo Bruno

Editore

Bruno Editore

Sito internet

www.Autostima.net

Sommario

INTRODUZIONE

In questa guida ti spiegherò chi è il coach, quali sono le sue specializzazioni (personal, sport, financial coaching) e in che modo si può rapportare con il suo cliente a partire dalla "prima sessione". La prima sessione è il primo incontro informale in cui si definiscono gli obiettivi, il modo di lavorare, si parla delle tariffe e si valuta se il cliente va bene per te e se tu sei il coach adatto a lui.

Esploreremo il mondo del coaching a 360 gradi. Nella prima parte ti parlerò dello strumento principe del coaching, cioè le "domande"; ti esporrò un metodo in quattro fasi per iniziare una sessione e portarla a termine fino al raggiungimento del risultato. Questa parte sarà molto intensa e ricca di esercizi, e vale per qualunque tipo di coaching, che sia personale, sportivo o finanziario.

Nella seconda parte ti parlerò di come migliorare le prestazioni attraverso le tecniche di coaching sportivo e di Programmazione

Neuro-Linguistica (PNL). Analizzeremo i fondamenti per migliorare le proprie prestazioni, la fisiologia e quindi la postura, l'espressione, la centratura e l'equilibrio. Vedremo anche le tecniche di visualizzazione per migliorare fisiologia e postura. Approfondiremo le convinzioni che portano all'azione, che motivano nello sport, in tutte le situazioni, anche di difficoltà, e nelle sfide più grandi; le strategie, i metaprogrammi e tutti quei processi mentali che ci fanno decidere velocemente e ci motivano in determinate situazioni piuttosto che in altre. Scoprendole, potremo aumentare la nostra consapevolezza per auto-motivarci e anche per motivare gli altri.

Nella terza parte parleremo di un mestiere in forte crescita, quello del coach finanziario, ovvero il Financial Coach. Con l'aiuto di questa guida ne scoprirai i segreti, e potrai aiutare gli altri o te stesso ad aumentare le rendite e a lavorare con intelligenza finanziaria per arricchirsi e diventare, a lungo termine, milionari. Le differenze tra la classe media e la classe ricca, come potrai leggere, sono ben definite e precise. Il Financial Coach aiuta le persone a giungere là dove arrivano i grandi ricchi.

Vedremo come sfruttare le rendite e il cash flow senza dover apprendere nozioni di economia; ci serviremo di semplici schemi per fare di te e dei tuoi clienti persone veramente ricche e ottenere la libertà finanziaria.

Buona Lettura!
Giacomo Bruno

PARTE 1: PERSONAL COACH

GIORNO 1:

I Segreti del Personal Coach

La figura del coach è oggi di grande rilievo e si può dire rappresenti anche un posto di lavoro garantito, in quanto si è diffusa in moltissimi settori ed è oggi riconosciuta come una vera e propria professione. Coach e PNL sono, secondo me, un binomio inscindibile, e ti spiegherò perché. Il coach è una persona che aiuta; volendo usare una metafora, è una sorta di allenatore, mentre il cliente è il giocatore. Il coach aiuta il giocatore ad allenarsi, a motivarsi, gli indica le giuste strategie di gioco, ma poi sarà il giocatore a dover scendere in campo e a meritarsi la stima segnando il suo goal, sarà lui a dover vivere con grande motivazione tutti quegli stati d'animo che il coach, l'allenatore, lo ha aiutato ad estrarre, sarà lui a dover raggiungere il suo obiettivo.

Il coaching, infatti, riguarda il raggiungimento degli obiettivi, e in questo si differenzia dalla terapia: mentre la terapia tende a risolvere problemi, il coaching si occupa degli obiettivi. Il coaching, quindi, è rivolto a persone che stanno bene e vogliono stare ancora meglio raggiungendo l'eccellenza in ciò che fanno.

SEGRETO n. 1: mentre la terapia tende a risolvere problemi, il coaching si concentra sugli obiettivi; aiuta a star meglio persone che stanno già bene, motivandole.

In questa guida ti parlerò di tutte le specializzazioni del coaching, che può essere orientato verso obiettivi di natura privata, professionale o sportiva, in modo che tu possa scegliere quella che maggiormente ti interessa ed eventualmente approfondire la strada che preferisci. Tutte hanno come scopo comune il raggiungimento di qualche obiettivo in un settore della vita, ma perché ciò sia possibile la prima cosa di cui dovrai parlare ai tuoi clienti è il concetto di **responsabilità**.

La prima cosa da fare è chiarire sin da subito il proprio ruolo e le rispettive responsabilità dicendo: «Io sono l'allenatore e ti fornirò tutte le strategie migliori che conosco, integrate con la PNL; ti darò motivazione e tutto quello di cui hai bisogno, ti aiuterò a estrarre tutte le tue risorse. Però starà a te, come giocatore,

10

scendere in campo e segnare il tuo goal.» Questo che vuol dire? Che la responsabilità della buona riuscita del coaching è condivisa tra coach e cliente; non è il coach che fornisce una soluzione, che ti dice cosa fare. Il coach non fornisce soluzioni né dà consigli perché altrimenti sarebbe un consulente; invece aiuta il cliente a estrarre risorse già in suo possesso, facendo domande; queste, come vedrai, sono uno strumento importantissimo. Questa è la sua responsabilità, mentre quella del cliente sarà di mettere in pratica le strategie indicate dal coach e segnare il suo goal.

Anthony Robbins – che è un grandissimo formatore e uno dei coach più famosi a livello internazionale – afferma che all'inizio della sua carriera seguiva la PNL nel dettaglio; aveva frequentato dei corsi tenuti dai due fondatori, Richard Bandler e John Grinder, e aveva cominciato a utilizzare la PNL nelle sue sessioni di coaching e nei suoi corsi. Un giorno, però, proprio alla fine di un corso, arrivò un cliente che un paio di anni prima, a seguito di una sessione di coaching finalizzata a interrompere la dipendenza dal fumo, era effettivamente riuscito a smettere di fumare; in più c'è dà dire che era bastata una sola sessione di mezz'ora per raggiungere l'obiettivo. Malgrado ciò, quella persona giunse da

Robbins e gli disse: «Anthony Robbins, tu hai fallito!» e con stupore di Robbins, seguitò: «Ricordi? Abbiamo fatto una sessione per smettere di fumare. Io ho smesso, però adesso ho ricominciato.» Robbins, che voleva capire meglio come erano andate le cose, chiese: «Sì, ma quanto tempo è passato dal momento in cui hai smesso a quello in cui hai ricominciato?» E il cliente: «Sono stato due anni senza fumare; fumavo cento sigarette al giorno, tu mi hai aiutato a smettere, però adesso ho ricominciato. Ciò dimostra che hai fallito.»

E Robbins, che certo non è uno sprovveduto, sentendosi dare del "fallito" replicò: «No, aspetta un momento. Mi stai dicendo che fumavi cento sigarette al giorno, che grazie a me hai smesso di fumare per due anni, che solo ora hai ricominciato e IO avrei fallito?» «Sì», rispose il cliente, «hai fallito perché mi hai programmato male!» Robbins capì, grazie a questa esperienza, che la metafora usata nella denominazione "Programmazione Neuro-Linguistica" poteva portare a fraintendimenti; l'utilizzo del termine "programmazione" era stato infatti deciso da Richard Bandler, appassionato di informatica, per paragonare il cervello umano a un computer. Con ciò voleva intendere che le abitudini, gli schemi che regolano i nostri comportamenti sono ripetitivi, cioè agiamo come se stessimo seguendo un programma, un software.

Quindi Robbins si rese conto che chi non conosceva il vero significato del termine "programmazione" poteva facilmente equivocare e pensare: «È il coach che mi programma ad abbandonare un'abitudine o a curare una fobia; io sto lì e aspetto che lui agisca», quasi che il coach dovesse compiere una sorta di magia. Questo è l'inconveniente cui si va incontro se non si capisce cos'è la PNL. Per cui Robbins, sia per questo motivo sia per ragioni di marketing, cambiò il nome della PNL in NAC, *Neuro-Associative Conditioning* ovvero Condizionamento Neuro-Associativo. Se il cliente ha delle associazioni a livello neurologico per cui reagisce all'ansia fumando la sigaretta, il coach deve solo cambiare, rompere questa connessione neurologica e insegnare al cliente a condizionarsi nel tempo per mantenere il risultato raggiunto. Il coach fa una sessione di mezz'ora, ma poi è il cliente che deve continuare e raggiungere il suo obiettivo.

Dietro questo aneddoto c'è, quindi, il senso di *responsabilità* e di condivisione tra coach e cliente, un concetto fondamentale. Il coach non "programma" ma fornisce gli strumenti che il cliente dovrà applicare con responsabilità per raggiungere i suoi obiettivi, guidato dai suoi valori.

Questo è molto importante. Se dovesse arrivare un cliente che ti dice: «Sai, io non ho obiettivi e per questo voglio fare una sessione di coaching con te. Aiutami, programmami affinché io possa raggiungere qualche obiettivo», la prima cosa che dovrai rispondere è la seguente: «Non posso programmarti, non sono in grado di farlo; il raggiungimento dei tuoi obiettivi non dipende da me ma solo da te. Io ti posso motivare, darti strategie, fornirti gli strumenti migliori ma metterli in pratica dipende da te.» Questo è un discorso importantissimo che deve essere chiaro sia a te che ai tuoi clienti.

SEGRETO n. 2: tra il coach e il cliente c'è condivisione di responsabilità: il coach fornisce gli strumenti più idonei al raggiungimento dell'obiettivo, ma il cliente deve impegnarsi per concretizzarlo.

Esiste, quindi, il coaching senza PNL? Esiste nel senso che se cerchi su internet un corso di coaching indipendente dalle tecniche di PNL lo troverai, così come esiste il venditore che vende senza conoscere la PNL. Tuttavia, secondo la mia esperienza, tanto un venditore quanto un coach efficaci conoscono e applicano la PNL. Ecco perché parliamo di una nuova figura, che è quella del PNL Coach; in inglese troverai molti libri dedicati alla figura dell'"NLP Coach". Coaching e PNL sono dunque concetti legati tra loro, è un binomio che non si può scindere.

Ma in che cosa consiste la PNL? In un certo senso, si può dire che non sia altro che un'etichetta data a ciò che funziona; si basa infatti sul modellamento di persone che hanno avuto successo nel loro settore, non necessariamente geni, quindi, ma semplicemente persone che hanno realizzato al meglio i loro obiettivi. Quel tuo amico è bravissimo nel sedurre le ragazze? Bene, chiediti come fa, cosa fa di diverso da te nell'avvicinare una ragazza.

Osservandolo, potrai carpire le sue strategie e migliorare te stesso. Hai un collega bravissimo nel vendere? Cosa fa lui di diverso da te? La domanda chiave della PNL infatti è «qual è la differenza che fa la differenza»? Questo è l'interrogativo che Richard Bandler e John Grinder si sono posti oltre trent'anni fa e la cui risposta è stata la PNL, ciò che fa la differenza tra una persona "normale" e una persona di successo. Perché Michael Schumacher è così bravo nel guidare e tu no? Come fa Valentino Rossi a prendere, ad ogni giro, un secondo all'avversario? Ci sono delle differenze nei loro comportamenti, nelle loro convinzioni, nei loro valori, nella loro identità rispetto a mille altre persone.

Il lavoro dei fondatori della PNL è stato questo: estrarre ciò che funzionava dai più bravi comunicatori, leader, terapeuti, seduttori, motivatori e, in genere, da tutti coloro che eccellevano in ciò che facevano. Puoi, infatti, prendere una persona, modellarla ed estrarre da lei ciò che funziona; non solo le tecniche ma soprattutto l'atteggiamento mentale, che è quello che fa veramente la differenza, e applicare quindi la PNL in qualsiasi settore della vita. Non basta, infatti, la tecnica, ma ci deve essere un atteggiamento mentale di sincero interesse per la persona da modellare, una vera "corrispondenza interiore".

SEGRETO n. 3: modellati su coloro che riescono bene in ciò che fanno, cerca di capire qual è, in loro, la "differenza che fa la differenza".

Molti, non conoscendo la PNL, pensano che si tratti di manipolazione, in quanto vengono applicate tecniche per la persuasione basate sull'uso del linguaggio. In realtà, se userai le tecniche in modo incoerente rispetto ai tuoi valori e al tuo modo di essere, esse non serviranno a niente. Ne ho parlato, ad esempio, nel corso *Smettere di fumare*, nel quale spiego il metodo "No Fumo". Il ragazzo che inizia a fumare dentro di sé è allineatissimo, perché ha dei valori di un certo tipo: vuole sentirsi più grande, vuol essere parte di un gruppo, vuole farsi accettare dagli amici. Quindi, cosa fa? È chiaro: si comporta di conseguenza e inizia a fumare.

È l'adulto che continua a fumare ad essere incoerente e incongruente; il vero motivo per cui lo fa è che ormai ha il vizio e non riesce più a farne a meno, e se da ragazzo ha preso una decisione coerente con i valori che aveva, ora la difende senza avere più una valida ragione. Il venditore che usa le tecniche, ma dentro di sé è convinto di non essere un buon venditore o ritiene che il suo prodotto non sia valido, non riuscirà a ottenere gli stessi risultati di qualcuno che è coerente, che crede nel suo prodotto. Quindi, per quanto le tecniche siano precise, essenziali, funzionanti ed efficaci, se non c'è una corrispondenza al livello di valori interni, convinzioni e identità, esse non funzioneranno o non saranno abbastanza efficaci. Ecco, quindi, perché penso che un buon coach, per essere tale, debba avvalersi di un importantissimo strumento quale è la PNL.

Per farti capire meglio qual è il compito del coach voglio raccontarti un aneddoto. Alì Babà muore lasciando un'eredità ai suoi figli, che comprende, tra le altre cose, 39 cammelli. Dalle sue disposizioni testamentarie risulta che tutti i beni, compresi i cammelli, dovranno essere divisi tra i figli nel modo seguente: al primogenito 1/2, al secondo figlio 1/4, al terzo 1/8 e all'ultimo 1/10. E lì cominciano i problemi, poiché 39 non è divisibile per 2 e non è possibile dare al primogenito 19 cammelli e mezzo. Fortuna vuole che passi di lì una persona con il suo cammello e dica: «Ragazzi, vi risolvo io la situazione; farò una sola cosa: vi darò uno strumento, il mio cammello, voi farete il resto.» In questo modo i cammelli diventano 40 e la divisione, a quel punto, risulta facilissima: al primogenito 20 cammelli, al secondo 10, al terzo 5 e all'ultimo 4. Ma la somma di 20 + 10 + 5 + 4 fa 39, avanza quindi un cammello; il passante può riprendersi il suo e continuare la passeggiata nel deserto!

Ecco, quel passante è il vero coach, ossia è colui che ti dà uno strumento per raggiungere il tuo obiettivo, dopodiché ti lascia responsabilmente libero di agire nel senso da te voluto. Il coach, proprio per il suo modo di lavorare, non crea dipendenza, perché ti fornisce strumenti che tu puoi utilizzare da solo; durante la sua sessione di coaching ti insegna delle strategie, ti aiuta, ma dopo dovrai continuare da te, perché la responsabilità è tua. A me sono arrivate email da persone che avevano raggiunto il risultato che volevano, l'obiettivo che avevamo individuato durante una sessione. Sai cosa c'era scritto? «Grazie per quello che mi hai dato; però, se ce l'ho fatta, il merito è mio». E avevano ragione, il merito è stato tutto loro; se mi hanno detto questo, vuol dire che sono riuscito a trasmettere loro il concetto di responsabilità, che è il primo e il più importante. Ciò che dico sempre durante le mie

19

sessioni è infatti: «Lavora seriamente, lavora duro, prenditi la responsabilità del tuo obiettivo e raggiungilo».

Di queste cose ho parlato anche ai medici, perché anche se fanno un lavoro diverso da quello del coach è bene che abbiano certi strumenti. Ho tenuto dei corsi sul rapporto medico-paziente destinati ai medici, e molti dei concetti che illustravo loro erano comuni anche al coaching; l'idea di base, infatti, è quella di aiutare il paziente, trasmettendogli, però, il senso di responsabilità, perché non deve crearsi dipendenza con il medico. Il paziente deve cioè trovare in se stesso la forza di affrontare la propria malattia, per poter vivere positivamente non solo il tempo, di per sé limitato, che può trascorrere con il medico, ma soprattutto il resto della giornata e quelle a venire.

SEGRETO n. 4: il buon coach fornisce al cliente gli strumenti per raggiungere il suo obiettivo, ma poi lo lascia responsabilmente libero di agire, non crea dipendenza.

In questa guida ti illustrerò quindi i tre fondamenti del coaching; se ci pensi puoi capire da solo quali essi siano. Chi è coinvolto, infatti, nel rapporto che si instaura con il coaching? Il "coach", il "cliente" e gli strumenti che si utilizzano nella comunicazione con il cliente, ovvero le "domande": uno strumento grandioso ed essenziale.

Nella vendita si dice «chi domanda comanda», perché attraverso delle domande ben formulate puoi guidare il rapporto, imprimendo una direzione alla tua comunicazione. Non a caso nei corsi sull'apprendimento si insiste sulle statistiche relative alla capacità delle persone di memorizzare; si dice che a lungo termine si ricordi solo il 10 per cento delle parole ascoltate e ancora più bassa è la percentuale di quelle solo lette. Quindi, ad esempio, è meglio un videocorso di un audiocorso, e meglio ancora una lezione dal vivo. Ma si dice anche: «C'è una cosa, però, che ricordo al 90 per cento; sai qual è? Ciò che ho detto io.» Una cosa quindi è dire al cliente: «Allora, ricordati che per raggiungere questo obiettivo devi fare questo, questo e quest'altro», in questo modo ricorderà il 10 per cento delle informazioni. Ben altra cosa è chiedergli: «Allora, cosa devi fare per raggiungere il tuo obiettivo?» In questo modo lui sarà costretto a concentrarsi su tutto ciò che il coach gli ha trasmesso, e ne ricorderà il 90 per cento. L'importanza delle domande non l'ha individuata la PNL ma l'ha scoperta Socrate, che con la sua *ars maieutica* estraeva dalle persone la conoscenza, la sapienza.

Attraverso questa guida imparerai non solo chi è il coach e quali sono le varie specializzazioni ma apprenderai anche un nuovo modo di comunicare. Ciò ti sarà di aiuto, qualsiasi lavoro tu svolga e indipendentemente dal fatto di voler fare del coaching la tua professione. In qualunque lavoro, infatti, è necessario comunicare con i colleghi, con il capo, con i dipendenti. Troverai vantaggi per la comunicazione con la tua famiglia, con la tua ragazza, con il tuo partner, perché imparerai un modo di comunicare diverso, che dà comprensione, fiducia e crea sintonia. Se invece di tornare a casa pensando solo alla terribile giornata che hai avuto e imponendo le tue idee, dirai: «Come stai oggi? Come è andata in ufficio? Cosa pensi di fare per raggiungere quell'obiettivo a cui tieni?» agirai in un modo totalmente nuovo e riceverai una risposta nuova.

La prima volta che ho seguito un corso di formazione per diventare coach, ricordo di aver dovuto scrivere quali fossero, secondo me, i vantaggi di questo lavoro e le motivazioni che mi avevano spinto a frequentare quel corso. Sul mio quaderno scrissi: «Perché voglio migliorare la mia comunicazione con gli altri», intendendo con "gli altri" non solo i clienti. Come vedrai, infatti, gli strumenti di cui potrai avvalerti sono adatti a tutti, e questo è uno dei vantaggi della PNL; ciò è possibile sia perché si agisce sul proprio atteggiamento mentale, sia perché ci si serve di tecniche molto semplici.

Quando tengo corsi di formazione in azienda, finalizzati magari a migliorare le vendite, quei venditori, tornando a casa, si sapranno "vendere" meglio anche alla moglie e ai figli; capisci qual è il vantaggio? E se quei venditori vivranno una situazione familiare migliore grazie a queste strategie, tornando al lavoro magari produrranno ancora di più, perché saranno felici, in uno stato d'animo positivo.

SEGRETO n. 5: le domande sono uno strumento grandioso che è essenziale nel coaching.

Ma definiamo ora chi è il coach e quali sono le sue specializzazioni. Il coach è colui che, come un buon allenatore, ti aiuta a migliorare e a raggiungere il tuo obiettivo. È una persona che ti porta dal tuo "stato attuale", cioè da una situazione del presente che non ti piace più e che vuoi cambiare, a raggiungere il tuo "stato desiderato", ossia una situazione del futuro in cui hai raggiunto l'obiettivo:

STATO ATTUALE > STATO DESIDERATO

A differenza della terapia, ad esempio, che lavora fondamentalmente su stato attuale e sullo stato passato, cercando nel tuo vissuto precedente le cause dei tuoi problemi attuali, il coaching si occupa solo di stato attuale e stato desiderato: oggi sei qui, domani vuoi essere lì.

Vediamo quali sono le strategie e le azioni con cui fare questo salto. Se il coach guarda al passato, perché ogni tanto è importante farlo, lo farà in un modo completamente diverso rispetto a un terapeuta. Lo vedrà non come possibile fonte di problemi, di traumi, di giustificazioni della situazione presente ma come un importante riferimento, come preziosa fonte di esperienze. Perché se tu devi estrarre risorse da una persona oggi, hai bisogno di trovarle anche nel suo passato; a una persona convinta di essere completamente insicura, ad esempio, potrai chiedere: «C'è stata un'occasione nella tua vita in cui ti sei sentito sicuro? Bene, pensaci e concentrati su di essa», poi applicherai una serie di tecniche per aiutarla a trovare la motivazione. Le chiederai: «Ingrandisci l'immagine» o «Avvicinala», o ancora «Allontanala» e così via. Ne parleremo approfonditamente più avanti.

Oppure dirai: «Vai nel passato, torna alla situazione in cui ti sei sentito sicuro e rivivila come se fosse adesso. Dov'è la sensazione di sicurezza? In quale zona del tuo corpo la avverti?» Magari quella persona la avvertirà all'altezza dello stomaco; tu le dirai: «Bene, allora ancorala e portala nel tuo presente; guarda come questa tecnica ti può aiutare per raggiungere il tuo obiettivo.» Il passato, quindi, viene preso in considerazione ma solo in senso potenziante, mai in maniera limitante. Sì, perché se rivivrai i problemi o le esperienze del passato non farai altro che amplificare uno stato d'animo negativo anziché risolverlo.

SEGRETO n. 6: il coach, partendo dallo stato attuale, si concentra sul modo migliore per far raggiungere al suo cliente lo stato desiderato.

Difficilmente si possono raggiungere nuovi obiettivi quando si è in uno stato negativo. Devi invece partire dal presente e far vedere al tuo cliente o alla persona che intendi aiutare quanti e quali obiettivi può raggiungere e in che modo può farlo. Ma che tipo di obiettivi può affrontare un coach? Esistono fondamentalmente tre specializzazioni nel coaching, e cioè: **Personal Coach**, **Sport Coach** e **Financial Coach**.

La prima, il Personal Coach, affronta obiettivi personali, come ad esempio: «Sai, mi sono stancato della mia situazione: sono single da una vita perché non riesco ad avvicinare nessuna ragazza, ho veramente voglia di trovare una donna con cui stare bene, convivere e magari sposarmi.» Una persona che si esprime così, già ti ha detto tutto: «Oggi sono qui, il mio stato attuale è quello di essere single da tanto tempo; probabilmente sono un po' insicuro, non conosco tecniche per sedurre meglio. Il mio obiettivo è quello di intrecciare una relazione con una ragazza e magari arrivare anche a sposarmi.» Chiaro? Stato attuale/stato desiderato.

Lo Sport Coach segue invece gli sportivi, aiutandoli a migliorare le loro prestazioni, i loro risultati.

Il Financial Coach, infine, affronta obiettivi legati all'attività lavorativa e finanziaria: «Voglio un nuovo lavoro. Mi sono stancato di fare il postino, voglio fare il netturbino». Innanzi tutto il coach non giudica, per cui non dice: «Ma perché? Già che cambi trovati un lavoro migliore, non so, l'autista.» Non dà questo tipo di consigli né esprime giudizi su quello che il cliente afferma, ma aiuta il cliente a raggiungere l'obiettivo cui aspira. Al massimo chiede: «Sei sicuro di voler fare il netturbino? Cosa è importante per te nel fare il netturbino?» ossia, con una serie di domande, lo aiuta a capire le sue motivazioni. Al coach, infatti, interessano fino a un certo punto le motivazioni che spingono il cliente, mentre è importantissimo che chi vuole raggiungere un obiettivo se ne renda consapevole. Il Financial Coach è orientato, di solito, alle persone che aspirano a migliorare la propria situazione finanziaria tramite la creazione di rendite.

Sta a te decidere quale specializzazione prendere; ti sconsiglio di dedicarti ad ogni tipo di obiettivo. Se raggiungerai livelli molto alti, magari più in là potrai farlo, però è bene cominciare prendendo una direzione, e per fare questo devi scavare dentro te stesso e capire cosa vuoi veramente fare nella vita. È molto diverso dedicarsi al financial, al personal o allo sport coaching; le competenze relative alla comunicazione sono le stesse, ma poi devi specializzarti, come in qualunque altro settore professionale. Il modo giusto di pensare sarà quindi: «Sono il più bravo coach sportivo in Italia perché ho deciso di dedicarmi a questo settore», oppure: «Voglio specializzarmi nel Personal Coach ed essere uno dei migliori in questo campo.» Chi fa tutto perde un po' di credibilità, come un avvocato che si dedica sia al settore penale che a quello civile.

Ma quali sono le abilità più importanti di un coach? Come ti dicevo, non sono specifiche di un settore, ma valgono un po' per tutte le specializzazioni. Affronteremo adesso questa parte di teoria prima di passare agli esercizi, perché la PNL, in realtà, non è una scienza ma è pratica, o funziona o non funziona; per stabilirlo dovrai provarlo su te stesso. Bandler all'inizio di ogni suo libro dice: «Non credete a quello che vi sto dicendo. Provatelo: se funziona, bene, se non funziona buttatelo.» È il modo migliore di rivolgersi al cliente.

Passiamo quindi a descrivere una a una le abilità che un buon coach deve possedere. La prima è il **rapport**, ovvero l'attitudine a creare sintonia con le persone. Sicuramente ti è capitato di conoscere una persona e provare un'antipatia immediata a pelle, e pensare: «Ha qualcosa di insopportabile, anche se non so cosa»; o di incontrarne un'altra, di trovarla subito simpaticissima e dire: «Non saprei dire perché, so che mi sono trovato bene da subito; mi sento in sintonia con quella persona, siamo sulla stessa lunghezza d'onda.» Hai incontrato entrambe le persone per non più di pochi minuti ma con una delle due si è stabilita un'intesa istantanea, con l'altra no. L'arte di creare questo tipo di rapporto è stata studiata e modellata ed è un'abilità che il coach deve acquisire. Come si fa? Ci sono delle strategie per ottenere questo risultato. Una delle più famose è la tecnica del **ricalco**, forse ne avrai già sentito parlare; essa consiste nel mettersi sullo stesso piano dell'altra persona, sia a livello di comunicazione verbale sia a livello non verbale.

La comunicazione non verbale, infatti, è data dal linguaggio del corpo; se la persona con cui parli è seduta e tu sei in piedi, per esempio, non stai comunicando sintonia, al contrario stai creando distanza. Sì, perché le posture differenti spingono anche a rapportarsi in un modo diverso. L'altro giorno ero con mia moglie e stavamo parlando con una persona, noi due seduti, questa persona in piedi; dopo dieci minuti questa diversità era diventata fastidiosa, e mia moglie gli ha detto: «Perché non ti siedi?» La differente postura creava infatti un senso di distacco. La persona con cui stavamo parlando si è seduta e il tono della conversazione è cambiato.

Quindi, adottare una postura simile - "seduto/seduto", "in piedi/in piedi", "mano in tasca/mano in tasca", "braccia conserte/braccia conserte" - aiuta a entrare in sintonia. Attenzione però a non comportarsi come indicato da certi libri di comunicazione non verbale, che stabiliscono una corrispondenza diretta tra posture e atteggiamenti; ad esempio "braccia conserte = chiusura". Per un certo periodo a *Striscia la notizia* si sono divertiti a giudicare il carattere dei politici basandosi sui loro gesti. La PNL, invece, non etichetta niente e nessuno, perché quando etichetti qualcuno non ti focalizzi più su di lui ma ti convinci che sia fatto in un certo modo e comunichi sempre con lo stesso stile; non ti concentri sul tuo interlocutore o, per meglio dire, sul suo stato emotivo, ma su te stesso, sulle convinzioni che hai nei suoi confronti. Se, ad esempio, ti convinci che quella persona sia chiusa, comincerai a pensare di non essere in grado di comunicare con lei e le trasmetterai paura; in questo modo non farai che peggiorare la situazione.

Rimani invece focalizzato in tempo reale su chi hai di fronte, senza cercare di capire a tutti i costi se sia una persona visiva, auditiva, cinestesica, come si legge anche in molti libri di PNL. Interessati solo a cosa in quel momento e in quel contesto ti sta comunicando, e a come lo sta facendo. Se un cliente ti dice, ad esempio: «È chiaro, ho un futuro brillante» oppure: «Davanti a me vedo un futuro tutto nero», ti sta parlando in maniera *visiva*; evidentemente ha delle immagini mentali che gli suggeriscono che le cose andranno in un modo o nell'altro. In questo caso una buona risposta potrebbe essere: «Bene, allora facciamo un po' di luce sul suo futuro»; rispondigli, cioè, sullo stesso piano comunicativo, usando la tecnica del ricalco.

Questa tecnica crea sintonia. Infatti, quando conosci persone con cui ti trovi immediatamente bene, probabilmente il motivo è che state comunicando nello stesso modo. Normalmente questo avviene per caso, mentre la PNL ci dice come creare sintonia con tutti. Questa attitudine, assai utile a chiunque, è addirittura indispensabile se fai un lavoro delicato come quello del coach o del terapeuta. Entrare in sintonia con le persone sarà necessario, altrimenti rischierai che il tuo cliente, non fidandosi, non si apra o non dica la verità né a te né, cosa ancora più grave, a se stesso.

SEGRETO n. 7: tra le abilità di un buon coach vi è la capacità di creare rapport con il cliente, risultato che si può ottenere attraverso la tecnica del ricalco.

Naturalmente, se fai delle domande dovrai anche essere in grado di ascoltare le risposte; la capacità di ascoltare è una qualità assai rara nella nostra cultura. Ascoltando le risposte, infatti, potrai capire di più quella persona sul piano comunicativo e quindi adeguarti a lei, entrare maggiormente in sintonia. Chi vuole conquistare una donna deve semplicemente ascoltarla; non essendo abituata a ricevere ascolto e comprensione troverà quell'uomo già diverso da tutti gli altri che conosce. L'**ascolto** è quindi un'altra preziosissima dote che il coach deve possedere, e dovrà essere "attivo", ovvero sottolineato dalla postura. Avvicinati un po' al cliente e, magari, ripeti quello che ti ha detto: «Mi stai dicendo che il tuo obiettivo è quello di fare il netturbino; ho capito bene?»

Molti libri consigliano di parafrasare, ossia ripetere più o meno quello che il cliente ha detto, e più avanti vedremo se questo consiglio possa considerarsi veramente valido. Assicurare al cliente di aver ben compreso quanto ha detto è fondamentale nella prima sessione, nell'ambito della quale si stabiliscono gli obiettivi e le modalità con cui verrà affrontato il percorso formativo che, attraverso il coaching, il cliente si appresta a fare. Una cosa molto importante è far capire al cliente che tu sei la persona adatta a lui. Se, ad esempio, io mi recassi da un coach per fare una sessione, gli comunicassi i miei obiettivi e lui mi rispondesse solo: «Bene», mi rimarrebbe il dubbio che non abbia compreso quanto gli ho detto.

Non potrei ovviamente trattarlo come un bambino e invitarlo a ripetere quanto gli ho comunicato, perché un bravo coach sa da solo di doverlo fare per due motivi: per essere sicuro di aver capito e per dimostrarlo al cliente.

Durante un corso di *Ingegneria della persuasione*, John La Valle, che è uno dei grandi esponenti della PNL e attuale socio di Richard Bandler, propose un esercizio sulla precisione linguistica. Entrò in aula e ci informò del fatto che si sarebbe rivolto a noi come se fossimo stati agenti immobiliari; a quel punto ci comunicò di voler comprare una casa, poi disse: «Sto cercando una casa che deve avere il parquet, ho bisogno che abbia due bagni e vorrei che avesse un bel terrazzo. Avete capito? Siete i miei agenti immobiliari, voglio essere sicuro che mi abbiate compreso perché è la casa dei miei sogni. Cosa vi ho chiesto? Che tipo di casa sto cercando?» Uno dei partecipanti al corso rispose: «Deve avere il parquet, deve avere due bagni e deve avere il terrazzo»; un altro azzardò: «Deve avere il parquet, potrebbe avere il terrazzo ed è importante che abbia due bagni.» Nessuno dei presenti riuscì a ripetere la frase rispettando i verbi che La

Valle aveva usato, ovvero: «*Deve* avere il parquet, *ho bisogno* che abbia due bagni e *vorrei* che avesse un bel terrazzo.»

Prestare attenzione alle parole che il cliente usa significa capirlo veramente a fondo. Il fatto che dica «ho bisogno» anziché «mi piacerebbe» oppure «vorrei» piuttosto che «deve», è assai diverso: fa la differenza. La scelta delle parole, infatti, nasce da ciò che prova la persona che le utilizza, da ciò che sente dentro di sé, dalle esperienze che ha vissuto. Un coach che ripete esattamente le parole usate dal cliente crea una grande sintonia, dimostra di aver ascoltato e di essere andato molto più in profondità di quanto una persona in genere faccia. Bandler dice infatti: «Non bisogna parafrasare, come dicono molti libri sulla vendita, ma "pappagallare", cioè ripetere esattamente, magari non tutto ma le parole importanti, le parole chiave e gli operatori modali, ovvero i verbi *volere, potere* e *dovere*.»

Quindi, se arriva un cliente da te e ti dice: «Devo raggiungere questo obiettivo, perché ho bisogno di avere dei soldi, perché voglio avere una casa mia», devi ripetergli la stessa identica frase. Se non farai questo e userai la parafrasi sarà sempre meglio che dire solo: «Sì, bene», come molti fanno, ma non applicherai la PNL, che è quella differenza che fa la differenza che ti dà una marcia in più rispetto agli altri.

SEGRETO n. 8: l'ascoltare in modo attivo il cliente e il "pappagallare" ciò che dice aiuteranno il coach a creare sintonia con lui.

È molto importante dare questo tipo di *feedback* al cliente, essere precisi nelle risposte, nella comunicazione per andare in profondità. Della **responsabilità** ti ho già parlato. Il cliente deve essere consapevole del fatto che il coach può fornirgli gli strumenti per raggiungere gli obiettivi ma che metterli in pratica dipenderà da lui.

Un altro aspetto positivo della PNL è che cerca di fornire più scelte possibili, non eliminando nulla delle conoscenze precedentemente acquisite ma, semmai, aggiungendo. Chi ha già delle conoscenze di vendita, ad esempio, non deve stravolgerle e ricominciare da zero perché la PNL funziona meglio, ma potrà semplicemente aggiungere quelle nuove a quelle che già possiede.

Più scelte hai, infatti, migliore sarà la tua capacità di aiutare l'altra persona, di darle responsabilità.

Altra caratteristica fondamentale del coach è l'assenza di commenti e **giudizi** di valore. Come ho avuto modo di sottolineare anche poco fa, un bravo coach non dirà mai: «Questo obiettivo è meglio di quest'altro», oppure, riprendendo l'esempio delle pagine precedenti: «Fai l'autista piuttosto che il netturbino!» Egli non esprimerà le sue opinioni personali né darà soluzioni. Per capire bene quali siano i suoi compiti pensa questo: il Personal Coach è diverso dal terapeuta, il Financial Coach è diverso dal consulente - che è una figura professionale che offre soluzioni già pronte - e lo Sport Coach non è un allenatore, perché non ti allena sulle tecniche e sul fisico ma ti dà strategie e motivazione. Fai attenzione, quindi, a queste differenze.

Il bello della differenza tra il coach e queste altre figure professionali è che il coach può andare in qualsiasi azienda senza sapere nulla né dell'azienda stessa né dei prodotti trattati e riuscire ugualmente a dare ottimamente il suo contributo. Può seguire una persona in uno sport di cui non sa nulla o che non ha mai praticato perché, non dovendo dare soluzioni, non ha bisogno di conoscere la tecnica di quello sport. Non dovrà dire qual è la strategia migliore per lanciare il peso ma dovrà estrarla dal suo cliente in base ai suoi modelli interiori, alle sue immagini, ai suoi amici o colleghi. Quello del coach, quindi, è un lavoro quasi esterno, il cui obiettivo primario è estrarre la grandezza dei propri clienti. Il coach deve essere convinto che nella persona che ha di fronte ci sia un diamante che è solamente sporco di terra; dovrà dargli una spolverata e farlo uscire allo scoperto, in tutto il suo splendore.

Questo è il concetto che mi è stato trasmesso durante il primo corso di coaching che ho seguito: trovare la grandezza nel cliente, perché dentro ogni essere umano ci sono risorse, valori, identità che, una volta estratti, gli permetteranno di proseguire da solo e in maniera eccellente la propria vita. Il cliente deve solo acquisire consapevolezza di essere grande, di essere, appunto, un diamante allo stato grezzo. Ogni tanto le persone che hanno fatto delle sessioni di coaching con me mi chiamano per dirmi: «Guarda, ho raggiunto quell'obiettivo e sono felicissimo»; non mi cercano perché hanno ancora bisogno di me ma per condividere con me la gioia di aver raggiunto l'obiettivo.

SEGRETO n. 9: è importante che il coach eviti giudizi di valore nei confronti del cliente, per cui non esprimerà opinioni personali né fornirà soluzioni.

Altra abilità del coach è il **feedback**, cui in parte ho già accennato. Possiamo infatti parlare di feedback sia in ambito di comunicazione - nel senso di dimostrare al proprio cliente, con la tecnica del "pappagallare", di aver capito ciò che ci ha comunicato -, sia parlando di lodi e critiche, che spesso vengono fatte impropriamente sia in ambito professionale sia familiare. Non bisogna eliminare le critiche ma imparare a farle in maniera adeguata. Si è studiato, nel campo della motivazione, che lodare una persona che fa bene il suo lavoro è meglio che criticarla quando fa un lavoro male. Al bambino che ha preso un ennesimo brutto voto in matematica, non dire: «Ecco, hai sbagliato il compito pure oggi! È chiaro che non sei portato per la matematica.» Piuttosto dì, quando prende un bel voto: «Bravo, oggi ti sei impegnato di più e hai preso un bel voto.

Complimenti!» Puntando sull'andare via dalla punizione anziché verso il premio, crei ugualmente motivazione e contemporaneamente costruisci un bel rapporto con la persona.

Il coaching è un po' diverso perché, essendo il rapporto molto diretto, sincero e trasparente, è anche giusto criticare le cose che non vanno; vedremo come. Hai presente quelle persone che ti fanno i complimenti anche quando stai facendo una stupidaggine? Magari hanno un amico che si mette in testa di provare la cocaina e non fanno niente per cercare di fermarlo. Se sei un vero amico lo prendi a pugni, non gli dici: «Va be', provala, la responsabilità è tua.» Come minimo provi a farlo ragionare dicendogli: «Ma che fai? Ti conosco, hai dei valori come me, siamo amici, perché devi fare questa stupidaggine?»

Bene, il coach è questo tipo di amico, quello che ti critica quando c'è da criticare e che soprattutto ti loda quando fai le cose fatte bene. Quindi, va bene dare una spinta quando serve e va bene lodare quando serve. L'importante è che la critica non sia mai, e sottolineo "mai", sull'identità. Quindi non dire: «Tu sei un incompetente», «Tu sei uno stupido» come avviene spesso sia in famiglia sia in ambito professionale. Critica invece il singolo comportamento e fallo in tempo reale; ossia puoi dire: «Questo lavoro è stato fatto male, ma tu sei comunque una brava persona, sei un bravo lavoratore, quindi impegnati di più.»

Questa è una buona critica, perché è indirizzata al comportamento, mentre contemporaneamente viene lodata l'identità. Nello stesso modo potresti dire al bambino dell'esempio di prima: «Oggi hai fatto male un compito, ma so che sei un bravo bambino che si impegna sempre, quindi la prossima volta cerca di farlo meglio», oppure: «Oggi hai rotto il vaso, ma non per questo ti voglio meno bene.» Non rinunciare a fare la critica, quindi, ma loda sempre l'identità. Si potrebbe pensare che una critica vale l'altra e invece anche qui torna il discorso della precisione linguistica: un bambino che viene sempre criticato sulla sua identità crescerà con dei complessi, così come il lavoratore si stancherà di lavorare in quell'azienda in cui viene sempre maltrattato verbalmente. Dai, quindi, i feedback giusti.

Inoltre è importante seguire un certo ordine nel dispensare critiche e lodi. Forse conosci il libro *L'One Minute Manager* di Kenneth Blanchard (edito da Sperling), uno dei conferenzieri più pagati al mondo; nel testo si parla proprio della "lode da un minuto", della "critica da un minuto", degli "obiettivi da un minuto" e così via.

Blanchard racconta una storiella riguardante un ministro e un imperatore che governano un regno. L'imperatore dice: «Ministro, facciamo così, tu infliggi le punizioni e io elargisco lodi, così la gente mi vorrà bene, e se avrà qualche risentimento sarà solo contro di te.» E il ministro accetta. Ma cosa succede dopo un paio di mesi? L'imperatore va in giro per la città lodando tutti, ma quando prova a imporre una regola, nessuno lo ascolta. Al contrario, quando il ministro dice qualcosa tutti scattano sull'attenti perché hanno paura della punizione.

L'imperatore comincia a seccarsi della situazione e dice al suo ministro: «Allora, ministro, le cose non vanno bene; facciamo così, da oggi in poi ci scambiamo i ruoli: io infliggo le punizioni e tu elargisci lodi al popolo.» Dopo pochi giorni il popolo si ribella, pensando che l'imperatore sia impazzito, e decide di cacciarlo via ed eleggere al suo posto il ministro che ha dimostrato più equilibrio e affidabilità.

Il senso di questa storiella è che non va bene fare prima la lode e poi la critica, perché è una strategia che non funziona. Sicuramente ti è capitato di sentir dire: «Sì, tu sei un bravo bambino "però" hai fatto una stupidaggine enorme», oppure: «Ti amo "ma" non mi piace quel certo lato del tuo carattere». Linguisticamente il "però" e il "ma" cancellano la lode precedente e fanno dubitare che si tratti di una lode sincera. In una frase con la quale si vuole fornire a qualcuno un feedback sul proprio comportamento è assai meglio cominciare con la critica e concludere con la lode: «Tu hai fatto questa stupidaggine e devi rimediare, è giusto che tu lo sappia; però sei un bravo bambino.» Quindi, se non vuoi fare la fine dell'imperatore, fai prima la critica sul comportamento, curando che sia precisa e dettagliata perché possa essere costruttiva, e poi elargisci la lode sull'identità.

SEGRETO n. 10: se trovi necessario muovere delle critiche al cliente, fallo in maniera appropriata: prima fa' la critica sui comportamenti, e non sull'identità, e dopo lodalo.

RIEPILOGO DEL GIORNO 1:

- SEGRETO n. 1: mentre la terapia tende a risolvere problemi, il coaching si concentra sugli obiettivi; aiuta a star meglio persone che stanno già bene, motivandole.

- SEGRETO n. 2: tra il coach e il cliente c'è condivisione di responsabilità: il coach fornisce gli strumenti più idonei al raggiungimento dell'obiettivo, ma il cliente deve impegnarsi per concretizzarlo.

- SEGRETO n. 3: modellati su coloro che riescono bene in ciò che fanno, cerca di capire qual è, in loro, la "differenza che fa la differenza".

- SEGRETO n. 4: il buon coach fornisce al cliente gli strumenti per raggiungere il suo obiettivo, ma poi lo lascia responsabilmente libero di agire, non crea dipendenza.

- SEGRETO n. 5: le domande sono uno strumento grandioso che è essenziale nel coaching.

- SEGRETO n. 6: il coach, partendo dallo stato attuale, si concentra sul modo migliore per far raggiungere al suo cliente lo stato desiderato.

- SEGRETO n. 7: tra le abilità di un buon coach vi è la capacità di creare rapport con il cliente, risultato che si può ottenere attraverso la tecnica del ricalco.
- SEGRETO n. 8: l'ascoltare in modo attivo il cliente e il "pappagallare" ciò che dice aiuteranno il coach a creare sintonia con lui.
- SEGRETO n. 9: è importante che il coach eviti giudizi di valore nei confronti del cliente, per cui non esprimerà opinioni personali né fornirà soluzioni.
- SEGRETO n. 10: se trovi necessario muovere delle critiche al cliente, fallo in maniera appropriata: prima fa' la critica sui comportamenti, e non sull'identità, e dopo lodalo.

GIORNO 2:
La professione del Coach

Vediamo ora nello specifico "come" lavora un coach. Affronteremo il discorso delle sessioni, delle tariffe e di tutto ciò che riguarda il lavoro di coach, senza tralasciare di approfondire in che modo si intraprende questa attività. Innanzitutto, quando ci si riferisce agli incontri con il cliente si parla di "sessioni" e non di "sedute"; la seduta, infatti, è tipicamente terapeutica, quindi non riguarda il coaching. Il coach fa sessioni di lavoro con i suoi clienti perché ha a che fare con persone che stanno bene e vogliono stare meglio raggiungendo i propri obiettivi. Una sessione può essere **live**, ossia dal vivo, e si può svolgere nel tuo studio o in quello del cliente, a casa tua o a casa sua, in ogni caso dove preferite tu e il cliente. Ci sono sessioni che durano un paio d'ore e sessioni di mezza giornata, così come sessioni di un'ora.

Le sessioni più efficaci partono dalle due ore, perché ci vuole un po' di tempo per entrare in sintonia con la persona, definire un obiettivo e parlarne; se per questo impieghi mezz'ora e la sessione in tutto è di un'ora, ti rimane ben poco tempo per svolgere il lavoro concreto. Il mio consiglio è, quindi, di prefissarti una durata media a sessione di due/quattro ore; le sessioni più lunghe, di una giornata intera, sono molto faticose sia per il coach sia per il cliente perché si lavora in profondità. Quindi, se deciderai di fare sessioni molto lunghe, prevedi anche parecchie pause.

La sessione **telefonica** dura in genere da mezz'ora a un'ora. Secondo me, da sola non funziona molto bene, perché se tu e il cliente non vi siete mai conosciuti prima, quindi non vi siete mai incontrati faccia a faccia, non può crearsi una grande sintonia. È invece ottima come "follow-up", cioè se utilizzata in seguito a un primo incontro dal vivo. Puoi decidere di svolgere una, due, tre sessioni live e, infine, di farne una telefonica per verificare la rotta che sta seguendo il cliente per il raggiungimento dell'obiettivo. Soprattutto se c'è una distanza geografica, può valere la pena procedere in questo senso: incontrare il cliente dal vivo per una sessione di mezza giornata, ossia di quattro ore, dopodiché decidere una serie di sessioni telefoniche a distanza di una settimana, un mese, tre mesi e così via, almeno fino a quando il cliente è abbastanza saldo sulle sue gambe ed è in grado di proseguire da solo per la tua strada. Se c'è bisogno, a seguito del primo incontro puoi dire: «Tra un mese ci incontreremo per un'altra sessione di mezza giornata.»

SEGRETO n. 11: una sessione di coaching può essere telefonica o live; la telefonica è sconsigliabile come approccio iniziale mentre è ottima come follow-up.

Questi sono più o meno gli standard, ma ci vuole flessibilità per adattarsi alle esigenze del coach e a quelle del cliente. A me, per esempio, piace fare coaching nel mio studio a Roma, quindi difficilmente mi sposto in un'altra città; preferisco che l'altra persona venga da me. Però dipende anche da te, come coach; se non ti crea problemi spostarti, e anzi lo trovi piacevole, puoi agire diversamente. Naturalmente se il coach si sposta la sessione avrà un costo maggiore, perché il cliente dovrà pagare, oltre alla sessione, le spese di trasferimento ed eventuali pernottamenti, considerando anche che in questo modo il coach investe molto più tempo. Dipende, quindi, anche dalla quantità di lavoro che hai.

La **frequenza** può essere settimanale, quindicinale, mensile. Come ti ho detto, la modalità che io uso maggiormente è una sessione live seguita da qualche sessione telefonica. In genere, se sei bravo e se usi la PNL, può bastare una sessione; la PNL, infatti, è nota per essere veloce ed efficace. In una sessione, di solito, si riescono a chiarire lo scopo e le motivazioni per cui la persona ha deciso di fare coaching con te; si riesce a focalizzare la direzione, quindi l'obiettivo o gli obiettivi che intende raggiungere e a fornire delle strategie per concretizzarli. In una sessione, dunque, puoi fare moltissimo lavoro. Poi le telefonate serviranno a seguire il percorso e a verificarlo, ogni sette giorni, ogni mese, ogni tre mesi e così via, fino a diluirsi nel tempo. È possibile, però, che qualcuno ci tenga a vederti una volta al mese per motivi personali o perché ha degli obiettivi più difficili da raggiungere. Magari vuole verificare degli obiettivi economici o finanziari, come ad esempio il target di fatturato mensile, come può avvenire nel financial coaching.

SEGRETO n. 12: a un coach di PNL normalmente è sufficiente una sessione live seguita da una serie di telefonate a

cadenza via via sempre meno ravvicinata; è però possibile che sia necessario più di un incontro live.

Parliamo anche di **tariffe**. Per darti un'idea dei costi, partiamo dal numero uno al mondo, ovvero Anthony Robbins, che ti chiede, senza neanche darti la facoltà di vederlo, un milione di dollari per dodici telefonate di un'oretta circa, una al mese. Ultimamente ho letto che, in realtà, chiede anche più, ovvero un milione di dollari più il 3 per cento dei guadagni dovuti alla sua consulenza. E poiché non lavora con personaggi qualsiasi, il 3 per cento è riferito a qualche milione di dollari e quindi si tratta di cifre veramente notevoli. In Italia la situazione è un po' diversa, in genere una sessione live di un coach non particolarmente noto può costare dai cinquanta ai trecento euro l'ora.

Ad esempio, un coach agli inizi potrebbe chiedere 30 euro l'ora e quindi, per una sessione di due ore, circa 50/60 euro. Coach di un certo livello possono chiedere 100/200 euro l'ora. Personalmente chiedo 2000 euro più Iva per una sessione di due ore. Per qualcuno è tantissimo, per altri è il prezzo giusto da pagare per avere una consulenza di qualità per il proprio business. Più che altro dipende da quanto sei conosciuto, dalla soddisfazione dei clienti, dal passaparola e dal tuo grado di specializzazione in uno specifico settore. La cifra che puoi chiedere dipende dalla tua esperienza. Se cominci oggi, evidentemente non puoi chiedere 1000 euro; ma se sei attivo da tanto, hai tanta esperienza e soprattutto funzioni, cioè sei efficace, si comincerà a diffondere la voce e potrai elevare la cifra; questo è infatti un lavoro che si basa sul passaparola. Per lo stesso principio, se non otterrai risultati non otterrai clienti.

SEGRETO n. 13: la tariffa oraria che puoi chiedere dipende dalla tua esperienza e dai risultati raggiunti.

Mentre per la PNL esistono le certificazioni internazionali di Richard Bandler firmate da lui, nel campo del coaching non esiste un controllo di qualità e quindi una certificazione ufficiale. Non esiste in definitiva il titolo di "PNL coach" né una certificazione internazionale riferita al ruolo del coach. Per questo motivo chiunque, volendo, può decidere di diventare coach, sarà comunque il mercato a premiare quella persona o a distruggerla. Chi si improvvisa coach dopo un giorno di corso, non avendo nessuna preparazione, già dopo la prima sessione che terrà pagherà le conseguenze della sua decisione. Non ottenendo risultati, infatti, il cliente ne parlerà male, come di una persona incompetente; si diffonderà questa impopolarità e il "coach" in questione si vedrà tagliato fuori dal mercato. Se invece il coach è bravo, preparato e ha fatto esperienza, lo trasmetterà: sarà più veloce ed efficace, le persone parleranno di lui e avrà sempre più clienti.

Ma questo è quanto avviene in qualsiasi lavoro, non solo nel coaching. Per esempio, io sono un ingegnere: ho seguito un corso di laurea della durata di cinque anni e mi sono laureato; in verità, all'università non insegnano nulla di pratico. È un fatto che io, pur essendo ingegnere elettronico, nei cinque anni di corso non ho mai visto un circuito elettronico; ho sperimentato poi da solo ciò che avevo appreso acquistando i kit di montaggio.

Dopo l'università si entra quasi sempre impreparati nel mondo del lavoro, a quel punto o ci si rimbocca le maniche e ci si dà da fare o si viene inesorabilmente bocciati dal mercato. Se pensi di fare l'ingegnere libero professionista, o sei bravo e hai buone idee oppure non andrai molto lontano; alla fine, giustamente, si premia chi sa lavorare bene, al di là del titolo. Quello che voglio farti capire è che anche se non esiste una certificazione ufficiale per la professione del coach, il sistema va ugualmente bene. Esistono comunque delle federazioni, come la Federazione Italiana Coach, riconosciute sia a livello internazionale che nazionale, così come esiste l'Associazione Italiana Formatori. Sono associazioni che cercano di esercitare un controllo di qualità, imponendo ai soci un'etica professionale cui attenersi.

Se vuoi fare questo lavoro può essere conveniente iscriverti, ma sappi che da un punto di vista legale in Italia non è riconosciuta neanche la PNL. L'unica certificazione piuttosto seria è quella di Bandler: ha stabilito che solo i trainer certificati da lui personalmente possono a loro volta certificare i "Practitioner" e i "Master Practitioner", che sono i primi due livelli di specializzazione. Chi vuole proseguire e diventare trainer deve assolutamente incontrarlo, entrare in contatto diretto con il fondatore della PNL; sarà lui stesso a valutare se quella persona è veramente brava e meritevole del titolo. In questo senso possiamo dire che nel diventare trainer di PNL c'è un controllo di qualità più alto che nel prendere la laurea, perché gli esami universitari possono anche essere superati per il rotto della cuffia.

Per diventare coach puoi fare un solo corso e provare a vedere se funziona; se non sei bravo non raggiungerai risultati, e la PNL giudica in base ai risultati. Non c'è nulla di vero o falso, ma solo cose che funzionano o non funzionano. Sei davvero un bravo coach o non lo sei? Ottieni risultati o no? Funzioni o no? Ebbene, questo è il parametro di giudizio. Quindi puoi trovare il coach che non ha nessuna certificazione, nessuna appartenenza ad associazioni e federazioni ma che è bravissimo, come puoi trovare quello che è iscritto e ha tutti i certificati del mondo ma è incapace. Da chi andresti come cliente? Ovviamente da quello che è bravo e che ti aiuta a raggiungere i tuoi obiettivi. Quindi sta tutto nell'impegno che profonderai per diventare un bravo coach.

Colui che fa un percorso completo e si forma seguendo tanti corsi e colui che non segue corsi ma è veramente appassionato di formazione arriveranno al medesimo risultato. Infatti la persona veramente appassionata si comporterà come me quando ero agli inizi, quando tra un modulo e l'altro leggevo cinquanta libri, arrivando così a leggere in sei anni oltre duemila libri. I testi per gli esami di ingegneria non mi appassionavano allo stesso modo; ho scoperto, invece, di avere una passione incredibile per la PNL. Ed è proprio grazie alle metodologie sulla lettura veloce apprese grazie alla stessa PNL che sono stato in grado di leggere così tanto.

Le cose che so e che ti racconto derivano in gran parte da ciò che ho letto sui libri e non solo dai corsi seguiti con Bandler, Grinder e Robert Dilts con tutti i più grandi della PNL e del coaching. Credo infatti che siano i tanti libri che ho letto a fare la differenza tra me e gli altri trainer e coach. Se vuoi fare la differenza devi avere più strumenti che puoi; nel settore del coaching la PNL è già uno di questi strumenti, ma se leggerai, non dico duemila libri, ma anche solo cento libri, sarai già diverso dalla maggior parte degli altri coach.

Anthony Robbins racconta che all'inizio della sua carriera andava in giro nelle piazze a fare discorsi, a fare conferenze sulla motivazione e sull'autostima, perché aveva scoperto delle cose così importanti per se stesso da volerle diffondere più che poteva;

tutti i giorni dell'anno faceva quindi formazione gratis e in un anno aveva fatto trecentosessantacinque giornate di formazione. Quanto tempo avrebbero impiegato i suoi colleghi che facevano a dir tanto un corso a settimana, se non due o tre corsi al mese, ad eguagliarlo? Forse una ventina d'anni. Robbins in un anno aveva maturato l'esperienza che altri colleghi avevano raggiunto in vent'anni di lavoro. Tornando alla mia esperienza personale, ecco perché io sono cresciuto molto più velocemente di altri; dipende solo da quello che vuoi fare e da quanto veloce vuoi essere. Dipende solo da te.

SEGRETO n. 14: nel campo del coaching non esiste una certificazione ufficiale, ma se sei bravo, preparato e hai fatto esperienza, in qualche modo lo trasmetterai e avrai successo.

Ti ho parlato delle tariffe che puoi trovare sul mercato; un concetto chiave che dovrai sempre ricordare è il "NO GRATIS". La formazione, e soprattutto il coaching, non possono e non devono essere regalati, questo per una serie di motivi. Il primo e più importante non lo dice la PNL, ma la psicologia tradizionale:

uno dei modi con cui diamo valore a un prodotto o a un servizio è il suo prezzo.

Se in una vetrina vedi un golf che costa 500 euro, la percezione che avrai sarà che il golf è di alto valore, e dirai: «Accidenti, deve essere di un buon cachemire e di un'ottima marca.» Se ne vedi uno da 10 euro, è possibile che ti piaccia ugualmente e tu decida di comprarlo, ma penserai che se lo vendono a 10 euro è perché probabilmente ne vale 5. In base al prezzo noi giudichiamo il valore, e in base al valore che noi assegniamo a quel prodotto o a quel servizio gli attribuiamo un rilievo più o meno grande; nel caso del coaching, dunque, ci impegneremo di più o di meno nel seguire le sessioni e nel mettere in pratica le strategie proposte dal coach.

Ti è mai capitato di incontrare qualcuno che vorrebbe smettere di fumare e che ti dice: «Ora faccio un corso mirato: spendendo soldi, sarò certo più invogliato a impegnarmi» oppure un amico che deve dimagrire e pensa: «Ho deciso: vado dal dietologo, mi darà la solita dieta che conosco benissimo, ma il fatto di doverlo pagare mi spronerà a seguirla.» Succedeva lo stesso a me, quando andavo da Bandler in America spendendo 3000 dollari a modulo: ti assicuro che la mattina mi svegliavo ultramotivato, emozionatissimo e non vedevo l'ora di sedermi in prima fila e non perdermi neanche un minuto, non una parola, perché attribuivo un enorme valore a quel corso.

Volendoti portare un esempio contrario, ricordo di aver tenuto qualche anno fa, all'inizio della mia carriera di formatore, un corso di introduzione alla PNL che costava pochissimo: 60 euro circa per due persone. Perché l'ho voluto fare? Perché volevo fare esperienza e avere tante persone in aula. Ci sono riuscito, ma dal punto di vista della formazione cosa è successo? Che le persone, avendo pagato poco, non attribuivano grande valore al corso. Ricordo, in particolare, che alcuni non volevano fare gli esercizi perché erano venuti solo per accompagnare un amico o per fare una gita. Tra l'altro, quando a un certo punto ho proposto il percorso completo al prezzo di 800 euro, gli allievi hanno replicato: «No, aspetta un momento: se si pagava 30 euro a persona per una giornata di formazione, per otto giornate, $3 \times 8 = 24$, si dovranno pagare 240 euro, non 800.»

Il valore che le persone avevano percepito e assegnato era di 30 euro per ogni giornata di formazione. Oggi, ti assicuro che chi fa coaching con me non viene in ritardo di un solo minuto, perché pagando tanto per poche ore non vuole perdere neanche un minuto, è ultramotivato e vuole raggiungere in fretta i risultati. Anche pagare tanto, quindi, è una motivazione. Altra cosa molto importante è la qualità dei tuoi clienti. Paul McKenna, altro grande trainer di PNL che tiene corsi insieme a Bandler e a John La Valle a Londra, dice che a un certo punto della sua carriera ha raddoppiato la tariffa, da un giorno all'altro. E cosa è successo? Che alcuni clienti lo hanno abbandonato, alcuni sono rimasti e moltissimi, di una fascia molto più alta, si sono aggiunti. Chi non bada a spese e vuole il coach migliore, infatti, giudica chi sia il migliore anche da quanto costa. Ovviamente il compito di McKenna era di dimostrare che il prodotto valeva davvero: nel caso contrario avrebbe perso i clienti in breve tempo.

Se quindi sei uno che vale, alza il prezzo, perché la gente aumenterà la stima che ha di te e il valore che ti dà; chi pagherà 100 euro per una giornata introduttiva di PNL sarà disposto a pagare 800 euro per otto giorni, perché sarà una giusta proporzione.

A volte mi sono sentito dire: «Gli ebook costano troppo» quando in realtà rispetto a un corso in aula costano molto meno, pur fornendo gli stessi contenuti – anche se non la stessa esperienza –. Hanno, inoltre, il vantaggio di potere essere riletti più di una volta se non si è afferrato bene un concetto o si vuole affinare una strategia; non si devono affrontare viaggi, spese aeree, pernottamenti, che di solito costano almeno quanto tutto il corso e fanno raggiungere a chi deve sostenere il corso la spesa di 1.000 euro per un week-end. In realtà, quindi, l'ebook ha molti più vantaggi del corso in aula. Per non parlare di quanto ti costa non averlo; quanto ti costa ad esempio non conoscere strategie per vendere meglio?

Nonostante ciò, ogni tanto c'è qualcuno che dice: «Se è vero che la vostra missione è diffondere queste materie in Italia, dovreste vendere ebook a un prezzo molto più basso o addirittura fornirli gratuitamente, al costo delle spese.» E io rispondo dicendo: «Il gratis non funziona, perché se l'ebook fosse gratuito o costasse pochissimo non gli attribuiresti il giusto valore.»

Spesso io e mia moglie ordiniamo libri tramite internet, e quando arriva il pacco facciamo a gara per aprirlo. Io mi comporto come un bambino il giorno di Natale, perché mi emoziono. Questo è ciò che vorrei trasmettere anche alle persone che ho intorno: vorrei che anche tu non vedessi l'ora di leggere l'ebook che hai scaricato.

Quindi niente gratis; se dai gratis non ci sarà valore percepito, motivazione, non ci sarà nulla. Sono sicuro che se un giorno arriverai ad avere come consulente Anthony Robbins e gli darai un milione di dollari, quella telefonata te la registrerai per risentirla mille volte, perché le attribuirai un altissimo valore; sì, perché il valore è spesso dato dal prezzo. Quindi, gratis non vali niente. Ciò non toglie che se vuoi fare coaching a un amico solo per fare esperienza lo puoi fare, ma ti accorgerai che non funziona così bene. Molto spesso i miei colleghi mi invitano gratis ai loro corsi; secondo te sono animato dalla stessa motivazione e dallo stesso impegno che ho quando seguo quei corsi che ho pagato a caro prezzo?

Quando ho frequentato dei corsi di specializzazione in PNL, ho pensato a lungo se iscrivermi o meno. Quando ho deciso, ho frequentato un primo corso e mi sono trovato benissimo e ho percepito un valore altissimo; un venditore che non negozia sul prezzo, infatti, vuol dire che è talmente sicuro di sé e della validità del suo prodotto da trasmetterti il piacere di pagare qualcosa in più pur di assicurarti un alto livello qualitativo. Un altro trainer invece mi invitava sempre gratis: e cosa è successo? Che ci sono andato per una volta, il corso non mi è piaciuto e ho deciso di non andarci più, anche se lui continuava a invitarmi. Il motivo era che non ne percepivo più il valore; non so se questo dipendesse dal fatto che era gratis, ma non ero motivato.

Una volta uno dei miei corsisti mi chiese: «Ma come, sul lavoro sei così preciso, non c'è negoziabilità, il videocorso ha un costo ben preciso e così il corso in aula, eppure tu parli di dare, Anthony Robbins parla di dare, la PNL parla di dare comprensione, fiducia, amore. A me sembra, invece, che più che dare chiediate.»

La verità è che si tratta di due discorsi separati. Da una parte ci sono i miei valori che applico in tutti i casi in cui lo ritengo opportuno: la vita privata, le amicizie, anche il lavoro, perché è solo dando il massimo che posso ottenere grandi risultati. Dall'altra parte c'è il concetto di "NO GRATIS" che ho provato personalmente, tanto da convincermi che è fondamentale. Mi è capitato di invitare gratuitamente a un corso di una giornata persone che stavano facendo tutto il percorso con me pagando 3.000 euro; regolarmente mi dicevano che ci avrebbero pensato, per poi disdire il giorno prima perché avevano qualche altro impegno. La gratuità, quindi, non ha funzionato addirittura con persone motivate alla formazione, che avevano pagato tanti soldi per fare con me tutte le altre giornate. Sembra impossibile, eppure è la dura e solita legge: il gratis, salvo rare eccezioni, non funziona. La mia regola è che se faccio un invito omaggio e quella persona mi dice di no, la escludo dalla lista dei possibili omaggi, proprio per limitare questo fenomeno che si verifica anche con chi è motivato.

Ecco perché quando un familiare o un amico mi dicono: «Ah, un giorno magari vengo ai tuoi corsi a dare un'occhiata», e lo dicono solo per curiosità, senza essere minimamente motivati e aggiungono: «Tanto mi inviti, no? Mica mi fai pagare...», io rispondo: «Tu paghi il doppio proprio perché sei un familiare! Sì, perché se non pagassi almeno il doppio non saresti abbastanza motivato ed io in aula non voglio persone non motivate!» Ai miei corsi, infatti, voglio persone motivate, un pubblico di qualità.

Questo, però, frequentemente non si verifica quando vado in azienda a fare formazione a persone quasi costrette dal proprio capo a seguire il corso. Molti venditori, per esempio, vivono il corso come una sorta di punizione perché non vendono abbastanza; inoltre non hanno pagato né vorrebbero stare lì, preferirebbero di gran lunga stare a casa con la moglie o godersi una bella giornata all'aperto. In quei casi devo fare tutto un lavoro di "ristrutturazione" iniziale che è necessario per settare un po' le regole e il contesto; devo cercare, cioè, di preparare le persone a ciò che dirò per "bruciare" in anticipo le loro obiezioni e meglio predisporle all'ascolto e ad assorbire i concetti che illustrerò.

D'altra parte, è giusto anche giungere a dei compromessi; ad esempio, come dicevo poco fa, un coach che si sta avvicinando alla professione e che quindi è agli inizi può tenere una sessione a 30 euro; giustamente vuole fare esperienza e, magari, pensa lui stesso di valere quella cifra che, tra l'altro, non è male rispetto ad altri lavori. Ma ti potrei portare altri esempi di situazioni in cui il gratis non è stato apprezzato.

Ogni volta che una persona si iscriveva a un nostro corso in aula, come omaggio di benvenuto regalavamo un libro sulla PNL. Un giorno viene da me un corsista e mi dice: «Senti Giacomo, ho perso il libro in autobus, me ne dai un'altra copia?» e io rispondo: «No, solo una era in omaggio; l'hai persa, non è un problema mio.» Questo non perché io volessi guadagnare sul libro, ma perché se a una cosa ci tieni davvero non la perdi. Se si fosse trattato del telefonino, vuoi scommettere che il mio allievo non lo avrebbe perso? Dipende dalla percezione che hai del valore, e quindi è una questione mentale. Ovviamente sarebbe bello fare tutto gratis, io stesso potrei raggiungere molte più persone con i miei corsi, ma in realtà lo faccio già con il mio sito internet, in cui puoi trovare moltissime lezioni, guide, report e manuali da scaricare gratuitamente, proprio per diffondere la PNL. Chi si vuole avvicinare, quindi, può farlo assolutamente gratis.

Al tempo stesso, non basta pagare per cambiare. Puoi decidere di pagare solo perché hai talmente tanti soldi che sborsare qualcosa in più non ti costa poi così tanto, senza essere per nulla motivato. In quel caso non cambierai. Ho un amico che si è indebitato per andare da Bandler e so che quando è partito era anche più motivato di me che lo ero già al massimo. Questo perché sapeva quanto gli era costato procurarsi i soldi necessari a realizzare quel sogno.

SEGRETO n. 15: la formazione e soprattutto il coaching non possono e non devono essere regalati, quindi "NO GRATIS"; se fai coaching gratis, non ci sarà valore percepito né motivazione ai risultati.

Altra cosa molto importante, prima di affrontare una sessione, è stabilire il proprio prezzo. Nei corsi di vendita ho riscontrato una grandissima difficoltà in questo senso da parte dei venditori. Se ci fai caso molti di essi, quando arriva il momento di comunicare al cliente il costo del prodotto, tentennano; c'è una flessione nel loro tono di voce e cominciano a usare il condizionale: «Be', questo prodotto *costerebbe* 100 euro» oppure: «Per una sessione di coaching *costerei* 100 euro all'ora» tutti segnali, questi, che trasmettono mancanza di convinzione. Se la persona non è convinta, significa che non è allineata con se stessa, non conosce il proprio valore e quindi lo comunica con questi tentennamenti, oppure giustificandosi: «Costo 100 euro *però* guarda che ti offro tutti questi servizi», quel "però" in realtà comunica insicurezza.

Non è comunque facile comunicare il proprio prezzo, tanto più quando si tratta, come in questo caso, di servizi. Se vendi un videocorso il costo di copertina è quello, e quello rimane; a nessuno viene in mente di negoziare il prezzo del pane dal fornaio, né il fornaio stesso ha problemi a comunicartelo. Dipende quindi da quello che vendi; nel caso del coaching, essendo un servizio nuovo, non conosciuto da chiunque, è un po' più difficile. La verità è che lo dobbiamo comunicare innanzi tutto a noi stessi. Per questo ti propongo adesso un piccolo esercizio; prendi un foglio e scrivi il tuo prezzo per una sessione di due ore.

Io costo _____ euro per una sessione da due ore!

Lo hai scritto? Ora raddoppialo, scrivi sul tuo foglio esattamente il doppio del prezzo iniziale.

Ti senti già meglio? So che funziona perché ho fatto anch'io questo esercizio, e quando ho applicato questa semplice tecnica del raddoppio è cambiata molto la percezione del mio valore. Per renderti ancora più chiaro come un coach si debba comportare quando riceve un cliente, ti riporto la trascrizione di una dimostrazione fatta in aula.

****

GIACOMO: Allora, iniziamo a dimostrare l'esercizio. Christian è un coach mentre io sono un cliente. Christian, ho deciso di rivolgermi a te perché so che sei un coach molto efficace; ora devi cercare di conquistarmi. Per farlo, parlami brevemente dei tuoi servizi e, soprattutto, dimmi quanto dura una tua sessione e qual è il tuo prezzo per sessione; spiegami, in un minuto, ciò che per te è importante.

CHRISTIAN: Io faccio Personal Coaching, un servizio che ti offre tutto ciò che può essere utile per raggiungere i tuoi obiettivi. È importante che tu sappia fin da subito che la responsabilità della buona riuscita del coaching è condivisa tra me e te. Il mio compito sarà quello di trasmetterti le migliori risorse per concretizzare ciò che desideri, il tuo sarà quello di impegnarti e di applicare con costanza le strategie alle tue attività di tutti i giorni.

Ovviamente tutto questo va realizzato insieme. Inizialmente faremo una sessione di un paio d'ore, successivamente ci saranno delle integrazioni telefoniche per sostenerti finché avrai bisogno. Il prezzo di un'ora di sessione è di 60 euro; durante la prima sessione ti fornirò tutti gli strumenti utili al tuo percorso di formazione e al raggiungimento dei tuoi obiettivi.

GIACOMO: Però, non male, eh? Facciamogli un applauso! E, visto che sei a buon mercato, prenderei l'occasione al volo!

CHRISTIAN: Vuoi dirmi che mi sono tenuto troppo basso e devo raddoppiare la tariffa?

GIACOMO: Direi di sì. Va bene, grazie Christian.

****

In questo esercizio Christian ha dimostrato molta sicurezza. In un minuto è riuscito a condensare una quantità di concetti importantissimi, come quello della responsabilità condivisa e dei benefici che avrei ricavato con il raggiungimento degli obiettivi; mi ha conquistato davvero. Il tutto detto con un tono di voce molto sicuro, molto forte e senza alcuna inflessione sul prezzo; me l'ha comunicato come se fosse la cosa più normale del mondo, come se mi stesse vendendo un chilo di pane.

In realtà il ragazzo coinvolto nella dimostrazione mi aveva confessato che avendo raddoppiato il prezzo originario, quello che spontaneamente si era attribuito, aveva sentito una vocina interiore che gli diceva: «Tu in realtà vali la metà.» Ma non l'aveva ascoltata, aveva mascherato bene, perché non ce ne eravamo accorti. La verità è che conta il risultato, e se ti abitui a dire il tuo prezzo con sicurezza, convincerai anche te stesso, capirai che veramente vali così tanto e metterai a tacere anche quella vocina interiore. L'unico motivo per tenersi bassi con i prezzi è perché si vuole fare esperienza e attirare più persone; ma sappi che le persone che attirerai in questo modo non saranno di altissima qualità e forse non saranno così motivate. C'è gente che cerca un coach tanto per provare e quindi non si impegnerà abbastanza e non sarà soddisfatta.

La cosa migliore è avere pochi clienti che paghino abbastanza, che siano motivati e che puoi seguire con passione e non solo per "fare esperienza". Al tempo stesso dovrai comunque garantire un prodotto valido. Aumenta quindi il tuo valore con la tua preparazione, leggendo libri, studiando, seguendo corsi; fai tutto quello che è nelle tue possibilità per aumentare il tuo valore. In questo settore, come hai visto con l'esempio di Robbins, non c'è un limite: puoi valere 100 euro come un milione di euro.

Considera ad esempio che una giornata di formazione, se svolta durante il week-end, costa almeno 3.000 euro; perché, ti chiederai, un prezzo del genere? Perché chi fa formazione di week-end liberi ne ha davvero pochi, tra corsi in aula e in azienda, quindi se uno vuole un week-end deve pagarlo tanto. Ci sono tanti altri trainer a buon mercato, che costano poco, ma se le persone scelgono "quel" trainer" è perché percepiscono un valore più alto o perché hanno sentito parlar bene di lui. Fai, quindi, tutto quello che puoi per prepararti e dare il massimo al tuo cliente.

Il coach in fase iniziale deve informare il cliente su ciò che farà per aiutarlo a raggiungere i suoi obiettivi e sui suoi costi; ma se non sarà davvero bravo e il cliente non sarà soddisfatto si brucerà con le sue mani. Infatti è assai più probabile che circoli la voce su qualcuno che ha lavorato male o su un servizio che non funziona piuttosto che su un bravo professionista con cui si ottengono risultati.

Durante i miei corsi faccio svolgere l'esercizio di cui hai potuto leggere la trascrizione a coppie o a gruppi di tre. Alternativamente, un allievo impersona il cliente, uno il coach e uno l'osservatore, e poi si scambiano i ruoli; in un minuto chi fa il coach deve spiegare come lavora, che la responsabilità è condivisa, deve comunicare la durata della sessione e il prezzo. Non provare vergogna nel dire il tuo prezzo, perché rappresenta il tuo valore. Ho visto coach che avevano talmente tanto timore di questo che si erano preparati un foglio con le tariffe da distribuire ai clienti per non dover affrontare l'imbarazzo di parlarne apertamente. Secondo me già con un comportamento simile rischi di perdere il cliente, perché dimostri di non saper gestire il tuo stato d'animo, la tua voce, il tuo stesso valore; figurati se puoi essere il coach di qualcun altro!

Saper comunicare il proprio prezzo è un'importantissima abilità che trasmette forza e valore. Fai anche tu l'esercizio di dire con sicurezza il doppio di quello che pensi di valere perché così facendo, quando poi dirai la cifra reale, ti sembrerà di fare un regalo, ti sembrerà di lavorare gratis. Più alzi il tuo prezzo e riesci a dirlo con sicurezza, meglio è. Il prezzo, infatti, non solo influisce sulla percezione che gli altri hanno del nostro valore ma anche su quella che abbiamo di noi stessi; cioè, se ti abitui a dire «Io valgo 200», invece che 100, dopo un po' ti convincerai tu stesso che è effettivamente così e trasmetterai la tua convinzione agli altri.

SEGRETO n. 16: il prezzo influisce sulla percezione che tu hai del tuo valore e su quella che ne hanno gli altri. Quindi

dillo innanzitutto a te stesso e non vergognarti di comunicarlo ai clienti.

Le convinzioni personali e quelle di un'azienda variano anche in base alle politiche dei prezzi. Mi sono occupato anche di tecniche di vendita per grosse aziende con le quali ho lavorato moltissimo sui prezzi. Le strategie di marketing classiche dicono: «se vuoi vendere di più, abbassa il prezzo». C'è qualche vantaggio nel farlo, ma anche molti svantaggi, primo tra tutti la qualità percepita, il valore. C'è un libro che mi è piaciuto molto a questo proposito, si tratta di *Value selling*, di Domenico Malara e Andrea Mancinelli, edito da Franco Angeli; gli autori consigliano di aumentare il valore del proprio prodotto piuttosto che abbassare il prezzo, in questo modo, dopo averlo fatto, sarà possibile aumentarne il prezzo.

Se ti guardi intorno ti renderai conto che ormai, invece di migliorare la qualità del servizio, si fa a gara a chi abbassa di più i costi. Basta guardare le tariffe di telefonia: la tecnologia ADSL è passata da 39 a 19 euro, addirittura ci sono gestori che la offrono a 14 euro; nessuno però pensa a migliorarne la qualità. Sarebbe molto meglio avere una linea ADSL che costa un po' di più e che però funzioni sempre, senza rischi di interruzioni, e una posta elettronica da cui poter inviare allegati da un gigabyte. Sicuramente questo sistema porterebbe dei vantaggi per le vendite superiori a quelli che vengono dalle offerte; infatti tutti gli studi effettuati sia in America sia in Europa confermano che non si acquista per il prezzo ma per il valore percepito. Quanti preferiscono andare dal benzinaio sotto casa, anche se la benzina costa 10 centesimi di più? In molti, ed io sono uno di quelli.

SEGRETO n. 17: se abbassi il prezzo del tuo prodotto per venderne di più, si abbassa anche la qualità percepita; prova invece ad aumentarne il valore, poi potrai alzarne il prezzo.

Perché è più comodo, e se il benzinaio ci sa fare vai da lui anche perché ti sorride sempre, ti mette di buonumore perché è sempre gentile e magari ti regala qualche gadget. Vai da lui perché è più simpatico, perché è in rapport, in sintonia con te, e per questo motivo il costo della benzina passa in secondo piano. Tra le persone cui ho fatto formazione c'è stato anche un benzinaio che ha trovato nella PNL uno strumento efficacissimo per il proprio mestiere, con cui a sua volta ha formato i suoi dipendenti. Nel giro di pochi mesi hanno aumentato del 50 per cento il loro fatturato.

Sembra impossibile pensare di applicare la PNL anche in una pompa di benzina; dato il tipo di prodotto che si vende viene da chiedersi: «Cosa c'è da migliorare?» Eppure c'è un modo di comportarsi che fa sì che il cliente acquisti fiducia nel suo venditore. Un cliente che si fida è disposto non solo a tornare sempre nello stesso posto per fare benzina, ma è anche incentivato a seguire i consigli del suo venditore acquistando i prodotti che lui gli segnala, incrementando così ulteriormente le sue vendite.

Mi è capitato, ad esempio, di incappare in alcuni benzinai che tentano di fare di tutto per cambiarti l'olio o venderti le spazzole per il tergicristallo; cercano di proporti servizi aggiuntivi chiedendoti: «Diamo una controllata?» Tuttavia, poiché io non mi intendo di queste cose e loro non si guadagnano la mia fiducia, dico subito di no; preferisco rivolgermi alla persona da cui vado abitualmente e di cui ho completa fiducia. Il rapporto con il cliente, insomma, è fondamentale tanto nella vendita pura e semplice quanto nel coaching, in cui, se non c'è fiducia, non ti puoi aprire, non ti lasci nemmeno aiutare dal coach.

Molti dicono, ad esempio, che la PNL usi tecniche linguistiche per la persuasione, come la suggestione e manipolazioni tipiche dell'ipnosi. La verità è che nel partecipare a un corso di Richard Bandler, che è un maestro nell'usare queste tecniche, è un vero piacere farsi dare delle suggestioni da lui. Sì, perché si crea una tale sintonia, un tale rapporto di fiducia, ed è talmente evidente che il suo impegno è volto a farti migliorare, che se ti dà delle suggestioni tu le accetti di buon grado, ti fanno piacere.

Quindi, le tecniche ci sono e, come al solito, possono essere usate bene o male; io so che se usate bene funzionano, mentre se usate incoerentemente non porteranno a nulla.

RIEPILOGO DEL GIORNO 2:

- SEGRETO n. 11: una sessione di coaching può essere telefonica o live; la telefonica è sconsigliabile come approccio iniziale mentre è ottima come follow-up.

- SEGRETO n. 12: a un coach di PNL normalmente è sufficiente una sessione live seguita da una serie di telefonate a cadenza via via sempre meno ravvicinata; è però possibile che sia necessario più di un incontro live.

- SEGRETO n. 13: la tariffa oraria che puoi chiedere dipende dalla tua esperienza e dai risultati raggiunti.

- SEGRETO n. 14: nel campo del coaching non esiste una certificazione ufficiale, ma se sei bravo, preparato e hai fatto esperienza, in qualche modo lo trasmetterai e avrai successo.

- SEGRETO n. 15: la formazione e soprattutto il coaching non possono e non devono essere regalati, quindi "NO GRATIS"; se fai coaching gratis, non ci sarà valore percepito né motivazione ai risultati.

- SEGRETO n. 16: il prezzo influisce sulla percezione che tu hai del tuo valore e su quella che ne hanno gli altri. Quindi dillo innanzitutto a te stesso e non vergognarti di comunicarlo ai clienti.

- SEGRETO n. 17: se abbassi il prezzo del tuo prodotto per venderne di più, si abbassa anche la qualità percepita; prova invece ad aumentarne il valore, poi potrai alzarne il prezzo.

GIORNO 3:

Fissare gli Obiettivi con il Cliente

Una volta che il cliente ha confermato il suo interesse, comincia il lavoro vero e proprio di coaching. Vedremo ora insieme come impostare nel modo più corretto il percorso che permetterà al cliente di arrivare lì dove vuole. Immagina che una persona che ha sentito parlare bene di te, ha visto il tuo sito internet o magari ha letto un tuo messaggio pubblicitario arrivi da te e ti dica: «Ho avuto una brutta esperienza con una mia compagna e da quando è finita con lei non ho più avuto relazioni con altre donne.» Cosa ti dice con questo? Niente. Ti ha parlato del suo passato, ma questo a te, in quanto coach, non interessa, non serve.

Qual è infatti il lavoro che il coach deve fare? Deve dare una direzione, orientare al futuro, trovare un obiettivo. Da buon ingegnere ti dico che in geometria, per costruire una retta, sono necessari due punti. Lo stesso vale per la strada che porta al raggiungimento degli obiettivi: per essere tracciata ha bisogno di due punti; questi sono lo stato attuale, cioè il presente, e lo stato desiderato, ossia il momento, nel futuro, in cui l'obiettivo sarà raggiunto. Se intendi dare una direzione a una persona, devi darle un obiettivo da raggiungere, cioè un punto nel futuro verso cui muoversi. Una persona che arriva da te e ti parla invece del suo presente e del suo passato, cosa crea? Una retta dal presente al passato, ma questa non le permetterà di muoversi verso alcun obiettivo.

Ricorda, inoltre, che se una persona viene da te e ti parla di traumi, di problemi che tu giudichi non aver nulla a che fare né con obiettivi da raggiungere né con il coaching, dovrai consigliarle di rivolgersi a un terapeuta. Perché, come sai, il coaching è un'altra cosa e tu non sei autorizzato a fare terapia, a meno che tu non sia uno psicologo, uno psicoterapeuta o uno psichiatra. Potrai invece seguire chiunque voglia raggiungere obiettivi, abbia uno stato attuale e uno stato desiderato; e anche se ti parlerà del passato, perché c'è l'abitudine a giustificare la propria situazione attuale con esperienze trascorse, starà a te focalizzarlo sul suo obiettivo.

Per capire se un cliente ha bisogno di coaching o di una vera e propria terapia, dovrai verificare cosa c'è dietro al problema per cui si rivolge a te. Se ti dice: «Non voglio più essere single», bisognerebbe capire se sta benissimo ma non è bravo ad approcciare e quindi ha bisogno di tecniche di comunicazione, o se dietro a questa difficoltà ci sono problemi più seri. Se hai il dubbio, vuol dire che il tuo inconscio ti sta suggerendo che è meglio che vada da un terapeuta. Al tempo stesso ti consiglio, così come faccio io, di chiedere consiglio a un terapeuta: «Questo ragazzo si è rivolto a me per questo problema; secondo te, è meglio che lo prenda in cura tu o vado bene io?»

Ad ogni modo, nel dubbio sarà comunque meglio che vada dal terapeuta: meglio pochi clienti ma selezionati; non cercare di aiutare tutti nel tentativo di migliorare. Ricorda: un coach lavora solo sugli obiettivi.

SEGRETO n. 18: come coach devi capire se puoi seguire tu il cliente o devi indirizzarlo da un terapeuta; per farlo devi verificare cosa c'è dietro al problema per cui si rivolge a te.

Analizziamo ora come va formulato un obiettivo perché sia raggiungibile. Prendiamo la situazione dell'esempio precedente, di quell'uomo, cioè, che dopo una relazione fallimentare ha difficoltà nel legarsi nuovamente a una donna. L'obiettivo potrebbe essere: «Non voglio più essere single.» Come ti ho detto, un vero obiettivo deve prevedere uno stato attuale e uno stato desiderato, ovvero presente e futuro, non il passato, dove sei ora e dove vuoi andare.

In inglese la parola "coach" indica anche un mezzo di trasporto, il classico pullman; si tratta in sostanza della vettura con conducente che ti trasporta da un luogo all'altro. Nello stesso modo, il coach è colui che ti trasporta dallo stato attuale allo stato desiderato, aiutandoti a raggiungere il tuo obiettivo, fornendoti la strategia e la motivazione per concretizzare il tuo obiettivo.

SEGRETO n. 19: un obiettivo ben formulato deve prevedere uno stato attuale e uno stato desiderato, quindi deve riferirsi al presente e al futuro, non al passato.

Prima di tutto facciamo chiarezza su cosa siano stato attuale e stato desiderato. Per comprenderlo a fondo ti consiglio di utilizzare uno strumento molto usato nella PNL e nel coaching, validissimo ed estremamente semplice: la **ruota della vita**.

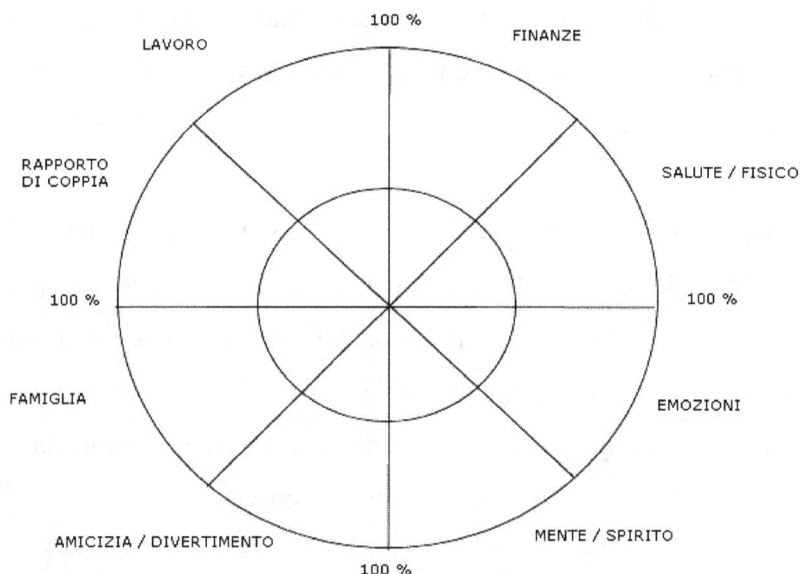

Questa è divisa in otto aree che corrispondono a quelle normalmente più importanti nella vita di ognuno: **finanze, fisico/salute, emozioni, mente/spirito, amicizia/ divertimento, famiglia, rapporto di coppia e lavoro.**

Grazie ad essa puoi verificare qual è la tua situazione nei vari settori. Si tratta di riempire ogni spicchio considerando il tuo grado di soddisfazione. Ad esempio, chiediti qual è, da zero a cento, il tuo grado di soddisfazione sul lavoro; diciamo, per ipotesi, che è al 90 per cento, riempi quindi per il 90 per cento l'area del relativo spicchio. E a livello fisico? Magari stai trascurando un po' la palestra, non ti senti molto in forma, quindi ti dai un 40 per cento. Poi analizzi il rapporto di coppia, la tua situazione sentimentale; magari sei soddisfatto, quindi riempi il relativo spicchio all'80 per cento, e così via.

Questo è un ottimo strumento da fornire al cliente sin dalla prima sessione, per capire da subito quale sia la sua situazione attuale, l'equilibrio della sua vita. Se al primo incontro fai fare questo esercizio al cliente la cosa ti tornerà molto utile anche in seguito; potrai infatti fare un confronto, magari a distanza di un mese, per vedere come sono cambiate le cose, per dare uno strumento di misura al cliente che potrà valutare il cambiamento che c'è stato grazie al tuo lavoro di coach.

La ruota della vita inoltre, come accennavo poco fa, è uno strumento che permette di verificare l'equilibrio generale della vita di una persona. Si può, ad esempio, capire che i problemi di un single non nascono da difficoltà di comunicazione, ma magari da tutt'altro, ad esempio dal non sentirsi in piena forma, e di conseguenza imbarazzato e non a proprio agio nel conoscere ragazze, e così via.

Il cliente, quindi, potrebbe esporre un problema che sembra proprio di un dato settore, come la comunicazione o la seduzione, e invece ne riguarda un altro, ad esempio quello del fisico, oppure l'ambiente. Può darsi infatti che il clima familiare eccessivamente teso non gli permetta di essere abbastanza sereno nell'avvicinare una ragazza. Ancora, è possibile che il settore finanziario sia quello in cui ha più problemi, e quindi si vergogna nel dire a una ragazza che non ha la macchina, inoltre per questo non può invitarla a cena fuori. Quindi, dietro a quello che a un primo approccio può sembrare l'obiettivo principale – in questo caso quello di "trovare una ragazza" – ce ne possono essere altri più nascosti: quello finanziario, quello professionale, quello fisico, quello ambientale.

Al tempo stesso la ruota può darti un quadro preciso non solo della situazione attuale ma anche di quella desiderata o del tuo passato. Per esempio, puoi riempire la ruota pensando alla tua situazione di cinque anni fa, e sai cosa potrebbe risultarne? Una cosa molto interessante e cioè che cinque anni fa, in realtà, stavi molto peggio. È facile dare per scontate alcune cose, e sicuramente così avverrà anche per te; ad esempio dare per scontato di avere una casa, di essere sposato, di avere una macchina che ti piace molto, di avere una carriera avviata. Ogni giorno ci si preoccupa di mille problemi, di piccoli imprevisti, ma se guardi dov'eri cinque anni fa ti renderai conto che non avevi nulla di tutto ciò che hai adesso.

In questo senso il passato diventa uno strumento utile, perché ti fa toccare con mano come la tua vita sia migliorata. Allo stesso modo puoi fare la tua ruota della vita da qui ai prossimi cinque anni pensando a come starai, ossia a come vorresti stare da qui a cinque anni. Questo esercizio è molto utile per delineare degli obiettivi precisi e capire i settori in cui migliorare. Se, ad esempio, vuoi raggiungere almeno il 90 per cento in tutti i settori della ruota, ti accorgerai di tutto ciò che devi fare per realizzarlo.

Magari devi essere più costante in palestra, migliorare la casa, curare maggiormente i tuoi valori, la tua parte spirituale e forse anche divertirti di più; sì, perché sei talmente assorbito dal lavoro che hai trascurato del tutto quel settore.

Ho fatto questo esercizio con Anthony Robbins e mi sono accorto che effettivamente in quel momento il settore divertimento era troppo basso rispetto agli altri. Ti spiego come ho risolto. Il corso si svolgeva a Londra e richiedeva un impegno molto intenso, per cui la sera tornavo stanchissimo; io e un mio compagno di corso avevamo trovato una postazione Playstation in albergo e, allo scopo di rilassarci, ci sfidavamo in interminabili gare rimanendo svegli spesso sino all'una del mattino. Ho riscoperto così un divertimento di quando ero bambino e ho pensato: «Vedi? Per divertirsi non bisogna fare chissà cosa; può bastare anche divertirsi con un semplice videogioco in compagnia di un amico.» Tornato a casa ho comprato la Playstation e ho ritrovato in me la componente del divertimento; ovviamente l'ho fatto senza trascurare il lavoro e la famiglia, ma anzi divertendomi a giocare anche con mia moglie. In questo modo ho ritrovato l'equilibrio.

La ruota è quindi un ottimo strumento di analisi sia per te come coach che per i tuoi clienti. Ma perché si chiama "ruota della vita"? Perché dopo aver riempito i vari settori, devi verificare che ci sia equilibrio tra di essi. Se non c'è uniformità, la ruota apparirà disarmonica e priva di equilibrio; se questa fosse la ruota della tua macchina, la manterresti o la cambieresti? È chiaro: la cambieresti.

Il principio è che devi aspirare non tanto ad avere valori alti in ogni ambito quanto a un minimo in tutti i settori; anche perché se tu avessi 90 per cento o 100 per cento dappertutto, ciò vorrebbe dire che devi elevare i tuoi standard. L'importante è che ci sia equilibrio tra le varie componenti. Puoi anche avere un livello di soddisfazione al 30 per cento, è sufficiente che sia uniforme in tutti i settori; probabilmente vuol dire che hai standard elevatissimi e vuoi migliorare ancora.

A questo punto, prenditi dieci minuti per fare la tua ruota della vita, perché solo dopo aver provato su te stesso questo strumento lo potrai usare agevolmente con i tuoi clienti.

Puoi utilizzare questo esercizio con i tuoi clienti sia per analizzare la situazione attuale che per delineare meglio i loro obiettivi, cioè per verificare i settori da migliorare. Puoi, ad esempio, far scrivere un obiettivo per ogni settore. Il settore fisico è quello con un livello di soddisfazione più basso? Bene, l'obiettivo di quest'anno è cominciare ad andare in palestra e mantenere questo impegno nel tempo, e così via. Potrai quindi lavorare su quel singolo obiettivo e sulle strategie per mantenere alta la motivazione.

Io svolgo spesso questo esercizio e una volta l'anno faccio un lavoro un po' più approfondito: prendo la mia ruota e creo un enorme puzzle, incollando in ogni settore immagini ritagliate da riviste; in questo modo i miei obiettivi saranno immediatamente riconoscibili anche visivamente. Nel settore del fisico, ad esempio, incollo un macchinario da palestra, in quello del divertimento la Playstation e così via. Ho fatto questo esercizio con mia moglie qualche tempo fa e ci siamo posti una serie di obiettivi da raggiungere entro l'anno. Dopo due settimane ci siamo accorti di aver raggiunto quasi tutti gli obiettivi; quelli, ovviamente, che dipendevano esclusivamente da noi.

Ma perché è così importante scrivere, visualizzare i propri obiettivi e farlo fare ai propri clienti? Studi statistici svolti negli Stati Uniti dimostrano che solo il 3 per cento della popolazione scrive i propri obiettivi, ma che è proprio quel 3 per cento a raggiungere in dieci anni il 97 per cento dei risultati dell'intera popolazione. Questo vuol dire che scrivere i propri obiettivi fa la differenza, produce successo, ricchezza; soprattutto, scrivere gli obiettivi ti permette di accorgerti di averli raggiunti, perché ti rende consapevole di quali essi siano.

Ecco perché certe volte faccio realizzare la ruota della vita di cinque o sei anni prima, per rendere i miei clienti consapevoli di aver già raggiunto molti obiettivi senza essersene accorti, non avendoli scritti, e quindi senza aver festeggiato per averli raggiunti. Scriverli, infatti, fa sì che il cervello si focalizzi sui traguardi da raggiungere, rendendoli più avvicinabili; riconoscendo gli obiettivi raggiunti si innesca un meccanismo che porta ad accrescere la propria autostima. Comincerai ad assumere l'identità di qualcuno che raggiunge gli obiettivi, indipendentemente da quanto sia ambiziosa la sfida. Ti convincerai che se rendi più concreti i tuoi obiettivi, sarai capace di raggiungerli anche in tempi più brevi. Questo voglio da chi lavora con me, questo voglio dai coach del domani e da chi usa la PNL nel coaching: che sappia gestire innanzi tutto se stesso e i propri obiettivi, per poterlo fare con i propri clienti.

SEGRETO n. 20: la "ruota della vita" ti aiuta, come coach, a capire da subito quale sia la situazione attuale e l'equilibrio di vita del tuo cliente; facendo un confronto a distanza di un mese, potrai renderti conto dei suoi cambiamenti.

Ora vediamo nello specifico come deve essere un obiettivo ben formulato. Se tu dici: «Non voglio essere single», ci sarà una sola parola che risuonerà nella tua mente. Quale? Single. Se ti dico: «Non pensare a un cane che insegue un gatto» immaginerai esattamente un cane che insegue un gatto. Questo accade perché il cervello non elabora per immagini il "non": di fatto l'immagine con il cane e il gatto resta comunque. Il "non" non permette di formulare una direzione, quindi dicendo «non voglio essere single» affermi solo cosa non vuoi essere, ma non dove vuoi arrivare. È come se il capitano di una nave con la quale sei partito per una crociera ti dicesse: «Non so dove stiamo andando, l'importante è che non restiamo ancorati al porto.» Ti verrebbe un colpo, e avresti tutte le ragioni.

L'obiettivo deve essere, invece, chiaro e ben definito; per prima cosa deve essere espresso in **positivo**, quindi non deve contenere la negazione "non", perché il "non" esprime in negativo, non dice la direzione ma lascia nel punto di partenza, ti focalizza su ciò che non vuoi, il che non va bene. Non, quindi: «Non voglio più essere single», ma: «Voglio una donna che creda come me nel valore della famiglia e non viva solo per la carriera.» Come coach potrai aiutare i tuoi clienti a formulare meglio i loro obiettivi grazie all'importantissimo strumento delle domande; più avanti ti spiegherò in che modo.

SEGRETO n. 21: l'obiettivo deve essere espresso in positivo, quindi non deve contenere il "non"; solo così il cliente può focalizzarsi su ciò che vuol essere e non su ciò che non vuole più essere.

L'obiettivo, inoltre, deve essere **misurabile**, ovvero basato su dati concreti, verificabili, che permettano di rendersi conto di aver raggiunto il risultato. Dire: «Voglio dimagrire» va bene, perché è un obiettivo espresso in positivo e va certo meglio di «non voglio più essere grasso», che è mal formulato. Tuttavia non è misurabile, cioè non dice di quanto la persona vuole dimagrire né entro quanto tempo. Bisogna darsi dei tempi, delle scadenze, dei dati oggettivi, ad esempio dire a se stessi: «Il giorno in cui la bilancia segnerà sessantacinque chili saprò di aver raggiunto il peso forma, e voglio raggiungerlo entro sei mesi al massimo.» Questo è un obiettivo ben formulato: pesare sessantacinque chili, oppure perdere due taglie, entro sei mesi. L'importante è che ci siano dei dati concreti come punto di riferimento.

Se arrivasse un cliente e dicesse: «Voglio migliorare il mio fatturato», un Financial Coach dovrebbe rispondere: «Sì, è un buon obiettivo, ma di quanto lo vuoi migliorare? Ora quanto guadagni?» e un obiettivo ben formulato potrebbe essere: «Guadagno 10.000 euro al mese; voglio arrivare a 15.000 euro entro due anni.» Se mancano queste caratteristiche sarà impossibile sapere se l'obiettivo è stato raggiunto. Se il mio obiettivo è «voglio essere più felice» o peggio «non voglio più essere depresso, non voglio più essere triste», che obiettivo è?

Anche espresso in positivo «voglio essere più felice» è un obiettivo troppo vago, perché ognuno di noi intende la felicità in modo diverso. Un obiettivo come «voglio essere più felice nel mio matrimonio» è già un po' più specifico, ma sarebbe ancora meglio dire: «Oggi litigo con mia moglie tre volte a settimana, questo è lo stato attuale. Voglio litigare al massimo due volte al mese.»

È necessario trovare un dato concreto anche per questo tipo di obiettivi. Ti capiteranno molte persone che di questa formulazione non sanno nulla, e soprattutto che non hanno obiettivi ben chiari, che li esprimono al negativo dicendo cosa non vogliono più, senza dire cosa vogliono. È come se tu entrassi in un taxi e dicessi: «Oggi è proprio una brutta giornata!» A quel punto il tassista ti risponderebbe: «Sì, ma dove vuole andare?» Non ti verrebbe mai in mente di replicare: «Mah, non lo so; è che non voglio più stare a casa mia.» È sempre necessario che venga formulata una direzione, un punto di arrivo. Non bisogna parlare del passato o soffermarsi troppo sul presente, ma guardare dove si vuole andare, stabilire una direzione e partire.

SEGRETO n. 22: l'obiettivo deve essere misurabile, ovvero basato su dati concreti e verificabili che permettano di rendersi conto di aver raggiunto il risultato.

Altro concetto molto importante è la **responsabilità**, un concetto che ritorna molto spesso nel coaching. Vuol dire che una persona si deve assumere la responsabilità del proprio obiettivo, perché se l'obiettivo è nelle sue mani, se dipende da lui, può essere realizzabile, altrimenti no. Se un cliente ti dicesse: «Voglio diventare ricco, vincendo 5.000.000 di euro entro sei mesi», ovviamente non sarebbe un obiettivo ben formulato perché non dipenderebbe da lui raggiungerlo o meno.

Se dicesse solamente: «Voglio guadagnare 5.000.000 di euro entro sei mesi» andrebbe bene, ma dovresti verificare quali strategie, quali risorse ha per raggiungerlo che siano nella sua disponibilità, delle quali, quindi, possa assumersi la responsabilità. Magari scopri che ha un amico che si occupa di investimenti immobiliari ai quali lui può partecipare con una piccola quota, e ha quindi possibilità di realizzarlo.

SEGRETO n. 23: il cliente deve potersi prendere la responsabilità del proprio obiettivo; solo in questo caso l'obiettivo può essere considerato realizzabile, altrimenti no.

Un obiettivo ben formulato deve mantenere, inoltre, i **vantaggi del presente**. Ti faccio un esempio che rende l'idea meglio di ogni altro. L'obiettivo «voglio smettere di fumare» è formulato in positivo, ma bisogna aggiungere misurabilità: entro quando? Per esempio «entro un mese». Benissimo; però sappiamo tutti che fumare ha dei vantaggi secondari di cui i fumatori sono convinti a livello conscio o inconscio. Per alcuni fumare è rilassante, per altri fa sentire parte di un gruppo, per altri ancora fa concentrare meglio nei momenti di nervosismo. C'è quindi una serie di vantaggi nel mantenere lo stato attuale che potrebbero sabotare il raggiungimento dello stato desiderato.

Il coach deve riuscire a mantenere questi vantaggi del presente, altrimenti il cliente difficilmente raggiungerà il suo traguardo. Quindi, se il vantaggio secondario del fumo per quel cliente è il rilassamento, il coach potrà suggerire e insegnare l'uso di alcuni strumenti della PNL, quali l'ancoraggio e le visualizzazioni, per raggiungere e gestire il proprio stato d'animo. Chiederà al suo cliente: «Se riusciamo a mantenere questi vantaggi di cui tu hai bisogno, e che finora hai soddisfatto con la sigaretta, sostituendoli con le tecniche della PNL, riusciresti ad abbandonare la sigaretta?» Se il cliente risponde: «Sì» a quel punto è pronto per il cammino. L'obiettivo, quindi, deve tenere in alta considerazione i bisogni del cliente.

Troppe volte ho visto persone lavorare su obiettivi formulati bene, positivi, misurabili, ma non crederci fino in fondo o auto-sabotarsi perché c'erano dei vantaggi secondari nel presente che non erano stati tenuti in debita considerazione. Ti faccio qualche altro esempio di vantaggio secondario. Quando le persone si ammalano? Spesso quando hanno bisogno di affetto. Ci sono molte malattie psicosomatiche che nascono dal fatto che, stando male, improvvisamente tutti ci coccolano, ci aiutano, ci stanno vicino, e finisce che ogni volta che si ha bisogno di queste attenzioni ci si comporta in modo tale da ammalarsi.

A Bandler è capitato di lavorare con una signora che aveva una paralisi a una gamba; le fece fare degli esercizi e, usando l'ipnosi, spostò la paralisi da una gamba all'altra, proprio per dimostrare che era solo un problema mentale, e non fisico o neurologico. La spostò più di una volta da una gamba all'altra, e infine disse: «Bene, lascia la paralisi nelle unghie dei piedi e basta.» Questa signora, guarita, tornò a casa contenta, ma dopo due settimane si ripresentò da Bandler dicendo: «Il problema si è riproposto, questa terapia non ha funzionato.» A quel punto Bandler chiese: «Mi spieghi meglio come sono andate le cose», e il marito rispose: «In effetti dopo quella seduta si è sentita bene, e tornati a casa l'ho invitata a mettersi a cucinare e a riordinare, visto che per tanto tempo me ne ero dovuto occupare io. Improvvisamente è tornata la paralisi e non si è più ripresa!»

Attenzione, quindi, a tenere in debita considerazione i vantaggi secondari negli obiettivi dei tuoi clienti, così come nei tuoi, perché, insisto, se vogliamo essere dei coach bravi dobbiamo innanzi tutto essere coach di noi stessi; sarebbe troppo incongruente lavorare sugli altri ma non lavorare su se stessi, aiutare gli altri a raggiungere i loro obiettivi ma non raggiungere mai i propri. Ti invito, quindi, a provare tutte le tecniche di PNL di cui ti parlo su te stesso prima di farle utilizzare ai tuoi clienti, perché il lavoro del coach è delicato e va svolto con la massima coerenza. Se tu sei in grado di raggiungere obiettivi e hai una ruota della vita equilibrata, allora puoi iniziare a lavorare sugli altri.

SEGRETO n. 24: il coach deve far sì che il cliente, pur raggiungendo lo stato desiderato, mantenga i vantaggi dello stato attuale.

Ultima caratteristica dell'obiettivo ben formulato è che deve essere **ecologico,** ovvero rispettoso dei propri valori, della propria salute, del proprio fisico. Un obiettivo, quindi, non deve andare né contro i propri valori né contro la propria salute. In proposito Robbins dice: «All'inizio della mia carriera, quando facevo trecentosessantacinque giorni l'anno di formazione, ce la facevo perché ero giovane. Ma andando avanti nel tempo, la mia salute cominciò a risentirne e mi resi conto che non potevo più sostenere quel ritmo.» Se, ad esempio, hai deciso che entro un mese vuoi iniziare a formare altre persone, sai bene che per farlo dovrai formarti a tua volta, leggere una grande quantità di libri. Se per farlo studi giorno e notte e non hai più riposo, l'obiettivo che ti sei prefissato non è ecologico, perché non rispetta la tua salute. È allora preferibile che posticipi la scadenza dell'obiettivo e che ti dedichi anche un po' a te stesso. Rispettando te stesso, infatti, sarai maggiormente in grado di aiutare il cliente.

SEGRETO n. 25: un obiettivo ben formulato è ecologico, ovvero rispettoso dei propri valori, della propria salute e del proprio fisico.

Tutto il coaching, in fondo, è basato sul passaggio dallo stato attuale allo stato desiderato. Parti dunque dalla definizione dello stato attuale attraverso l'esercizio della ruota della vita e, fatto quello, passa allo stato desiderato facendo realizzare al cliente una ruota con gli obiettivi. Questo lavoro di definizione dello stato attuale e dello stato desiderato è quello che si fa nella **prima sessione**, anche detta "intake session" o "first session". La prima sessione è la più importante e, come abbiamo detto, a volte è anche l'unica. In ogni caso è fondamentale per stabilire una serie di punti essenziali e per iniziare a lavorare. Come prima cosa bisogna fare un buon **setup**, ne trovi sintetizzato il contenuto nella seguente tabella:

SETUP	
COSA TEMPI; COSTI; LUOGO.	- specifica quanto durerà la sessione; - che costo avrà; - dove si svolgerà; - se sarà telefonica o live.
PERCHÉ OBIETTIVI; PERCORSO.	- spiega quale sarà lo scopo della sessione; - chiarisci che il tuo aiuto sarà dall'esterno per trovare risorse e mezzi utili a compiere il percorso dallo stato attuale a stato desiderato; - dì al tuo cliente che sarai la sua risorsa ma con responsabilità condivisa; - definisci gli obiettivi del cliente con la "ruota della vita" e aiutalo a formularli; - dai una migliore definizione al percorso che intendi seguire e far seguire al cliente.
COME ESERCIZI; RISERVATEZZA; REGOLE.	- spiega come si svolgeranno le sessioni; - sii chiaro sul fatto che il coaching non è una terapia, infatti si parlerà solo di obiettivi e di futuro, il passato non è importante; - rassicura il cliente sul fatto che ciò che farete e direte rimarrà riservato; - informalo sulle regole da seguire (se dai al cliente il tuo numero di telefono, chiarisci che dovrà telefonarti solo se veramente ha bisogno di aiuto e non è riuscito a uscirne da solo: non può chiamarti per fare due chiacchiere; sii puntuale ed esigi puntualità; hai il diritto di rifiutare il cliente, infatti il primo incontro è finalizzato a capire se tu sei il coach che va bene per lui e lui il cliente che va bene per te).

Come vedi, il setup consta di tre argomenti: il "cosa" (*tempi, costi, luogo*), il "perché" (*obiettivi, percorso*) e il "come" (*esercizi, riservatezza* e *regole*). Il **cosa** riguarda tempi, costi e luogo. È fondamentale che il coach stabilisca quanto durerà la sessione e che costo avrà, e che si accordi con il cliente su dove si svolgerà e se sarà telefonica o live. Della durata ti ho già parlato: stabilisci quanto dura una tua sessione e sii chiaro nel comunicarlo: può durare due ore, quattro ore, oppure quattro ore più tre telefonate e così via. Comunica il costo e dai un po' di informazioni tecniche su come funzionano gli incontri.

Passa poi al **perché**, ovvero agli obiettivi; spiega quale sarà lo scopo della sessione, cioè aiutare il cliente ad estrarre risorse e a definire lo stato attuale e lo stato desiderato; sii chiaro nello specificare che il tuo aiuto sarà dall'esterno, per trovare le risorse e i mezzi necessari a compiere il viaggio che dallo stato attuale lo porterà a raggiungere lo stato desiderato. Dì al tuo cliente che sarai la sua risorsa ma, come dicevo, con responsabilità condivisa: tu avrai la responsabilità di fornire le strategie giuste ma sarà lui a dover percorrere il suo cammino, anche se con il tuo supporto.

Fatto ciò, passerai alla formulazione degli obiettivi, servendoti della ruota della vita. A quel punto potrai dare una maggior definizione al percorso, e dire ad esempio: «Se questi sono i tuoi obiettivi, probabilmente si renderà necessario svolgere un paio di sessioni.» Oppure: «Per questo tipo di lavoro basta una sessione, quattro ore ben fatte, poi ci sentiamo al telefono, facciamo delle sessioni di verifica e mi dici come va. Se hai bisogno di qualcosa, mi mandi un'email», cioè tutto quello che il tuo programma prevede.

Alla fine dovrai affrontare il **come**, spiegando come si svolgeranno le sessioni. Puoi ad esempio dire al tuo cliente: «Faremo degli esercizi pratici; utilizzerò una tecnologia, la PNL, composta da una serie di strategie, ma che consiste soprattutto in un certo atteggiamento mentale, un nuovo modo di vedere le cose. A partire dagli anni '70, infatti, due grandi geni, Bandler e Grinder, cominciarono a modellare i più grandi terapeuti, i più grandi comunicatori, i più grandi leader; ne estrassero ciò che faceva la differenza rispetto a qualunque altra persona a livello di atteggiamento, tecniche e comportamenti. Attraverso tutto questo otterremo risultati in maniera molto veloce e molto efficace.»

Sii chiaro sul fatto che il coaching non è terapia e che, infatti, si parlerà solo di obiettivi, di futuro, perché il passato non è importante. Rassicura il tuo cliente, digli che tutto ciò che farete o direte rimarrà riservato. Infatti, per quanto non ci siano certificazioni ufficiali né albo, ma solo delle associazioni, esiste un'etica professionale che vuole che - come accade per il medico o il terapeuta - si rimanga vincolati al segreto professionale. Ai miei clienti io chiedo se, pur rimanendo nell'anonimato, posso fare riferimento al lavoro svolto con loro nelle sessioni perché possa essere di esempio su come risolvere alcune situazioni. Molti dei miei aneddoti nascono infatti da sessioni di coaching, ma io chiedo sempre l'autorizzazione a utilizzare le informazioni che li riguardano.

Come ultima cosa informa il cliente sulle regole da seguire, è fondamentale. Metti dei paletti, non sei un amico ma il coach; puoi dare il tuo numero di telefono ma non per fare due chiacchiere; il cliente potrà chiamarti solo se ha veramente bisogno di aiuto e non è riuscito a uscirne da solo. Il coach non dà soluzioni, consigli, ma aiuta il cliente a capire se stesso attraverso le domande che gli rivolge.

Se un mio cliente mi telefona e mi dice: «Non sono riuscito a risolvere questo problema, come faccio?», non gli offro la soluzione ma gli chiedo: «Cosa hai fatto finora?» E dopo la sua risposta: «E cosa altro puoi fare?» Questo deve essere chiaro. Il coach non dà soluzioni, non può decidere al posto del cliente; al massimo può prospettargli le opzioni diverse davanti alle quali si trova, sollecitandolo a valutare quale sia la migliore e decidere. Può aiutarlo a vedere meglio, a togliere il paraocchi, ma non può fornirgli la soluzione, perché sarebbe la sua e non quella del cliente.

Le regole comprendono anche gli orari. Personalmente chiedo puntualità per una questione di rispetto mio e del cliente stesso. Io sarò puntuale; se ci diamo appuntamento per una sessione dalle 15,00 alle 16,00, sarò lì alle 14,45 e aspetterò, ma pretendo la stessa puntualità. Chi deve disdire deve farlo con almeno ventiquattro ore di anticipo, altrimenti pagherà l'intera tariffa. Questo perché? Perché indipendentemente dal fatto che tu sia richiestissimo, e quindi abbia un appuntamento ogni ora o meno, se una persona ha fissato un appuntamento con te e poi non si presenta, di fatto avrai perso tempo. Se anche fosse l'unico appuntamento della giornata, è giusto che ci sia rispetto. Tu hai dedicato quella giornata a lui, se non viene, il problema è suo; ci deve essere motivazione anche da questo punto di vista. Se il cliente arriva in ritardo di dieci minuti, se sei flessibile e hai un po' di tempo alla fine della sessione, puoi recuperarli; se però hai appuntamenti ogni ora, lui purtroppo perderà quei dieci minuti. Questo dipende dalla tua flessibilità e dalla tua agenda.

Personalmente, in genere, cerco di assicurarmi margini abbastanza ampi, anche perché faccio sessioni di quattro ore; quindi mi tengo sempre almeno cinque ore, anche perché se c'è un obiettivo che richiede mezz'ora in più, vado avanti senza aumentare per questo la mia tariffa. Se però fai sessioni più brevi, magari di un'ora, fare mezz'ora in più gratis corrisponderebbe al 50 per cento della sessione: sarebbe un po' troppo. Stabilisci da subito delle regole perché, se ti sarai dimenticato di dirlo, cosa farai quando il cliente arriverà in ritardo di mezz'ora?

Questo vale nel coaching esattamente come nella formazione e nel public speaking: se entri in aula e non comunichi con chiarezza tutte le regole, se non chiarisci come funziona il corso, gli esercizi e la pause che si faranno e così via, ci sarà qualcuno che prima o poi andrà a toccare uno dei tasti che hai dimenticato e ti muoverà un'obiezione. Nel corso introduttivo di PNL a basso costo di cui ti ho parlato, non avevo specificato sin da subito che si sarebbero fatti degli esercizi; perciò quando a un certo punto ho invitato le persone a svolgerli mettendosi in coppia, un partecipante ha chiesto perché mai avrebbe dovuto farli. Anche se apparentemente non cambia molto, in realtà saperlo prima aiuta le persone a sentirsi a proprio agio, perché sono preparate.

Come dicevo, quando tengo corsi in azienda trovo persone che non sono molto motivate. In questo caso la mia strategia consiste non nel fare finta di nulla ma, al contrario, nel fare un buon setup. Comincio affrontando apertamente il problema dicendo: «Allora, buongiorno. Lo so che siete qui perché vi ci ha mandato il vostro capo», se io non lo dicessi e facessi finta di nulla, starebbero tutto il tempo a pensare: «Che noia... vorrei stare in qualsiasi altro posto ma non qui.» Dicendolo anticipo la loro obiezione, la integro, come diciamo in PNL, la ricalco e loro mi seguiranno. Dico: «Lo so che avreste preferito stare da un'altra parte, oggi è una bella giornata, sarebbe stato più bello farsi una passeggiata, e so anche che pensate che questa sia una punizione perché non vendete abbastanza.»

Anche quando, come dicevo, faccio il corso a medici, a primari che hanno trenta, quaranta anni di esperienza ospedaliera e si vedono arrivare l'ing. Bruno trentenne che viene a insegnare loro come comunicare ai pazienti, so bene quello che possono pensare: «Ma chi è questo? Cosa ha da insegnarmi? È più giovane di mio figlio, non è medico; come fa a venirmi a insegnare come comunicare con i miei pazienti?» Se io non anticipassi le loro convinzioni, me le ritroverei per tutto il resto del corso. Quindi entro e dico: «Buongiorno, mi chiamo Giacomo Bruno, ho trent'anni e non sono un medico, però mi occupo di comunicazione da più di dieci anni; non mi sono mai trovato a dover dire a un paziente che ha una malattia terminale, non sono esperto in medicina, però sono esperto in comunicazione. Credo che nessuno alla Facoltà di Medicina vi abbia insegnato come comunicare meglio, come ottenere maggiori risultati, come affiancare il potere della comunicazione alla terapia o addirittura come evitare di rovinare la terapia con le parole sbagliate. È bene, quindi, che mi ascoltiate per questi due giorni, perché ho da dirvi qualcosa che può essere utile per il vostro lavoro, indipendentemente dalla mia età e dai miei studi». Se non facessi immediatamente questo setup, non mi ascolterebbero.

L'importante è che fin dall'inizio ci sia chiarezza con il tuo cliente. Se, ad esempio, vuoi lavorare procedendo a seconda di quanto tempo richiedono gli obiettivi anziché con un orario stabilito, puoi farlo; è sufficiente che il tuo cliente lo sappia, dovete averlo concordato precedentemente. Sii flessibile e fai in modo che anche il cliente lo sia; se non c'è chiarezza su responsabilità, percorso, obiettivi, orari, costi e modalità di lavoro, potrebbero nascere incomprensioni ed esserci irrigidimenti da parte tua o del cliente. La prima sessione può anche essere solo un incontro informale per chiarire tutte queste cose, prima di iniziare, o può comprendere una prima fase di lavoro. Chi viene a chiedermi delle informazioni su come lavoro, perché magari mi ha conosciuto come formatore e gli è venuto in mente di fare anche coaching con me, ovviamente non dovrà pagarmi per questo.

Ci incontreremo in modo informale per una mezz'ora, gli spiegherò in che modo lavoro, quanto costo, quali sono i tempi, dove e quando si svolgono le sessioni; in sostanza gli fornirò tutte le informazioni essenziali di cui ti ho parlato, gli chiederò qual è il suo obiettivo e gli dirò quanto tempo richiede raggiungerlo. A quel punto, se lui mi dice: «Va bene, dai, iniziamo», ci accordiamo su quando fare la prima sessione e cominciamo ufficialmente il coaching.

Questo discorso esplicativo può essere fatto anche per telefono; in questo caso ti chiamerà il cliente. Anche in questo caso l'importante è essere chiari, quindi definire da subito quanto durerà la telefonata - per evitare che duri tre ore, perché il tempo è prezioso e non va sprecato inutilmente -, spiegare come lavori, i tempi e i costi, infine chiedere l'obiettivo. Altra cosa importante è il tuo diritto di rifiutare il cliente; il primo incontro è finalizzato anche a capire se sei il coach che va bene per quel tipo di cliente e se cliente va bene per te. Il fatto che il cliente paghi non significa che tu sia di sua proprietà, ma solo che lui offre del denaro in cambio di un tuo servizio. Mi viene in mente in proposito un film molto interessante: *Hitch. Lui sì che capisce le donne*. Will Smith, nel ruolo del protagonista, è un coach della seduzione, ma è mosso da valori molto importanti e molto forti, tanto che vuole aiutare solo chi sia spinto da vero amore.

Essendo molto bravo la sua fama si diffonde, e un giorno lo contatta un tizio che gli chiede aiuto perché vuole passare la notte con una ragazza. Il coach, tuttavia, è talmente sicuro dei suoi valori che lo rifiuta dicendo: «No, io non ti aiuto, perché tu non sei innamorato», e da lì si sviluppa il resto della trama. La cosa importante è ciò che lui decide: «Non posso essere il tuo coach perché i tuoi valori sono diversi dai miei, quindi non mi piace lavorare con te.» Nello stesso modo un avvocato può rifiutarsi di assumere, ad esempio, la difesa di uno stupratore perché è convinto che sia colpevole; è nel suo diritto e anche nel tuo rifiutare un cliente, dire: «Non sono il coach adatto a te; ti mando da un amico specializzato in questo settore.» Oppure, nel caso tu abbia il dubbio che gli serva una terapia, puoi dire: «Ti consiglio di rivolgerti a un terapeuta.» Ricorda sempre che anche tu hai dei diritti.

Per rendere tutto ciò che abbiamo detto più concreto, ti riporto la trascrizione di un'altra dimostrazione fatta in aula. Non è molto diversa dalla precedente, ma è integrata da tutti gli elementi che abbiamo analizzato fin qui. Il ragazzo che ha fatto il coach nella prima dimostrazione è stato bravissimo a comunicare in un minuto tutti i punti essenziali, ossia la responsabilità, gli obiettivi, i tempi, i costi e così via. Cerca di non trascurare nulla quando ti eserciti. Come dicevo, anche la riservatezza è importante; può darsi che il cliente non ti faccia domande in merito perché è in imbarazzo, quindi dillo tu: è essenziale che sappia che ciò che direte resterà tra di voi.

È importante che tu gli dica come funzionano le sessioni, quindi: «Ci vediamo nel mio ufficio, faremo degli esercizi, delle visualizzazioni, useremo alcune tecniche, ti farò scrivere delle cose.» Come dico sempre a chi vuole seguire tutto il percorso per diventare formatore: «Prima di comprare un pacchetto, segui un singolo corso o compra un videocorso, così saprai più o meno a cosa vai incontro; perché non voglio persone non soddisfatte nella mia aula.»

****

GIACOMO: Dunque, io sono il cliente e ho bisogno di qualcuno che voglia essere il mio coach. Chi si offre volontario? Chi vuole ricevere un bell'applauso? Emanuele? Perfetto. Allora, Emanuele, ora devi illustrarmi tutto ciò che, come ti ho spiegato, va comunicato nella prima sessione. Devi anche chiedermi quali siano i miei obiettivi, ovvero quali siano il mio stato attuale e quello desiderato.

EMANUELE: Come prima cosa ci presentiamo. Piacere, Emanuele Bianchi.

GIACOMO: Giacomo Bruno.

EMANUELE: Mi fa piacere che tu mi abbia contattato, probabilmente qualcuno ti avrà parlato di me…

GIACOMO: Sì, un certo Antonio.

EMANUELE: Ah, Antonio! Ho capito, è un caro amico. Ti dico subito, allora. Una sessione, di solito, dura almeno un'ora. È ovvio che successivamente potremo renderci conto di quante ore di coaching sono necessarie per raggiungere l'obiettivo che intendi realizzare e accordarci di conseguenza. Il costo a ora è, attualmente, di 1000 euro e il luogo nel quale opero è il mio ufficio che, come forse sai, si trova qui a Roma. La cosa fondamentale da chiarire è l'obiettivo che vuoi raggiungere. Ovviamente sarai tu a dovermelo dire, perché l'obiettivo è tuo. Individuarlo sarà importante per capire quale sia il percorso da fare per raggiungerlo. Di solito, durante la sessione, faccio fare degli esercizi e garantisco una totale riservatezza ai miei clienti. Quindi, se ci sono cose che per caso non vuoi divulgare o vuoi tenere riservate, puoi stare assolutamente tranquillo: tutto ciò che diremo rimarrà tra noi.

Ti metto a disposizione tutta la mia esperienza e la mia capacità, tutti gli strumenti che possiedo, però dovrai assumerti tu la responsabilità di mettere in pratica tutto ciò che ti servirà per raggiungere il tuo obiettivo. Quindi adesso vorrei che mi dicessi qual è il tuo stato attuale e qual è l'obiettivo che vuoi raggiungere.

GIACOMO: Cos'è lo "stato attuale"?

EMANUELE: Lo stato attuale è la situazione in cui ti trovi in questo momento e che vuoi abbandonare raggiungendo così lo stato desiderato. Quindi è anche il motivo per cui ti sei rivolto a me per realizzare il tuo obiettivo. Puoi dirmi qual è?

GIACOMO: (*nella parte del cliente problematico*) Mi sono rivolto a te perché non ho una relazione da anni, sono single da una vita.

EMANUELE: Quindi, quale sarebbe il tuo obiettivo?

GIACOMO: È ovvio: trovare una donna!

EMANUELE: Perfetto. Secondo te, quanto tempo ti potrebbe occorrere per raggiungere il tuo obiettivo?

GIACOMO: Non saprei.

EMANUELE: Più o meno?

GIACOMO: No, davvero, non lo so.

EMANUELE: Hai qualche amico già fidanzato? Pensi che potresti imitarlo?

GIACOMO: Ti dirò, in realtà ho tantissimi amici che si fidanzano; sono tutti in grado di avvicinare le donne e infatti non hanno avuto problemi; io invece non sono capace, infatti sono anni che non trovo.

EMANUELE: Va bene, ho capito. Su questo sicuramente riusciremo a lavorare, non per niente sei venuto da me. Ti dimostrerò che se seguirai tutti i miei consigli riuscirai a raggiungere questo obiettivo. Ovviamente è necessario…

GIACOMO: Quindi mi darai proprio dei "consigli"?

EMANUELE: Non proprio; ti mostrerò la strada, poi dovrai essere tu a percorrerla con le tue gambe.

GIACOMO: Quanto tempo ci vorrà? Quante sessioni dovremo fare?

EMANUELE: Lo stabiliremo assieme; lo capiremo man mano che andremo avanti.

GIACOMO: Quindi non mi sai dire nulla adesso?

EMANUELE: In merito a che cosa?

GIACOMO: Alla durata; sì, anche perché non costi pochissimo e non vorrei spendere troppo.

EMANUELE: Ho capito. Torniamo alla domanda che ti ho fatto poco fa; ti chiedevo, secondo te, quanto tempo ti può occorrere per riuscire a raggiungere questo obiettivo? Io, infatti, potrei ipotizzare un periodo più o meno lungo, ma potrei non essere neutrale e trasferirti una mia sensazione.

GIACOMO: Non lo so! Non sono mai riuscito ad avere una donna! Per quel che ne so potrei aver bisogno di anni, non lo so quantificare; d'altronde sono qui apposta…

EMANUELE: Bene, allora possiamo ipotizzare un inizio di 3 mesi nei quali ti mostrerò alcune strategie molto interessanti.

GIACOMO: Va bene, facciamogli comunque un applauso!

****

Emanuele si è trovato un po' in difficoltà in questa dimostrazione, ma è stato bravo, soprattutto a mantenere lo stato e la serietà. Infatti, malgrado il fatto che nel momento in cui ha chiesto 1000 euro l'ora io e i suoi colleghi di corso gli avessimo sorriso, lui è rimasto serio e convinto. Questo vuol dire che è convinto del suo valore. Inoltre ha rispettato tutti i punti. L'ho messo un po' in difficoltà, ma l'ho fatto di proposito e non ho insistito neanche troppo, perché un cliente rompiscatole c'è sempre; tra l'altro, effettivamente, se un cliente ha un obiettivo che non è riuscito a realizzare, è il coach che deve fargli vedere il risultato.

In questa dimostrazione inoltre Emanuele, che impersonava il coach, ha – come diremmo in PNL – "ancorato l'obiettivo" alla sua mano. Ogni volta che nominava l'obiettivo, infatti, si indicava con un dito il palmo della mano che alzava di fronte a me; per cui, nel momento in cui alzava la mano, visualizzavo lì il mio obiettivo. Il bello è che, tra l'altro, lo vedevo abbastanza vicino, perché era a un metro di distanza da me. Ciò che avrebbe potuto dirmi è: «Non so esattamente quanto tempo impiegherai per raggiungere il tuo obiettivo, dipende da quanto ti impegni e da quanto veramente vuoi raggiungere questo risultato. Quello che faremo già dalla prima sessione è analizzare quanto hai fatto finora, quali opzioni hai e cosa intendi fare. Poi ci sentiremo dopo un mese, mi farai una telefonata, inclusa nel prezzo, e mi dirai come va. Faremo una verifica e se avrai già raggiunto il tuo obiettivo vorrà dire che avremo terminato il lavoro, altrimenti vedremo se c'è qualcosa da sistemare e, se necessario, faremo un'altra sessione di due ore. Ovviamente oggi non posso garantirti una data esatta, perché non dipende da me; il mio compito è quello di darti motivazione e fornirti gli strumenti più adatti a raggiungere il tuo obiettivo.»

Inoltre bisogna stare attenti a non parlare troppo, per non sovrastare il cliente; bisogna dargli la possibilità di esprimersi. Ti consiglio di chiedergli, per prima cosa, di indicare l'obiettivo e poi di dirgli qual è il tuo modo di lavorare. Fare come Emanuele che ha esordito dicendo: «La sessione dura un'ora e costo 1000 euro» farebbe prendere un colpo a qualunque possibile cliente, facendolo scappare a gambe levate. Quindi, meglio iniziare con l'obiettivo; dai spazio all'altra persona, ascoltalo ed entra in sintonia con lui.

SEGRETO n. 26: nel fare il setup, il coach dovrà illustrare al cliente tre aspetti essenziali di una sua sessione tipo: il "cosa" (i tempi, i costi e il luogo), il "perché" (gli obiettivi e il percorso) e infine il "come" (gli esercizi, la riservatezza e le regole).

All'inizio è normale sentirsi insicuri e impacciati nel parlare al cliente. Come in ogni tipo di lavoro, serve esperienza, e in questo senso è assai utile fare molti esercizi; man mano acquisirai spontaneità e naturalezza. Il modo in cui ti rivolgerai al cliente dipende molto dai tuoi valori e dal tuo atteggiamento, ma l'importante è non tralasciare nulla; anche il terapeuta più tranquillo del mondo deve dire quanto costa e quanto dura una seduta. Non considerare, quindi, le dimostrazioni che hai letto come l'unico modo possibile di rivolgersi al cliente. Lo stile un po' troppo deciso, quasi aggressivo delle dimostrazioni «Io lavoro così e prendo questa cifra» può dipendere da molte cose, tra cui la presenza del pubblico, il fatto che io sia il formatore e l'agitazione di non tralasciare nessun punto essenziale. Integra tutte le informazioni previste dal setup con il tuo stile e non trascurare anche elementi che ti sembrano banali; nei miei corsi dico sempre come è organizzata la giornata, quante pause ci sono, cosa si fa nelle pause, dove sono i bagni e così via, per evitare interruzioni spiacevoli

In America usano le cosiddette "check list", ossia elenchi con tutte le informazioni utili che, dicono, sono "a prova di stupido", perché servono ad essere sicuri di non dimenticare nulla; ma sarà soprattutto l'esperienza a insegnarti cosa vuole sapere il cliente. Come è emerso anche dalla dimostrazione che hai letto, una cosa fondamentale per il cliente sono i tempi. Può decidere di sopportare i costi se gli garantisci il risultato, ma vuol sapere quando e come arriverà questo risultato. Rassicura il cliente su questo; fa sì che visualizzi il risultato dicendo: «Già dalla prima sessione otterrai dei risultati; migliorerai la comunicazione».

Ossia, inizialmente garantisci dei risultati "tecnici", ma che facciano già sentire, vivere l'obiettivo finale.

Nel mio ebook *Peak State* propongo e descrivo lo strumento della **Time-Line,** che permette di immaginare la propria vita come fosse una linea su cui si trovano il presente, il futuro e il passato. L'esercizio che si fa consiste nel pensare al proprio obiettivo, andare nel futuro e immaginare di averlo realizzato, magari di avere trovato la donna dei propri sogni e di vivere con lei una relazione appagante, di aver smesso di fumare o essere dimagriti di quei sei chili che si volevano perdere. A quel punto si chiede: «Come ti senti? Immagina di essere lì e di vedere le persone intorno che si congratulano. Vivi la tua soddisfazione con tutti i sensi, poi guardati indietro, guarda il percorso che hai fatto, ripercorrilo al contrario e torna al presente.»

È una strategia che serve ad avvicinare, a rendere più concreto l'obiettivo; in questo modo ti sentirai meglio, più motivato a raggiungerlo e il cervello inconsciamente si focalizzerà a raggiungerlo davvero. E, magari, come è capitato a me, dopo due settimane raggiungerai un obiettivo che pensavi non avresti realizzato prima di un anno. In questo senso, e non in altri, si può parlare di "programmazione" in PNL.

SEGRETO n. 27: la strategia della Time-Line consiste nell'immaginare la propria vita come una linea sulla quale visualizzare il proprio passato e il futuro; serve ad avvicinare e a rendere più concreto l'obiettivo.

Tuttavia, la domanda che tutti mi fanno è la seguente: «È chiaro in cosa consista il setup; ma poi, di fatto, come si fa coaching?» Perché, giustamente, mi dicono: «Io voglio fare il trainer, quindi vengo al tuo corso e tu non solo mi insegni le tecniche giuste, ma mi dai il tuo esempio. Ti vedo fare il trainer, che è ancora più importante perché ti modello, vedo di fatto come si fa. Ma se mi insegni le tecniche di coaching ed io non sono mai stato cliente di nessun coach, non ho mai visto una sessione di coaching, come faccio a capire come comportarmi?»

E infatti questo è un problema, perché al di là delle dimostrazioni che si possono fare, che comunque sono molto utili, ci vuole qualcosa in più: è necessario fare molti esercizi. Chi segue il *PNL*

Practitioner, il corso base di PNL, si trova a fare esercizi di gruppo simili a quelli delle dimostrazioni precedenti, in cui di fatto a turno c'è qualcuno che fa il coach e qualcuno che fa il cliente. E a quel punto è palese in cosa consiste lo strumento più importante che il coach deve usare con il cliente, soprattutto nelle sessioni successive alla prima: le domande.

RIEPILOGO DEL GIORNO 3:

- SEGRETO n. 18: come coach devi capire se puoi seguire tu il cliente o devi indirizzarlo da un terapeuta; per farlo devi verificare cosa c'è dietro al problema per cui si rivolge a te.

- SEGRETO n. 19: un obiettivo ben formulato deve prevedere uno stato attuale e uno stato desiderato, quindi deve riferirsi al presente e al futuro, non al passato.

- SEGRETO n. 20: la "ruota della vita" ti aiuta, come coach, a capire da subito quale sia la situazione attuale e l'equilibrio di vita del tuo cliente; facendo un confronto a distanza di un mese, potrai renderti conto dei suoi cambiamenti.

- SEGRETO n. 21: l'obiettivo deve essere espresso in positivo, quindi non deve contenere il "non"; solo così il cliente può focalizzarsi su ciò che vuol essere e non su ciò che non vuole più essere.

- SEGRETO n. 22: l'obiettivo deve essere misurabile, ovvero basato su dati concreti e verificabili che permettano di rendersi conto di aver raggiunto il risultato.

- SEGRETO n. 23: il cliente deve potersi prendere la responsabilità del proprio obiettivo; solo in questo caso l'obiettivo può essere considerato realizzabile, altrimenti no.

- SEGRETO n. 24: il coach deve far sì che il cliente, pur raggiungendo lo stato desiderato, mantenga i vantaggi dello stato attuale.
- SEGRETO n. 25: un obiettivo ben formulato è ecologico, ovvero rispettoso dei propri valori, della propria salute e del proprio fisico.
- SEGRETO n. 26: nel fare il setup, il coach dovrà illustrare al cliente tre aspetti essenziali di una sua sessione tipo: il "cosa" (i tempi, i costi e il luogo), il "perché" (gli obiettivi e il percorso) e infine il "come" (gli esercizi, la riservatezza e le regole).
- SEGRETO n. 27: la strategia della Time-Line consiste nell'immaginare la propria vita come una linea sulla quale visualizzare il proprio passato e il futuro; serve ad avvicinare e a rendere più concreto l'obiettivo.

GIORNO 4:
Le domande del Coach

Lo strumento fondamentale del coaching sono le **domande**; esse sono il mezzo più importante che abbiamo a disposizione nella comunicazione perché danno responsabilità e guidano la conversazione. Come accennavo nelle prime pagine della guida, Socrate ci insegna che le domande aiutano la persona a cui vengono poste a trovare risorse dentro di sé. È molto diverso dire a un bambino di comportarsi in un certo modo piuttosto che chiedergli: «Tu come faresti?»; in quest'ultimo caso lui si sforzerà di cercare una soluzione al problema e verrà stimolata la sua crescita.

E così accade in qualsiasi rapporto; se un collaboratore ti viene a chiedere aiuto, prima di offrirgli la tua soluzione chiedigli: «Bene, cosa hai fatto finora? Tu cosa faresti in questa situazione? Cosa hai provato a fare? Che altro puoi fare?» In questo modo potrà imparare dai suoi errori, dalle sue esperienze e se non riuscirà potrà tornare da te.

Cerca di dare solo il "quarantesimo cammello" – ricordi la storiella? – senza fare altro, perché questo è ciò che fa il coach; le domande saranno lo strumento essenziale che avrai a disposizione. Anthony Robbins dice: «Domande di qualità portano a una vita di qualità.» A seconda delle domande che ti fai, ottieni, ovviamente, certe risposte; dunque, se la domanda sarà insignificante o inadeguata, anche la risposta lo sarà.

SEGRETO n. 28: le domande sono lo strumento più importante che abbiamo nella comunicazione, perché attribuiscono responsabilità a chi le fa e guidano la conversazione.

Ad esempio, nella terapia si usa spesso chiedere il "perché" delle cose; la PNL invece punta sul "come". Infatti, se hai un problema e ti chiedi: «Perché?», guarderai nel passato per cercare di trovare delle motivazioni, un'esperienza che hai avuto, un trauma, qualsiasi cosa abbia deviato il tuo percorso. Per esempio: sei single a vita; hai deciso che non vuoi più le donne. Perché? Perché magari una volta una donna ti ha tradito e tu da quel momento non le vuoi più vedere. Bene, questo è un po' l'approccio terapeutico: cercare il perché.

Tuttavia, chiedersi: «Perché quella ragazza mi ha lasciato? Ma cosa ho fatto di male? Che comportamenti ho avuto per spingerla a farlo?» non fa altro che peggiorare il proprio stato d'animo, che in PNL è l'aspetto più importante. Se già stai male perché la tua ragazza ti ha lasciato e in più ti chiedi: «Perché?», ti deprimerai sempre di più; il perché, infatti, approfondisce una qualsiasi sensazione che provi, positiva o negativa. Il "come", invece, sposta l'attenzione sulla soluzione. Hai un problema? Bene, chiediti come puoi fare per risolverlo. La tua ragazza ti ha lasciato? Come puoi fare per trovare una ragazza che ti apprezzi di più? Come puoi fare per intrecciare una relazione che duri tutta la vita?

Il come ti orienta sul futuro, sulla soluzione; puoi guardare al fatto accaduto in maniera nuova: non come fallimento ma come fonte di esperienza e di insegnamento. Questo, secondo la PNL, è più importante; perché se hai un problema può anche interessarti quale sia la causa, ma arrivare alla soluzione, anziché concentrarsi sulla causa, è senza dubbio più veloce e più efficace. Quando starai bene e avrai risolto il problema, se vorrai potrai cercarne le cause. Focalizzarsi sulla ricerca delle cause mentre ancora hai il problema, invece, ti farà stare peggio e non ti permetterà di individuare la soluzione.

Le domande possono quindi aiutare il cliente a gestire il proprio stato e a vedere il proprio obiettivo nella giusta prospettiva. Al tempo stesso ti dico che il "perché" non è da evitare in assoluto; proprio perché approfondisce una sensazione che si prova, può essere usato in situazioni positive. Se il tuo partner ti dice: «Ti amo», chiedendogli: «Perché?» approfondirai le motivazioni del suo amore e la tua gioia nell'apprenderle. Per lo stesso motivo, se qualcuno mi dice che vuole fare un mio corso di formazione mi piace chiedergli: «Perché?»

Secondo la PNL non solo non bisogna guardare in maniera negativa al passato, ma bisogna anche evitare che il cervello, per rispondere a una domanda, si inventi una serie di falsi motivi.

Una persona cui chiedi insistentemente: «Perché mi hai lasciato?», per giustificare la sua scelta, accanto al motivo vero ne dirà altri cinquanta falsi. Perché? Perché solo domande di qualità portano a risposte di qualità; questo è uno dei principi di base della motivazione in PNL. Pensa a Einstein che si faceva domande come: «Se cavalcassi un raggio di luce, cosa vedrei? Cosa succederebbe? E se ci fosse un'altra persona su un altro raggio di luce, come ci vedremmo? E se io mettessi un raggio di luce dentro a un razzo e lo spedissi, aumenterebbe la sua velocità? Cioè, questa sarebbe data dalla somma della velocità della luce più quella del razzo? No, perché noi sappiamo che la velocità della luce è il massimo…».

È attraverso queste domande "assurde" ma molto potenzianti, che lo spingevano fuori dai limiti della fisica, che Einstein è riuscito effettivamente ad andare oltre la fisica e ha formulato la teoria della relatività. Te lo ripeto ancora una volta, perché voglio che lo rammenti ogni volta che farai una domanda: **domande di qualità portano a risposte di qualità** e quindi a una vita di qualità. Robbins dice che il nostro stato d'animo, cioè il nostro dialogo interiore, tutto quello che noi pensiamo o valutiamo, è una continua domanda: «Questa è la cosa giusta? Sì o no?» Dialoghiamo in continuazione con noi stessi; se le domande sono buone, otterremo buone risposte. Ecco perché Robbins ha creato una sequenza di domande finalizzate a risolvere i problemi. Chiediti: «Come posso risolvere questo problema? Cosa ho imparato da questa esperienza? Cosa mi ha dato? In che modo posso migliorare il mio futuro grazie a questa esperienza?»

Egli infatti afferma che proprio i fallimenti sono ciò che rende grande una persona: «Mi sono rialzato cinquanta volte, quindi sono un grande.» Non c'è nulla di oggettivo in un fatto; non c'è, in assoluto, un'accezione negativa o positiva; dipende dal modo in cui lo percepisci, esattamente come il valore o il prezzo. E le domande che ti fai guidano questa percezione, guidano il tuo focus mentale, ti focalizzano in un senso o in un altro. Ti è mai capitato di voler cambiare macchina? Per esempio, hai intenzione di acquistare una Mini e improvvisamente vedi Mini dappertutto; magari ti accorgi che hai il concessionario della Mini a due passi da casa e non lo avevi mai visto, che il tuo vicino di casa ha la Mini e non te ne eri accorto, che è, al momento, la macchina più diffusa al mondo, e così via. Accade perché il tuo cervello si è focalizzato su quel modello di macchina.

Ricordo che qualche anno fa ho fatto una serie di viaggi con un mio amico che aveva una Toyota Rav4, modello che non avevo mai notato prima. Sembra incredibile, ma da quella volta ne ho visti dappertutto, tanto che ero arrivato al punto di dire: «Magari la compro anch'io!» Ecco cosa significa essere focalizzati, come puoi guidare i tuoi pensieri e il tuo stato d'animo con le giuste domande. Se farai domande sbagliate al tuo cliente, rischierai di ridurlo in uno stato peggiore di quello in cui è; se farai le domande giuste lo aiuterai a estrarre risorse, a focalizzare meglio i suoi obiettivi e a renderli più concreti.

Ma come estrarre, in pratica, una risorsa da un cliente? Puoi farlo attraverso delle "domande rievocative", ossia chiedendogli, ad esempio: «Ti è mai capitato di sentirti veramente sicuro?» Queste domande consentono di estrarre uno preciso stato d'animo e il cliente, richiamandolo, recupererà quell'esatta sensazione. Potrà anche non rispondere verbalmente, ma rievocando dentro di sé sensazioni, immagini, suoni. Questo è uno degli strumenti di cui il coach può avvalersi per aiutare una persona a estrarre risorse. Non aspettare neanche la risposta del cliente ma vai avanti, perché il suo cervello risponderà, il suo stato d'animo procederà verso quelle sensazioni di benessere che gli hai suggerito.

È un modo per vedere le cose in maniera un po' diversa, per aiutare la persona ad accedere a uno stato dal quale il suo obiettivo gli sembri più vicino, tanto da poter stabilire una strategia per raggiungerlo. I giapponesi si pongono per cultura una domanda chiave: «Come posso migliorare la qualità di questo prodotto?» non a caso la maggior parte delle marche di alta qualità sono giapponesi.

Anch'io, per esempio, ricordo che quando abbiamo fatto il nostro primo video, sinceramente alcune cose non mi piacevano. Ma non mi sono fermato a criticare il lavoro che avevo fatto, perché non avrei fatto altro che demoralizzarmi, invece mi sono detto: «Questa è la situazione, come posso migliorare questo prodotto? In che modo posso coinvolgere maggiormente il pubblico? In che modo la mia postura può essere più coinvolgente? In che modo può essere più coerente?» e così via. Dunque «in che modo» e «come», non «perché» non mi sono comportato diversamente?

In tal modo mi sono spostato sulla soluzione: infatti i video successivi sono migliori. Se qualcuno mi chiede: «Qual è il video migliore?» io rispondo sempre: «L'ultimo, perché è quello che racchiude la somma di tutte le mie esperienze passate.

SEGRETO n. 29: il "perché", spesso usato in terapia, concentra sul problema, per questo nel coaching si utilizza il "come", che sposta l'attenzione sulla soluzione.

John Whitmore, autore di un libro intitolato *Coaching*, edito da Sperling, ha studiato una strategia di domande molto famosa – conosciuta soprattutto nell'ambiente del coaching, meno nell'ambiente della PNL – denominata GROW (crescita). In realtà è un acronimo dato dalle iniziali delle parole *goal*, *reality*, *options* e *will*. Come tutte le strategie americane, è molto pratica e soprattutto finalizzata a semplificare, schematizzare le fasi da seguire, per essere sicuri di non dimenticarne nessuna.

Goal significa obiettivo; quindi per prima cosa, fai delle domande al tuo cliente per aiutarlo a fissare l'obiettivo, quello che in PNL chiamiamo lo stato desiderato: «Allora, cosa vuoi? Quando lo vuoi? Con chi lo vuoi? Perché è importante?»

Reality è la realtà, cioè lo stato attuale; per cui chiedi: «Qual è la situazione attuale, reale? Qual è la realtà di oggi?» Quindi torniamo allo schema stato desiderato/stato attuale: «Qual è la situazione attuale? Cosa è successo? Cosa hai provato finora? Cosa è andato male? Cosa ha funzionato? Come ti senti?»

Poi verifica le **options**: con le domande fai trovare al tuo cliente le opzioni giuste: «Mi hai detto che vuoi trovare la donna dei tuoi sogni, che deve avere dei buoni valori credere nel matrimonio.» Può essere che il cliente abbia delle preferenze per le bionde o per le brune, ma dai la priorità ai valori, alle cose veramente importanti.

Se l'obiettivo del tuo cliente è acquistare una casa, può darsi che sia per lui importante che questa si trovi in una certa zona o che abbia un certo numero di stanze, mentre non dovrebbe esserlo il fatto che abbia il marmo piuttosto che il parquet. Quindi, definisci l'obiettivo in maniera mirata su specificità importanti. Analizza la situazione attuale con la ruota della vita, che è un ottimo strumento, e verifica quali opzioni ci sono, chiedendo: «Finora cosa hai fatto? Cos'altro puoi fare? Che opzioni hai? E poi cos'altro ancora?» Se il cliente ha finito le opzioni e a te viene una buona idea, puoi chiedere: «Posso suggerirti un'altra opzione?» Se lui ti risponde di sì, puoi proporgliela in aggiunta a quelle scelte da lui. Questa è una serie di domande che puoi fare, in quest'ordine esatto, per aiutare la persona ad arrivare a una scelta, a specificare l'obiettivo, la situazione reale, a fare tutto il percorso di coaching. Seguendo questo schema, puoi impostare tutte le tue sessioni.

In PNL diciamo: «Una sola possibilità non ti dà possibilità di scegliere, due danno luogo a un dilemma, tre ti permettono una scelta.» Ciò vuol dire che devono esistere almeno tre opzioni affinché una decisione possa essere presa con cognizione di causa e in libertà; meno di tre possibilità non permettono concretamente una scelta. Solo avendo a disposizione almeno tre opzioni sarai libero di scegliere quello che veramente è importante per te.

Ad esempio, un mio collega ha lavorato con una persona che doveva decidere se lasciare o meno la moglie, argomento molto delicato in cui non ti puoi intromettere. Analizzata la situazione, esaminato l'obiettivo, senza esprimere giudizi gli ha detto: «Allora, tu puoi lasciare tua moglie e trovare un'altra donna più adatta a te, o non lasciare tua moglie e riprovarci, oppure lasciare tua moglie e decidere di restare single per un po'...» e così via. Gli ha presentato tutte le possibilità di scelta che aveva e che, a ben vedere, erano molte più di due, ovvero lasciarla/non lasciarla.

In questo modo ha reso più facile, nei limiti del possibile dato l'argomento, la sua decisione; l'importante è rimanere fuori dalla scelta e non giudicare in base ai propri valori. Per me, ad esempio, è inaccettabile che ci sia un'amante, un tradimento, ma il cliente potrebbe pensarla diversamente, ed io ho il dovere di presentargli tutte le opzioni possibili perché possa scegliere consapevolmente.

Infine **will,** la volontà. Puoi dire al cliente: «Abbiamo visto cosa vuoi, abbiamo visto dove sei ora, abbiamo visto quali opzioni hai. Cosa intendi fare? Qual è la tua volontà?» Dire «cosa intendi fare?» è molto diverso da «cosa vorresti fare?», «cosa potresti fare?» È una presa di posizione, è una decisione ben salda; sì, perché io voglio che il mio cliente, che sa dove è adesso, sa dove vuole andare, sa quali opzioni ha, scelga e prenda la sua decisione.

Spesso il lavoro di coach è quello di aiutare a prendere decisioni, oltre che a raggiungere gli obiettivi, perché, ovviamente, per raggiungere un obiettivo bisogna prendere delle decisioni. Nella leadership si dice che il vero leader decide velocemente, mentre le persone non leader, non di successo, decidono lentamente e cambiano idea molto facilmente; ciò vuol dire che impiegano molto tempo per decidere perché non conoscono i propri valori, non sono allineati, non sono congruenti. Magari alla fine decidono, ma dopo un po' cambiano idea perché continuano a non essere sicuri. Un cliente che sia leader di se stesso deve saper scegliere, deve prendere una decisione velocemente.

Nella tabella seguente trovi riassunte le domande della strategia GROW.

STRATEGIA "GROW"	
G "GOAL" (OBIETTIVO)	Cosa vuoi? Perché è importante? Con chi lo vuoi? Quando lo vuoi?
R "REALITY" (STATO ATTUALE)	Qual è la situazione attuale? Cosa è successo? Cosa hai provato finora? Cosa hai fatto finora? Cosa non hai fatto? Cosa ha funzionato? Cosa non ha funzionato?
O "OPTIONS" (OPZIONI)	Che opzioni hai? E poi quali altre ancora? Cos'altro puoi fare? Posso suggerirti un'opzione?
W "WILL" (VOLONTÀ)	Cosa intendi fare? Come intendi metterlo in pratica? Cosa farai da stasera per raggiungere questo risultato?

È importante fare questo lavoro non solo in vista dell'obiettivo finale ma anche nelle singole sessioni. Quindi chiedi al cliente: «Nella sessione di oggi, cosa vuoi raggiungere? A che punto sei arrivato nel percorso verso il tuo obiettivo? Oggi cosa possiamo fare? E che altra opzione puoi calcolare? Cosa intendi fare? Che azione vuoi intraprendere?» Fai esprimere al tuo cliente un obiettivo da raggiungere, come e in che tempi. Chiedigli poi qual è la situazione attuale, cosa ha fatto finora, cosa altro può fare, cosa intende fare per raggiungere il suo obiettivo partendo dalla situazione attuale, con le risorse che ha, con le opzioni che ha.

SEGRETO n. 30: la strategia GROW è composta da una serie di domande volte a precisare l'obiettivo, lo stato attuale, le opzioni e la volontà del tuo cliente, e che sono molto utili per impostare al meglio il coaching.

Hai visto quanto le domande siano uno strumento efficace e quanto rendano facile fare il coach. Perché, in realtà, grazie al potere delle domande puoi riuscire ad aiutare il tuo cliente senza sapere nulla di lui, della sua situazione oppure dell'azienda o del prodotto che vende. Puoi entrare nel mondo di qualcuno semplicemente facendo domande e permettendo a lui di muoversi all'interno di esso. Questo è un grande modo per aiutare, sostenere le persone nel percorso per raggiungere i propri obiettivi: semplicemente dall'esterno, aiutandolo a focalizzarsi su ciò che vogliono raggiungere.

Anthony Robbins all'inizio della carriera accettò insieme a John Grinder, uno dei due fondatori della PNL, un lavoro di una certa importanza. Vennero assunti dall'esercito degli Stati Uniti per migliorare il tiro con la pistola dei tiratori scelti, i quali, tramite un programma di formazione che l'esercito conduceva già da diverso tempo, avevano ottenuto di migliorare del 70 per cento l'efficacia delle loro prestazioni.

Pensa che Robbins non sapeva neanche sparare, e nonostante questo lui e Grinder si proposero per migliorare l'efficacia del programma e portarlo al 90 per cento. Dovevano agire sul modellamento senza avere esperienza del settore, lavorando solo sulla forma. Il generale, incredulo, disse: «Non è possibile, noi ci lavoriamo da anni; come pensate di riuscire senza avere alcuna esperienza?» Robbins contava molto su Grinder perché almeno lui sapeva tirare con la pistola; tuttavia a un certo punto Grinder dovette lasciare il lavoro per un impegno improvviso e Robbins si ritrovò da solo. Non si perse d'animo e fece ciò che aveva sempre fatto: modellare.

Chiese al generale quali fossero i dieci migliori tiratori su un gruppo di cento e cominciò a osservarli nel loro contesto, nel loro ambito, analizzandone la fisiologia, la postura, il respiro, tutte le particolarità e i comportamenti; chiese loro quali fossero le loro convinzioni e le immagini mentali che accompagnavano le loro azioni.

A quanto pare, questi grandi tiratori vedevano l'immagine del bersaglio più grande di quello che effettivamente era e più vicino a loro di quanto non fosse; al contrario, coloro che sbagliavano lo vedevano più piccolo e più lontano. Pensa come le immagini mentali possono cambiare la percezione che abbiamo di un oggetto. Questa strategia e tante altre che Robbins riuscì a estrarre dai tiratori migliori vennero insegnate anche agli altri, ma prima ancora le sperimentò su se stesso per verificarne il funzionamento. Ebbene, pur non avendo mai sparato, presa in mano la pistola, cominciò a farlo benissimo, facendo centro tantissime volte.

Il risultato, quindi, fu raggiunto lavorando solo sulla forma, sui comportamenti, la fisiologia, le convinzioni, l'identità, le immagini mentali di quelle persone brave nel loro lavoro. Al generale e all'istruttore del programma di formazione vennero insegnate quelle "differenze che fanno la differenza" nel tiro, perché le potessero trasmettere anche agli allievi futuri. La PNL, in un certo senso, fa un lavoro di coaching di gruppo, perché va in cerca della grandezza che c'è nelle persone, la prova, e se funziona la insegna agli altri.

SEGRETO n. 31: grazie al potere delle domande puoi riuscire ad aiutare il tuo cliente anche senza saper nulla di lui, della sua situazione e del suo lavoro.

Come ti ho detto, in realtà, il coaching è molto semplice. I suoi elementi cardine sono tre: il primo è il **coach**, ovvero tu, che aiuterai il cliente con le tue convinzioni, la tua identità, la tua specializzazione, le tue abilità. Lo farai grazie alla tua capacità di entrare in sintonia con lui, di saperlo ascoltare, di saperne cogliere la grandezza, senza giudicare. Il secondo è il **cliente**, la persona con cui sei entrato in sintonia, che ha bisogno di te perché vuole raggiungere un obiettivo, che sta, sì, bene, ma vuole stare ancora meglio, raggiungendo uno stato eccellente. Infine, il terzo elemento è rappresentato dalle **domande**, lo strumento più potente di cui il coach dispone.

Un giorno un ragazzo andò da Richard Bandler e gli disse: «Senti Richard, io ho un problema: vorrei imparare a sedurre veramente bene.» Bandler gli chiese: «Perché, hai un problema con le donne?» e il ragazzo replicò: «No, no, anzi sono molto bravo; il fatto è che voglio diventare bravissimo, eccellente e so che con la

PNL si possono raggiungere risultati di questo tipo.» Bandler rimase sconvolto e disse: «Finalmente una persona che ha capito qual è il vero spirito della PNL!» Infatti la maggior parte delle persone che si rivolgeva a lui lo faceva per la necessità di risolvere problemi, non si trattava di persone che stavano già bene ma che volevano stare meglio, molto meglio, in maniera straordinaria, eccellente. E questo è proprio un atteggiamento mentale, un modo diverso di vedere le cose.

SEGRETO n. 32: il vero spirito del coaching consiste nell'aiutare qualcuno che sta già bene ma vuole stare meglio, in maniera straordinaria, e nel farlo ogni volta con atteggiamento costruttivo e tanta voglia di apprendere.

Se usi la PNL con questo atteggiamento, cioè guardando le altre persone non più con invidia ma in maniera costruttiva, pensando a ciò che puoi imparare da loro, dirai: «Quello è meglio di me, quindi posso imparare qualcosa da lui», oppure: «Sono contento di avere intorno persone bravissime, anche più brave di me, se non avessi qualcuno da cui imparare non sarei neanche più stimolato a fare questo lavoro.»

146

Quando vado da Robbins e da Bandler e vedo il capolavoro della formazione, vedo Robbins che è il più grande showman del mondo, mi fa piacere pensare che ho ancora tanta strada da fare; sono contento di sapere che ci sarà sempre qualcuno più bravo di me, perché mi sento stimolato a migliorare. Per questo penso che non si debba guardare con invidia ma con curiosità, con voglia di apprendere; questo è l'atteggiamento tipico della PNL, che dà un valore aggiunto anche al personal coaching.

RIEPILOGO DEL GIORNO 4:

- SEGRETO n. 28: le domande sono lo strumento più importante che abbiamo nella comunicazione perché attribuiscono responsabilità a chi le fa e guidano la conversazione.

- SEGRETO n. 29: il "perché", spesso usato in terapia, concentra sul problema; nel coaching si utilizza il "come", che sposta l'attenzione sulla soluzione.

- SEGRETO n. 30: La strategia GROW è composta da una serie di domande volte a precisare l'obiettivo, lo stato attuale, le opzioni e la volontà del tuo cliente, molto utili per impostare al meglio il coaching.

- SEGRETO n. 31: grazie al potere delle domande puoi riuscire ad aiutare il tuo cliente anche senza saper nulla di lui, della sua situazione e del suo lavoro.

- SEGRETO n. 32: il vero spirito del coaching consiste nell'aiutare qualcuno che sta già bene ma vuol star meglio, in maniera straordinaria, e, ogni volta, nel farlo con atteggiamento costruttivo e tanta voglia di apprendere.

PARTE 2: SPORT COACH

GIORNO 5:

Migliorare le Prestazioni con la Mente

Lo Sport Coach è il coaching applicato allo sport. In questa sezione dell'ebook ti insegnerò molti esercizi per migliorare le prestazioni sportive attraverso la PNL e le tecniche di coaching; la cosa interessante è che potrai usare queste stesse strategie per migliorare, in generale, i tuoi comportamenti. Molti esperimenti effettuati su sportivi, sia in America che in Europa, hanno dimostrato l'efficacia dell'allenamento mentale. Questa pratica è stata utilizzata, ad esempio, da diversi sportivi che hanno partecipato alle Olimpiadi Invernali di Torino, i quali hanno dichiarato di fare un largo uso delle tecniche di coaching sportivo.

Il coaching sportivo è fondamentale per migliorare le proprie prestazioni, ottimizzarle e portarle ai massimi livelli. Tutto ciò si può fare tramite la PNL che, come sai, studia e modella le più grandi personalità, dai grandi comunicatori ai grandi leader, compresi, ovviamente, i grandi sportivi. In questo settore il coaching è molto avanti, pensa che in America da più di dieci anni la maggior parte degli sportivi si avvale di tecniche di allenamento mentale. Il coaching sportivo nasce soprattutto nel tennis, grazie anche a un libro scritto da W. Timothy Gallwey che si intitola *The Inner Game of Tennis*, ovvero il gioco interiore del tennis. L'autore spiega come ogni competizione si componga di due parti, una interna e una esterna, e di quanto la componente interna, quindi interiore, mentale, sia importante e influenzi la prestazione sportiva. L'allenamento mentale, infatti, è ciò che fa la differenza tra un grande campione e altri atleti che usano solo l'allenamento fisico o tecnico.

Dopo gli importanti risultati ottenuti nel tennis, il coaching sportivo è stato applicato anche allo sci e al golf, tant'è vero che oggi, in quasi tutta l'America, non esiste golf senza coaching, senza PNL. In Italia siamo, come al solito, un po' in ritardo e queste tecniche si stanno diffondendo solo adesso. Giorgio Rocca, grande sciatore che ha partecipato alle Olimpiadi di Torino, ha dichiarato in un'intervista radiofonica di fare un grande uso delle tecniche di allenamento mentale. Inoltre ha detto che, a suo parere, la parte mentale, ossia la psicologia dello sport, ha un ruolo fondamentale e costituisce l'80 per cento dell'allenamento di un atleta.

SEGRETO n. 33: ciò che differenzia un grande campione da altri atleti che praticano solo l'allenamento fisico o tecnico è l'allenamento mentale.

Personalmente, ad esempio, mi interesso molto di pugilato; ho la passione per questo sport e lo pratico da tempo. Ho avuto il piacere di venire in contatto con grandi campioni come Stefano Fiermonte o come Patrizio Oliva, che è stato campione del mondo. Parlando con lui, tempo fa, dicevamo che la cosa peggiore nella boxe è farsi cogliere di sorpresa. Tu sei lì, pronto, hai in mente la tua tecnica, stai decidendo cosa fare: «Sinistro, destro o gancio?» quando improvvisamente, mentre ci stai ancora pensando, ti arriva un bel pugno in faccia. Magari non riesci a pararlo e ti stordisci un attimo. Se in quel momento perdi la concentrazione, hai chiuso; sì, perché il tuo avversario, se è bravo, se ne accorge e ti manda al tappeto in un attimo. Invece è proprio in quel momento che devi mantenere lo stato. Per farlo devi avere dei programmi interiori che ti permettano di essere pronto a scattare e reagire. Anche in questo caso, come sempre, la bravura di uno sportivo sta nel saper reagire ai momenti di difficoltà, alle sfide più importanti e ardue.

Anthony Robbins, che, come sai, è il numero uno della formazione mondiale in campo di motivazione e di coaching, è stato il coach sportivo di Andre Agassi, numero uno al mondo nel tennis. Tempo fa Agassi ha avuto un periodo buio che lo ha portato a precipitare in classifica; non riusciva più a risollevarsi, a vincere le gare ed era sempre più demotivato perché, ovviamente, più perdi più ti crei l'identità del perdente, così come più vinci più ti crei l'identità del vincente. Andre Agassi è andato da Anthony Robbins pagandolo fior di dollari ed è ritornato ad essere primo in classifica. Ma come? Attraverso una tecnica, che è poi il nucleo della PNL: il **modellamento**, cui abbiamo già accennato nelle pagine precedenti.

Come ho già avuto modo di sottolineare, il modellamento è la tecnica di base con cui la PNL ha estratto e continua a estrarre strategie, convinzioni, atteggiamenti mentali da persone di successo. Cosa si è notato attraverso l'applicazione di questa tecnica? Che le prestazioni, non solo in campo sportivo ma in ogni settore, sono il frutto del nostro potenziale, quindi di quanto siamo effettivamente in grado di eliminare le interferenze, come ad esempio le convinzioni limitanti. Se volessimo esprimere questo principio tramite una formula, potremmo dire:

$$prestazioni = potenzialità - interferenze.$$

Questo vuol dire che se sei convinto di non potercela fare, per quanto dentro di te tu possa avere tante potenzialità, non ce la farai.

Ciò che Robbins ha fatto notare ad Agassi, infatti, è che avendo potenzialità da numero uno, se le sue prestazioni erano calate di livello ciò dipendeva dalle interferenze. Nel suo caso dal fatto che si era demotivato e che non conosceva esattamente il modo in cui riusciva a vincere, ossia non conosceva le sue stesse strategie per vincere. Sai cosa ha fatto Robbins? Ha fatto fare ad Agassi un'operazione di auto-modellamento, cioè ha preso in esame i video delle partite vinte da Agassi e gli ha fatto notare cosa faceva, come entrava in campo, che occhi, che faccia, che espressione, che postura, che fisiologia aveva. Nelle partite conclusesi con la vittoria, infatti, entrava in campo sicuro di sé, completamente dritto, aperto, forte, con lo sguardo sicuro. Aveva "l'occhio della tigre", di cui si parla nel film *Rocky* quando, dopo giorni di durissimo allenamento con il suo maestro, il protagonista ritrova tutta la sua concentrazione e sale sul ring ignorando gli sguardi, i commenti, i fischi del pubblico: Rocky è concentrato esclusivamente sul suo obiettivo.

Allo stesso modo Andre Agassi entrava concentratissimo, mettendo in atto una sorta di rituale; ad esempio faceva rimbalzare la pallina un certo numero di volte, creando quello che in PNL definiamo un ancoraggio, cioè un gesto che gli permetteva di richiamare uno stato di concentrazione assoluta. Anthony Robbins ha estratto queste strategie dal comportamento stesso di Agassi e le ha spiegate all'atleta rendendolo consapevole della sua bravura, della sua efficacia. Agassi le ha di nuovo messe in pratica, stavolta consapevolmente, ed è tornato ad essere il campione di sempre.

Questo è il bello della PNL: non solo possiamo modellare i grandi campioni come Schumacher o Valentino Rossi, apprendendo da loro convinzioni, tecniche, modi di fare, comportamenti, rituali e così via, ma anche guardare alle nostre stesse capacità e dire: «Accidenti, un tempo ero bravissimo in questo sport, in questo lavoro. Come mai oggi non ci riesco più?» È possibile tornare ad essere quelli di una volta guardando al proprio passato e chiedendosi cosa c'era di diverso, modellando quindi se stessi. È un po' il lavoro che ho fatto con i videocorsi. Avendo la possibilità di essere ripreso mi sono auto-modellato, guardando il video mi sono chiesto: «Cosa ha funzionato? Cosa no? Cosa posso migliorare?»

Allo stesso modo, si può imparare modellando gli altri. Se osservi il modo di parlare dei politici in televisione, magari durante la campagna elettorale, ti accorgerai che sono bravi comunicatori; ad esempio, nota come gesticola, come guarda l'uditorio Fini, e imparerai molte tecniche di public speaking solo osservando, senza necessità di dover fare un corso.

In fondo, se ci pensi, i bambini imparano così, osservando i genitori, i fratelli e le altre figure di riferimento. Come imparano a camminare? Osservano le persone attorno a loro, tutti camminano, e quindi li imitano, così, quando acquisiscono forza nelle gambe, cominciano a gattonare e poi si alzano in piedi. Cadono e si rialzano dieci, cento volte e alla fine imparano a camminare e poi a correre. Allo stesso modo, imparano a parlare ascoltando i bimbi più grandi e gli adulti. Un mio amico ha un figlio piccolo e per seguirlo ha assunto una tata filippina che, pur comprendendo l'italiano, si esprime quasi esclusivamente in lingua inglese; per questo motivo il bimbo, oltre che l'italiano, sta imparando anche l'inglese.

In realtà anche gli adulti imparano così. Dico sempre che il miglior modo per imparare a parlare in pubblico è osservare me mentre parlo in pubblico, osservare il modo in cui mi relaziono con il mio pubblico, reagisco e gestisco le obiezioni. Per osservazione diretta puoi imparare molto di più.

La stessa cosa vale per lo sport. Ho un amico più bravo di me nel pugilato, non lo guardo con invidia ma al contrario mi dico che ho da imparare da questa persona. Lo osservo, cerco di capire cosa c'è dietro la sua bravura, gli chiedo: «Tu cosa pensi quando sei sul ring, quando sei di fronte a un avversario? In che stato sei? Cosa vedi? Cosa ti dici?» E magari carpisco da lui delle strategie che permettono a me di migliorare, di essere nel suo stesso stato, di dirmi quelle stesse cose, di vedere quelle immagini e quindi di reagire in un modo simile al suo. Tutto questo è il modellamento, una tecnica molto efficace nello sport.

Ma il bello è che queste tecniche che ti servono per lo sport, potrai poi utilizzarle quando vorrai, applicarle in qualunque settore della tua vita. A questo proposito, nelle pagine precedenti dicevamo anche che non è necessario riferirsi a modelli famosi per carpire strategie interessanti per il nostro miglioramento; hai un collega di lavoro particolarmente bravo? Perfetto! Modellalo e diventerai altrettanto bravo. Molti mi chiedono: «Se posso modellare Schumacher, vuol dire che posso diventare altrettanto bravo? Diventare esattamente come lui?» Non esattamente, perché modellando tu elimini semplicemente le interferenze, quindi assorbi le convinzioni di Schumacher ed elimini quella parte delle tue convinzioni che tende a limitarti.

La tua prestazione sale perché le tue potenzialità comunque sono altissime come essere umano e quindi raggiungi ottimi livelli; ma se Schumacher è il primo, il più bravo, il campione del mondo, vuol dire che ha un qualcosa in più. Magari quel "qualcosa in più" è solo la vettura che funziona meglio, tant'è vero che quando Schumacher ha avuto una vettura diversa non ha vinto come prima.

Tuttavia modellando un campione sportivo puoi comunque arrivare a livelli olimpionici, magari classificandoti quarto; questo potrebbe sembrarti un pessimo risultato, mentre, se ci pensi, essere il quarto uomo migliore del mondo in uno sport è un successo straordinario. Vince Lombardi, grande allenatore di football, famoso nel campo della motivazione, dice: «L'importante non è vincere, ma *voler* vincere.» Se non vinci non importa, ma se non hai nemmeno provato, se non hai neanche la motivazione a vincere, allora sei un perdente.

SEGRETO n. 34: il modellamento è la tecnica di base grazie alla quale puoi estrarre strategie, tecniche, atteggiamenti mentali da persone di successo.

Come ho accennato nell'introduzione, possiamo modellare una persona, nel nostro caso uno sportivo, da diversi punti di vista: la **fisiologia,** le **convinzioni** e le **strategie**. Non potrai raggiungere prestazioni ottimali grazie a uno solo di questi tre aspetti e neppure grazie a due su tre, perché sono tutti e tre fondamentali.
Li analizzeremo, adesso, uno per uno.

Prima ti ho parlato del modo in cui Andre Agassi entrava in campo quando vinceva; c'è da dire, per contro, che nel periodo in cui è crollato nella classifica la sua postura era totalmente cambiata: spalle curve, sguardo basso. Non era più la figura del grande campione, non immagineresti certo così il numero uno del tennis: curvo, un po' sbilanciato, decentrato (perché in PNL, come vedremo, parliamo anche di **centratura**).

Napoleon Hill, celebre motivatore del periodo precedente alla creazione della PNL, diceva: «Se credi di potercela fare, ce la farai» ovvero, qualsiasi cosa puoi immaginare nella tua mente puoi farla. Ma è ancor più vero il contrario: «Se credi di non potercela fare, è certo che non ce la farai», perché non ci proverai neanche, non ti darai da fare; dirai ad esempio: «Non sono portato per il pugilato, per il calcio o per il tennis; non mi alleno neanche, tanto non ce la posso fare», e questa convinzione ti limiterà. Ecco, questa sarebbe una grande interferenza. Ma la cosa bella delle convinzioni è che possiamo cambiarle; una convinzione limitante, infatti, puoi non solo eliminarla, ma girarla e trasformarla in una positiva, in una convinzione potenziante che non solo non ti ostacola più, ma ti dà addirittura una spinta.

Lo schema iniziale:

$$prestazioni = potenzialità - interferenze$$

diventa:

$$prestazioni = potenzialità + interferenze.$$

Il "meno" diventa "più" e le interferenze da negative diventano positive, ossia convinzioni potenzianti che ti danno un'ulteriore spinta; questo deve essere il tuo obiettivo nel coaching sportivo. Le interferenze ci sono? Bene, non limitarti a eliminarle, trasformale addirittura. Fa sì che ti aggiungano qualcosa, ti spingano, ti motivino ancora di più. Ultimo fondamento che affronteremo saranno le strategie, veri e propri processi mentali che esistono dentro di noi: sono le immagini che vediamo, le sensazioni che avvertiamo, i suoni che ascoltiamo e i metaprogrammi, ovvero le strategie inconsce che abbiamo nella nostra mente che ci spingono o ci allontanano dalle cose.

Molto importante nello sport coaching è la "fisiologia", quindi tutto ciò che riguarda la postura, perché tanti studi, al di là della PNL, attestano che c'è un legame tra corpo e mente. Immagina una persona triste, depressa o uno sportivo che è in pessima forma; come ti ho detto, adotterà una certa postura, un po' chiusa, un po' curva. Quando siamo tristi tendiamo a metterci in questa posizione, il cervello riconosce che è la postura tipica dei nostri momenti tristi e di conseguenza ci fa sentire tristi, ci mette in uno stato d'animo di tristezza. Ma cosa accade se ci alziamo in piedi? Che ci sentiamo già meglio, vediamo le cose in maniera diversa. Così, se respireremo profondamente vedremo le cose in maniera diversa, se sorrideremo vedremo le cose in maniera diversa.

È vero che se stai male adotterai istintivamente la fisiologia di una persona che sta male e il tuo cervello creerà la relativa neuro-associazione; ma se è vero che questo è ciò che accade, è anche vero che se, al contrario, assumerai la postura di una persona felice, dopo un po' ti sentirai davvero felice. Dunque puoi usare la fisiologia per migliorare il tuo stato d'animo e per stare meglio mentalmente.

Questo processo non è molto conosciuto, ma è fondamentale, soprattutto nel coaching sportivo. Se vuoi stare meglio, sentirti bene, ti basterà cambiare la tua postura, la tua fisiologia; ti sentirai meglio automaticamente, basterà un sorriso. Forse avrai letto di questa tecnica in qualche libro sulla motivazione e sul pensiero positivo: è vero, funziona.

SEGRETO n. 35: curare la fisiologia, ossia tutto ciò che riguarda la postura e il modo in cui il fisico è collegato alla mente, è molto importante nello sport coaching.

Certo, la fisiologia è importante, ma conta anche ciò che immagini nella tua mente. Uno degli esercizi più famosi a livello di fisiologia è **l'allenamento mentale**. Sappiamo tutti che, in genere, uno sportivo si allena sotto due punti di vista: quello fisico e quello tecnico. Immagina, ad esempio, Schumacher che va in palestra, si allena, fa i pesi, fa stretching, fa un po' di corsa, allena il suo fisico in modo che quando sarà al volante della sua auto da corsa potrà reagire, sopportare lo stress fisico. Nella Formula Uno, infatti, si è sottoposti a uno stress fisico enorme, pazzesco; nell'affrontare una curva a 200 chilometri orari si subisce una fortissima sollecitazione muscolare, il collo si piega, si ha quasi l'impressione che si stacchi dal busto!

Ho conosciuto Jimmy Bruni all'epoca in cui era un pilota di Formula Uno nella Minardi. Mi ha confermato che durante la gara si perdono circa quattro litri d'acqua. Sono quindi indispensabili sia l'allenamento fisico, per irrobustire i muscoli, sia l'allenamento tecnico, che permette di affinare le abilità del pilota. Anche Schumacher, pur essendo un campione, ha un allenatore tecnico che lo tiene sulla rotta, lo mantiene sui giusti binari. Questi sono i due tipi di allenamento classico che tutti gli sportivi seguono, anche il calciatore ha il preparatore fisico e l'allenatore. C'è però questa terza componente importantissima: l'allenamento mentale, che riguarda in modo particolare il coach sportivo.

In America sono stati effettuati studi statistici sull'utilità di questo terzo tipo di allenamento. Allo scopo di sperimentare l'utilità dell'allenamento mentale, alcuni studiosi hanno preso in esame una squadra di basket. Come prima cosa l'hanno divisa in due sottosquadre che, per circa tre settimane, sono state sottoposte a due tipi di allenamento diversi. Hanno preparato una sottosquadra tramite allenamento fisico e tecnico e l'altra con il solo allenamento mentale. In questo secondo caso, i giocatori dovevano *immaginare* di essere in campo, avere la palla in mano, tirare e fare canestro; solo immaginarlo.

Trascorse le tre settimane le due sottosquadre si sono sfidate. E chi ha vinto? Forse ti sembrerà incredibile ma, tra le due, ha vinto la squadra che aveva seguito unicamente l'allenamento mentale. I giocatori avevano ottimizzato nella loro mente quell'esercizio e, facendolo mentalmente, riuscivano a eseguirlo in maniera molto più veloce e fluida. A lanciare fisicamente la palla, infatti, si impiegano diversi secondi; mentalmente, invece, si può rallentare o velocizzare il tempo di lancio a seconda della necessità dell'atleta.

All'inizio si può fare l'esercizio più lentamente, per curare tutti i particolari, magari vedendo il braccio che si muove in un certo modo, i muscoli che si tendono, la spinta; poi lo si può ripetere molto più velocemente. Una volta che il cervello ha imparato esattamente quel movimento, sarà più facile per lui replicarlo. Potrai migliorare la tua prestazione in maniera eccezionale.

Voglio proporti ora un esercizio che faccio svolgere agli allievi durante i miei corsi. Alzati in piedi, tendi il braccio in avanti puntando il dito, ruota su te stesso tenendo fermi i piedi e provando a disegnare un cerchio su un piano orizzontale immaginario con il braccio; vedi fino a che punto, torcendo il busto, arrivi con il braccio; poi torna al punto di partenza. Adesso fallo solo mentalmente, anche tenendo le braccia lungo i fianchi. Immagina di fare lo stesso esercizio, di vederti mentre alzi il braccio, mentre ruoti e arrivi al punto che hai raggiunto poco prima. Guarda un po'? Ti accorgerai di averlo superato di dieci centimetri. Poi, sempre mentalmente, torna al punto di partenza. Stendi di nuovo il braccio in avanti e gira su te stesso; stavolta ti accorgerai di averlo superato di un metro. Il tuo corpo comincia a essere molto morbido, flessibile, quasi fosse di gomma. Ora torna al punto di partenza e, sempre mentalmente, per l'ultima volta tendi il braccio in avanti e gira su te stesso. Immagina di girare per due volte, come fossi un pupazzo di gomma. Ruota di 360 gradi e poi di altri 360; infine torna al punto di partenza.

Bene, adesso fai di nuovo questo esercizio fisicamente; tendi il braccio in avanti, ruota e renditi conto di quanto riesci a superare il punto che avevi raggiunto la prima volta. Venti, trenta centimetri? Di solito succede esattamente questo. Hai fatto solo qualche secondo di esercizio mentale, ma è bastato per migliorare la tua prestazione del 20-30 per cento. Pensa dove potresti arrivare con tre settimane di esercizio! I muscoli, i tendini ovviamente hanno dei limiti fisici, ma l'allenamento mentale permette comunque di renderli molto più flessibili.

Pensa a come funziona l'allenamento fisico, il body building, ad esempio. Prendi un peso, lo sollevi e resisti sino a superare un certo limite. Se ripeti l'esercizio più di una volta, a un certo punto ti renderai conto di essere giunto al tuo limite fisico, di non farcela più; ma è proprio in quel momento che al muscolo arriva un messaggio: «Insisti, ce la devi fare. La prossima volta fammi avere più forza, più fibre, cresci!» Il cervello elabora questo messaggio, trasforma le proteine in muscoli e potenzia il tuo muscolo rendendolo più forte. Il messaggio parte a livello neurologico e se ripeti l'esercizio diverse volte darai al cervello questo tipo di messaggio.

Il cervello, infatti, non è in grado di capire se lo sforzo è effettivo o meno, ma guarda al messaggio traducendolo, per capirci, in: «Produci più muscolo.» Di conseguenza anche i muscoli migliorano. L'allenamento mentale, quindi, può farti ottenere risultati enormi ma, ovviamente, da solo non basta. Può servire per ottimizzare le proprie prestazioni, per migliorare, per eliminare le interferenze, ma ovviamente non deve prescindere dall'allenamento tecnico e da quello fisico. Puoi modellare Schumacher ma se non ti alleni ad andare in macchina e non vai in palestra alla prima curva finirai fuori pista!

È necessario che siano presenti tutte e tre le componenti dell'allenamento: mentale, fisica e tecnica. Parto dal presupposto che nel tuo sport tu faccia già un allenamento sia fisico che tecnico; quindi aggiungiamo l'allenamento mentale.

Ugualmente, quando uno sportivo viene da te perché sei un coach sportivo, lavorerai sull'allenamento mentale. Ovviamente, dovrai innanzitutto verificare che il tuo cliente porti avanti anche quello fisico e quello tecnico con altre persone. A questo proposito c'è una storia molto carina che parla del lavoro di squadra, di gruppo, del team building; è raccontata in un libro di Kenneth Blanchard intitolato *Uno per tutti, tutti per uno. L'arte di lavorare in team* (Sperling). Il protagonista, Alan, grande lavoratore e ottimo venditore, improvvisamente viene licenziato dall'azienda per cui lavorava da dieci anni; pur essendo bravissimo, tra i dipendenti che vendeva di più, che otteneva i migliori risultati in termini di fatturato, viene licenziato dal nuovo capo arrivato da pochi mesi che gli dice: «Sai Alan, sei un professionista, però non sai lavorare in team, mentre qui lavoriamo in squadra; non abbiamo bisogno dello sforzo del singolo, pur pregiato: ci interessa il lavoro di gruppo, vogliamo rinnovare questa azienda.»

Alan, in un certo senso, era come un bravo giocatore di calcio che non passa mai la palla, come i bambini che, giocando a pallone, di solito ignorano il gioco di squadra e tendono a tenersi sempre la palla per andare in rete e fare goal. Ma diventando adulti il gioco di squadra diventa importante e occorre capire che se non passi mai la palla, a lungo andare nessuno la passerà più a te e ti sarai creato dei nemici.

Essendo stato licenziato, con tanto tempo libero e una buonuscita di tutto rispetto, Alan non ha urgenza di trovare un altro lavoro e quindi decide di dedicare un po' di tempo a se stesso, ai propri interessi. Inizia quindi ad allenare, assieme ad altri due coach, la squadra di hockey nella quale giocava suo figlio, alla quale mancava lo spirito di gruppo. Mentre gli altri due allenatori si occupano dell'aspetto fisico e tecnico, Alan cura la parte psicologica, cercando di far sì che i suoi ragazzi da tante singole individualità diventino una vera squadra.

Quindi comincia ad allenare i ragazzi proprio da questo punto di vista, e pian piano apprende da loro stessi una serie di strategie su come motivarli e farli giocare tutti insieme. Ad esempio, per far sì che siano invogliati a passare la palla, dice: «Verrà premiato il giocatore che avrà realizzato più passaggi» e stabilisce che verrà attribuito un punto a chi segna, due punti a chi gli ha passato la palla e tre punti al giocatore ha realizzato il passaggio ancora precedente. Crea quindi delle tattiche per farli giocare in squadra; per formare un vero team, attribuisce maggior valore al gioco di gruppo che non al risultato finale; inoltre cerca di motivarli inventando un inno che i bambini possano cantare tutti in coro e che accresca il senso di unione con i compagni. Alan diventa il migliore dei team builder, il migliore dei costruttori di squadre di successo e alla fine il suo nome diventa famoso, tanto che viene richiamato nella sua vecchia azienda per fare consulenza esterna proprio sul gioco di squadra.

La componente mentale diventa fondamentale: è quella che può fare veramente la differenza, perché nello sport tutti si allenano fisicamente e tecnicamente, ma nessuno o quasi nessuno, soprattutto in Italia, pratica l'allenamento mentale. È quindi, questo, un tipo di coaching che, se ben svolto, può dare davvero tanto lavoro. Per essere veramente bravi il consiglio è di imparare non solo le tecniche strettamente legate al coaching sportivo, ma di approfondire la PNL che è la tecnologia e l'atteggiamento che noi utilizziamo nel coaching. Attraverso queste strategie, infatti, puoi imparare a prendere il meglio da tutti, a trovare la grandezza che c'è in ognuno, ad esempio nel tuo sportivo, e a re-insegnarla a lui. In questo modo lo renderai consapevole delle sue risorse e gliene fornirai di maggiori attraverso l'uso delle domande e di altre tecniche cui abbiamo accennato, ad esempio a proposito della fisiologia. Hai visto, infatti, come io sia riuscito a cambiare la tua fisiologia con un allenamento mentale di soli trenta secondi. È incredibile: il corpo si flette di più solo perché hai pensato di farlo, eppure un secondo prima non eri riuscito a superare un certo limite. Pensa a quanto è importante.

È stato Richard Bandler, fondatore della PNL, a scoprire in che modo si potesse utilizzare il funzionamento del cervello a proprio vantaggio, per migliorarsi. Stava infatti studiando casi di ansia, di stress di persone che dovevano affrontare un colloquio di lavoro, un esame, un discorso in pubblico e si lasciavano sopraffare dalla tensione nervosa. Bandler cominciò ad analizzare i loro processi mentali, chiedendo loro quali fossero le sensazioni che provavano. Nel farlo scoprì che quasi tutti raccontavano più o meno la stessa cosa: «Mi vedo mentre sostengo il colloquio di lavoro e va tutto male», oppure «Mi vedo mentre sudo copiosamente e non riesco a dire una parola; la mia voce trema e all'esame mi blocco.»

Bandler non si è chiesto: «Perché il cervello funziona così?», non ci ha dato una risposta; ha invece pensato a come sfruttarne il funzionamento in positivo.

È infatti compito del medico, del neurologo, studiare il cervello e scoprire il perché dell'esistenza di alcuni meccanismi; a noi interessa solo la forma, il processo che conduce al risultato. Bandler pensò: «Il cervello funziona in questo modo; dunque invertendo questo processo si può ottenere un risultato contrario. Immagina di sostenere il tuo esame e di vederti mentre va tutto bene. Guardati mentre sei lì, dici tutto quello che devi dire al tuo professore, lui ti fa delle domande alle quali tu rispondi senza problemi; sei lì tranquillo, la tua voce è ferma e convinta, trasmette sicurezza a tutti.» La persona in questione imparò quindi a visualizzare un filmato in cui tutto andava bene e questo lo fece sentire immediatamente meglio, lo aiutò a cambiare stato d'animo.

Bandler dice: «Se al cinema hai visto un film che non ti è piaciuto, torneresti a vederlo ogni giorno? Ad ogni ora? No; allora perché lo fai con la tua mente, immaginandoti in continuazione

173

l'esame che va male, il colloquio in cui fai una brutta figura e via dicendo? Se invece al cinema vedi un film bello, probabilmente avrai voglia di rivederlo. Fai questo, allora; immaginati una, due, dieci, cento volte mentre va tutto bene, così quando andrai al tuo colloquio di lavoro o al tuo esame, sarà la centunesima volta in cui avrai successo e il tuo cervello farà in modo che capiti davvero.»

Questa strategia si chiama **profezia autoavverantesi** e si realizza quando ti sei immaginato, visto con la mente talmente tante volte in una certa situazione che, alla fine, questa si avvera; sì, perché la realizzazione positiva l'hai creata tu stesso visualizzando il tuo filmato mentale.

SEGRETO n. 36: la strategia della profezia autoavverantesi funziona perché, essendoti immaginato tante e tante volte in una stessa situazione, alla fine questa si realizza davvero.

Il procedimento è questo; se usi bene il tuo filmato, la profezia che si avvera è positiva. Questo meccanismo è anche definito **ponte sul futuro**, che è poi uno tra gli esercizi più importanti che ti spiegherò in questa guida e che consiste nel vedersi proiettati nel futuro e nel poter decidere come andrà: se tu vuoi che vada tutto bene, andrà tutto bene. L'esercizio, per essere efficace, deve rispettare due caratteristiche: deve essere **associato** e **multisensoriale**. "Associato" vuol dire che occorre immaginare se stessi dentro il film, protagonisti del film; la situazione opposta è quella che si ha in "dissociato", che significa vedersi in azione dal di fuori.

All'inizio può andare bene che tu ti veda mentre hai successo, mentre fai l'esame bene, però poi è importante entrare nella situazione e viverla in prima persona, perché di fatto è questo esercizio che ti prepara veramente ad affrontare la prova. Quando io entro in aula, vedo dai miei occhi, sento dalle mie orecchie, sono io che parlo, che ascolto le domande che mi fanno. Quindi devo abituarmi a vedere dai miei occhi, a sentire le sensazioni dentro di me, a dirmi quello che mi dico nel mio dialogo interiore e a vivere in prima persona tutte queste componenti in maniera associata, facendo questo esercizio decine di volte.

In secondo luogo questo esercizio deve essere **multisensoriale**, ossia deve coinvolgere tutti i sensi: la vista, l'udito, le parole del dialogo interiore e le sensazioni, interne - come la paura, la felicità, il coraggio, la sicurezza - o esterne, quindi legate alla fisiologia, alla postura e così via.

Immagina di doverti trovare ad affrontare una situazione che nel passato ti ha stressato e che magari ti si ripresenta davanti da qui a pochi giorni o entro il prossimo mese. Immagina questa situazione non particolarmente stressante, ma che un po' ti dà fastidio, e immagina che a differenza del solito vada tutto bene. Quindi, all'inizio guardati dall'esterno, guardati mentre fai quella cosa e mentre va tutto benissimo; guarda che postura hai, che sicurezza emani; guarda in che modo parli e cosa trasmetti alle persone. Guarda tutto questo e poi entra in associato; guarda con i tuoi occhi la tua sicurezza, senti dentro di te la soddisfazione di questo momento; sentila, lasciala espandere, amplificala nel tuo corpo.

Ora lascia che il tuo inconscio ripeta l'esercizio che hai appena fatto per altre dieci, cinquanta, cento volte in maniera automatica, da solo, tranquillamente. In questo modo, quando ti troverai ad affrontare veramente la situazione, replicarlo sarà per te la cosa più naturale, facile e sicura del mondo. È il cervello che funziona così.

Allora, prenditi cinque minuti e prova a rifare questo esercizio. Ricorda che, sia che tu lo faccia da solo, sia che tu lo faccia fare come coach a qualcun altro, questo sarà ciò che dovrai dire: «Guarda come sei sicuro, osserva la tua postura, come sei equilibrato, guarda come trasmetti sicurezza alle persone. Adesso immagina di entrare in associato nella situazione, guarda dai tuoi occhi, senti dalle tue orecchie, senti le sensazioni che stai provando in questo momento, senti la sicurezza come si espande dentro di te. Vai e sconfiggi il tuo avversario.» Oppure: «Fai la tua partita con la voglia di vincere. Non è importante che tu vinca ma che tu voglia vincere.» Quindi, allenati facendo questo esercizio più che puoi!

Durante i miei corsi mi è stato chiesto se questo esercizio vada svolto velocemente o lentamente quando si lavora con una persona, e quanto sia necessario essere specifici. In generale la caratteristica della PNL è di essere efficace velocemente. La prima volta, magari, lo puoi fare un po' più tranquillamente per visualizzare bene la situazione e poi velocizzare l'esercizio man mano che lo fai. Altra cosa importante è rimanere più possibile generici nei termini che si usano; non dire al tuo cliente specificamente tutto quello che deve sentire e provare, perché potresti suggerire cose che non corrispondono alla sua esperienza interiore, mentale. Non dire, ad esempio: «E senti la sensazione che provi nel muscolo della gamba», perché magari lui in quel momento non è focalizzato su quello ma su altro. Quindi dì semplicemente: «Concentrati sulle sensazioni che stai avvertendo», non potresti essere più vago di così! Sarà lui stesso, che è calato nell'esperienza, a dire: «Sì, avverto una sensazione di soddisfazione» oppure: «Avverto la sensazione muscolare.» Lascia comunque che sia lui a deciderlo, in modo da non interferire con la sua esperienza interiore.

La nostra mente, infatti, può influenzare molto i nostri movimenti e i gesti creando delle neuro-associazioni, dei condizionamenti a livello fisiologico. Pensa che Larry Bird, giocatore di basket molto famoso negli Stati Uniti, ha girato una pubblicità nella quale doveva tirare la palla e sbagliare il canestro. Tuttavia non è riuscito a sbagliare per sette volte consecutive, perché era troppo condizionato, troppo allenato e faceva canestro automaticamente; pensa a come l'allenamento mentale possa condizionarci. Le neuro-associazioni sono come strade che collegano un neurone all'altro; la prima volta sarà un sentiero, ma facendo l'esercizio più volte, il sentiero diventerà una vera e propria autostrada sempre più facile da percorrere.

Lo stesso avviene per le abitudini e anche i vizi che abbiamo; sono strade che abbiamo percorso centinaia di volte, per cui finiscono per diventare automatiche. Pensa alla sigaretta. Spesso non c'è più la motivazione che c'era da ragazzi, ossia sentirsi grandi e far parte di un gruppo, ma è solo questione di abitudine. L'abbiamo fatto talmente tante volte che non possiamo più rinunciarvi; sappiamo che quando siamo in ansia dobbiamo fumare una sigaretta. Abbiamo quindi collegato l'ansia al fumo, e questa associazione resterà tale per il resto della vita, a meno che qualcuno, forse un coach, ci aiuti a tagliare questa associazione e magari a crearne un'altra. Questo è il lavoro che il coach deve fare con gli sportivi per migliorare le loro prestazioni.

SEGRETO n. 37: la strategia del ponte sul futuro consiste nel vedersi proiettati nel futuro e nel poter decidere come andrà; perché sia ben eseguito deve essere associato e multisensoriale.

Un altro esercizio molto importante è il **Generatore di Nuovo Comportamento (GNC)**; esso prevede tre passaggi:
1) scegli comportamento e modello;
2) film del modello;
3) entra nel film.

La differenza con l'esercizio precedente, ossia quello del "ponte sul futuro", consiste nel fatto che in questo caso parliamo di un modello esterno; ovvero, non sei tu che ti visualizzi mentre va tutto bene, mentre hai successo, ma ti focalizzi su un'altra persona, su un modello di eccellenza nel campo in cui vuoi migliorare. Ad esempio, vuoi migliorare la tua tecnica nel fare canestro? Prenderai a modello un grande giocatore di basket, registrerai le sue partite e lo rivedrai più e più volte cercando di imparare da lui tutti i suoi movimenti.

Io, che mi interesso di pugilato, immagino di vedere in azione Mike Tyson o piuttosto Patrizio Oliva; quest'ultimo in particolare, in quanto ho la possibilità di avere maggiori contatti con lui, di parlarci, di intervistarlo e quindi di imparare di più. Pensa, dunque, a un comportamento che vuoi migliorare o cambiare e scegli un modello, a quel punto fatti un film; ora ti spiegherò come, attraverso una dimostrazione svolta in aula di cui ti allego la trascrizione.

****

GIACOMO: Chi vuole venire per fare la dimostrazione? Mirko? Bene, un applauso a Mirko! Allora, hai un comportamento che vuoi migliorare o cambiare in un'attività specifica?

MIRKO: Anche qualcosa di immaginato?

GIACOMO: Quello che vuoi.

MIRKO: Bene; allora immaginiamo che io sia un lanciatore di baseball.

181

GIACOMO: Conosci un giocatore di baseball molto bravo?

MIRKO: Sì.

GIACOMO: Perfetto; questa è la cosa importante: avere ben chiaro un modello. Immagina adesso di avere il tuo modello qui davanti a te, in un bel campo, su una bella distesa erbosa. Immagina che stia lanciando, che stia giocando la sua partita. Osservalo con attenzione, guarda esattamente tutto ciò che fa, creati un filmato mentale in cui lo vedi giocare come sa farlo lui: in maniera eccellente, straordinaria. Sì, perché se è il tuo modello, evidentemente gioca in maniera straordinaria. Immagina di essere il regista di questo film, di poter toccare il tuo modello, di poterlo muovere, di avvicinarti e poter guardare cos'è che in lui fa la differenza rispetto a tanti altri; guarda com'è teso il suo muscolo, qual è la sua postura, com'è equilibrato sulle gambe, tutto quello che per te è importante in questo sport e nel suo essere un modello di eccellenza. Adesso immagina di entrare nel film, di entrare dentro il tuo modello: adesso sei tu il protagonista! Hai la stessa tensione muscolare, adotti la stessa postura; tutto quello che prima hai visto in lui, ora lo hai tu dentro di te. Immagina di lanciare la palla, di giocare la tua partita. Immagina di farlo in maniera molto veloce: un'ora intera di partita scorre velocemente nella tua testa e tu ti senti forte come lui, straordinario come lui. Intanto, lascia che i tuoi muscoli, la tua postura acquisiscano tutto ciò che di straordinario hai visto in lui; poi torna qui, seduto su una sedia e in quest'aula, mentre stai svolgendo questa dimostrazione.

Ma non è ancora finita. Adesso immagina di dover giocare tu stesso una partita e di sentire in te la sensazione che avvertivi poco fa, quando eri in lui; crea una sorta di ponte sul futuro che aggiungiamo a questo esercizio. Immagina di giocare benissimo, molto meglio di come normalmente faresti, in maniera straordinaria, con nuove abilità, nuove convinzioni, nuove identità, con questo nuovo comportamento e questa nuova fisiologia, va bene?

MIRKO: Certo, benissimo!

GIACOMO: Molto bene Mirko, un applauso per te!

****

Anche questo esercizio è molto semplice e si può eseguire in maniera molto veloce; la differenza rispetto a quello precedente è che abbiamo un modello da imitare, da cui acquisire nuovi comportamenti, nuove tecniche. Il Generatore di Nuovo Comportamento può essere usato anche prendendo noi stessi come modello; l'importante, come anche nel caso del ponte sul futuro, è che a un certo punto entriamo in associato, perché dobbiamo vivere e avvertire le sensazioni nel nostro corpo. Lo possiamo fare sia a livello mentale sia mettendoci in piedi e facendo un passo in avanti, immaginando di entrare fisicamente nella situazione; farlo può essere di aiuto, perché in questo modo la situazione diventa più reale.

Maxwell Maltz, in un libro che si intitola *Psicocibernetica* edito da Astrolabio, afferma che il cervello apprende in maniera così dinamica da non distinguere ciò che è reale da ciò che è vividamente immaginato; per cui se sei molto preciso, molto dettagliato, immagini in maniera molto vivida, lo stimolo è lo stesso e la risposta sarà la stessa che se vivessi la situazione concreta. Imparerai davvero come se ti fossi allenato con un campione, come se avessi giocato insieme a lui e dentro di lui in quella partita; sarà come essere seduti su un sedile accanto a Schumacher durante tutto lo svolgimento di una gara o, meglio ancora, come guidare al suo posto; penso che impareresti molte cose. Prova a fare questo esercizio, buon lavoro.

***

SEGRETO n. 38: la strategia del Generatore di Nuovo Comportamento (GNC) consiste nel focalizzarsi su un modello di eccellenza del campo in cui si vuol migliorare ed entrare in lui mentre è in azione per carpirne le strategie.

Hai visto come questa strategia funzioni facilmente, come sia facile da applicare e quanti risultati si possano raggiungere con un modellamento? Infatti, fondamentalmente, in questo esercizio ti devi calare nei panni del tuo modello e cercare di prendere tutto ciò che puoi. Il modellamento è qualcosa di basilare, si dice sia il nucleo della PNL. Oggi, nella formazione in PNL si mira troppo alle tecniche, per cui sembra che, in definitiva, si risolva unicamente in esse. La verità è che la PNL è innanzi tutto atteggiamento mentale e modellamento. Non lo dico io, bensì Bandler, perché è quello il punto di partenza da cui, negli anni

'70, John Grinder e Richard Bandler hanno iniziato; si sono guardati intorno e hanno cominciato ad apprendere cose nuove semplicemente stando a contatto con le persone, all'inizio nel campo della terapia, poi nel campo della comunicazione, della vendita, della leadership e così via.

Dalle loro osservazioni, scaturite dal contatto con la gente, hanno avuto origine anche tutte le tecniche di coaching sportivo che vediamo in questa guida. È molto importante capire questo punto, perché il modellamento è alla base di tutto. Se ti piace il tennis e vuoi migliorare, con chi giochi? Con qualcuno che sia meno bravo solo per sentirti sempre e comunque il migliore, oppure con qualcuno più bravo di te, che abbia qualcosa da insegnarti? Con qualcuno più bravo, è ovvio. L'atteggiamento di ricerca è alla base della PNL.

Quando ho deciso di fare il trainer, ovviamente ho guardato ai trainer più esperti di me. Per prima cosa ho frequentato vari corsi qui in Italia allo scopo di modellare i grandi trainer italiani, poi, arrivato a un certo livello, sono andato all'estero per studiare i trainer più bravi. Sono andato da Richard Bandler, da John

Grinder, da Robert Dilts e da Anthony Robbins; mi sono formato direttamente a contatto con queste grandi personalità, perché è l'unico modo per poter modellare l'eccellenza. Man mano che cresci, cerchi di arrivare sempre più in alto e di riferirti alla figura migliore che c'è in quel campo, in quel settore.

Quando ho scritto il mio libro ho modellato i loro libri. Dirai: «In che modo?»; partendo dalla mia esperienza, innanzi tutto. Ho conosciuto la PNL proprio attraverso un libro di Anthony Robbins, un bel volume di cinquecento pagine, in realtà molto poco tecnico, in cui racconta una serie di storie. Ho pensato che fosse un libro bellissimo, ma che per avere un'idea più chiara avrei avuto bisogno di scrivere tutte le tecniche. Pensando di risparmiare tempo ho acquistato un libro in cui erano spiegate solo le tecniche di PNL; dopo averlo letto e averle provate tutte, le stesse spiegate da Anthony Robbins nel suo testo, ho avvertito una differenza a livello di sensazioni, ovvero ho sentito che quel libro non mi piaceva per niente, infatti non mi dava nulla. Mi sono chiesto come fosse possibile e, andando a rivedere il libro di Robbins, ho capito che le sole tecniche, non corredate da storielle e aneddoti, non mi servivano a niente. A fare la differenza nella

PNL non sono le tecniche, ma l'atteggiamento mentale che lui trasmette attraverso tutti gli esempi contenuti nel libro. Da quel giorno il mio modo di parlare, di fare formazione, di comunicare è molto cambiato, non è più tecnico, perché le informazioni pure e semplici non sono emozionanti né emozionali, pertanto non trasmettono sentimenti, convinzioni.

Quando tengo un corso, invece, voglio emozionare le persone raccontando magari una storia della mia vita. Non per fare il "bravo" a tutti i costi, ma per comunicare un concetto importante che ho maturato nella mia esperienza. Il bello del modellamento è che posso trasmetterti strategie nate dalla mia esperienza, così come leggendo un libro in un'ora tu puoi assorbire l'esperienza di cinquant'anni di vita di una persona, risparmiando davvero tanto tempo. Se invece di pensare solo a cosa puoi fare tu, guardi anche cos'altro puoi fare grazie all'aiuto esterno, o semplicemente modellando lo sportivo più bravo, risparmierai tempo. Se, ad esempio, vuoi imparare a guidare bene, puoi farti insegnare da qualcuno più esperto di te, magari un tuo parente o un tuo amico; però, se hai la possibilità di andare a conoscere Schumacher o di leggere un suo libro, ti conviene farlo di corsa, perché apprenderai in minor tempo le strategie giuste.

I libri sono tra gli strumenti più validi e affascinanti che ci siano al mondo: puoi parlare di filosofia con Kant, di automobilismo con Schumacher, di motociclismo con Valentino Rossi, di formazione con Anthony Robbins o con Richard Bandler. Compra un libro e tutti loro ti parleranno, ti racconteranno la loro storia, ti racconteranno ciò che fanno. I libri di Bandler sono molto interessanti perché sono trascrizioni dei suoi corsi, quindi leggerli è come seguire dal vivo un suo corso. Non ti perderai nulla, se non ovviamente l'esperienza concreta e il linguaggio non verbale, però potrai imparare molto con 10 euro, stando a casa e senza il bisogno di andare in America.

Penso che i libri siano una risorsa fondamentale anche per lo sportivo, che può, ad esempio, leggere le biografie di grandi atleti. Alex Zanardi, che ha avuto un incidente gravissimo e ha scritto con il giornalista Gianluca Gasparini, un libro su come si è rialzato e ha affrontato la sua sfida: ... *però, Zanardi da Castel Maggiore!*, edito da Badini Castoldi Dalai; può essere motivante per uno sportivo che, magari, si sente sfiduciato e demotivato. Tutto questo può essere utile e nasce dalla tecnica del modellamento.

L'esercizio che ti propongo adesso, tramite la trascrizione di una dimostrazione svolta in aula, usa il modellamento per far acquisire nuove abilità, nuovi comportamenti ed è fisiologico, nel senso che riguarda la postura.

****

GIACOMO: Per fare questo esercizio ho bisogno di un volontario. Vieni tu, Gianmaria? Facciamogli un applauso! Gianmaria, stai qui vicino a me, in piedi; adotta una postura normale. Ora guardate: se gli do una leggera spinta, nonostante sia possente, si sposta di parecchio. Ti sei reso conto anche tu?

GIANMARIA: Sì, in effetti mi sono spostato un bel po'.

GIACOMO: È successo perché la concentrazione mentale, ciò che tu visualizzi, il tuo pensiero interno, influenzano la tua forza.

GIANMARIA: Strano davvero! Io sono in forma, l'hai visto anche tu. Vado regolarmente in palestra e ho una buona struttura: avrei dovuto opporre una resistenza maggiore!

GIACOMO: Non è solo questione di palestra, di forma e di struttura, ma di mente. Adesso immagina di portare la tua consapevolezza più in basso. Immagina che, dai tuoi pensieri, scenda sempre più fino a giungere all'altezza dell'ombelico, nel tuo baricentro; immagina di collocare lì la concentrazione. Ora mettiti anche bene in equilibrio, con le gambe più o meno simmetriche alle spalle, leggermente divaricate. Così, spalle larghe, respira; mantieni ancora la concentrazione qui all'altezza dell'ombelico. Ho provato a spingerlo di nuovo e mi sono accorto che è resistentissimo; se poteste sentirlo vi accorgereste che è simile a una roccia. Stavolta non si è mosso di un centimetro!

GIANMARIA: Sì, in effetti stavolta sono molto più resistente!

GIACOMO: Com'è possibile? Eppure è sempre lui, è sempre il suo fisico. Ciò che è cambiato è la sua percezione, la sua concentrazione mentale; questo vuol dire che se nello sport perdi la concentrazione per un attimo perché hai i tuoi pensieri, i tuoi problemi, non andrai lontano, perderai tutte le tue abilità. Questo esercizio è denominato "centratura"; se riesci a centrarti lo farai sia fisicamente, assumendo una posizione simmetrica, sia mentalmente, a livello di concentrazione. In questo modo sarai in equilibrio e ti sentirai fortissimo. Non è vero,Gianmaria?

GIANMARIA: Assolutamente!

GIACOMO: Va bene, puoi andare al posto, grazie!

****

C'è infatti un rapporto tra mente e corpo per il quale, quando sei simmetrico, equilibrato, concentrato, la tua fisiologia trasmette al cervello che sei in una posizione di sicurezza e ti fa vivere uno stato corrispondente, ossia di sicurezza. Questo è l'esercizio numero uno nel campo del public speaking. Se devi entrare in aula e hai paura, sei in ansia, poniti in postura centrata, spalle larghe, gambe leggermente divaricate: trasmetterai sicurezza a te stesso e agli altri. Se qualcuno ti muoverà un'obiezione, e per questo perderai un attimo lo stato d'animo, rimettendoti in questa posizione ritroverai la tua ancora; in questa postura comunicherai sicurezza al cervello e lui te la ricomunicherà, è un ciclo che si ripete e migliora.

Prova anche tu a fare lo stesso esercizio: mettiti in posizione normale, tranquillo, e cerca di mantenere la tua concentrazione a livello del baricentro, ossia circa tre dita sotto l'ombelico. Immagina che tutta la concentrazione sia qui, immagina quasi di guardare il mondo dal tuo ombelico e ti sentirai fortissimo, nessuno riuscirà a spostarti. Questi sono principi che la PNL ha modellato non solo dai grandi comunicatori, dai grandi conferenzieri, ma anche dalle arti orientali.

Se conosci un po' le arti marziali, il karate, il kung fu, saprai che ci sono delle posture ben precise da rispettare; il maestro di kung fu sta ben piantato a terra con le gambe leggermente divaricate e in assoluta concentrazione, non riusciresti a spostarlo neanche con l'aiuto di altre dieci persone. Puoi provare a fare questo esercizio con qualcuno: a turno mettetevi nella giusta postura con le gambe leggermente divaricate, concentrati nel proprio baricentro e chiedete all'altra persona di darvi una leggera spinta. È un esercizio facilissimo e di immediata pratica, potrai misurare da subito la differenza. La prima volta che l'ho fatto come studente sono rimasto sconvolto, perché mi sembrava impossibile che io, che all'epoca non avevo un grande fisico e non facevo molto sport, potessi avere quella resistenza. Invece è bastata un po' di concentrazione mentale per cambiare la mia forza. Se pratichi arti marziali, probabilmente hai già provato qualcosa di simile, ed è una sensazione molto potente.

SEGRETO n. 39: tramite l'esercizio di centratura, assumi una postura centrata ed equilibrata che ti farà sentire saldo e fortissimo, tanto da trasmettere sicurezza a te stesso e agli altri.

Questa era l'ultima tecnica della fisiologia; nella prossima giornata esamineremo il secondo fondamento, che è altrettanto importante.

RIEPILOGO DEL GIORNO 5:

- SEGRETO n. 33: ciò che differenzia un grande campione da altri atleti che praticano solo l'allenamento fisico o tecnico è l'allenamento mentale.

- SEGRETO n. 34: il modellamento è la tecnica di base grazie alla quale puoi estrarre strategie, tecniche, atteggiamenti mentali da persone di successo.

- SEGRETO n. 35: curare la fisiologia, ossia tutto ciò che riguarda la postura e il modo in cui il fisico è collegato alla mente, è molto importante nello sport coaching.

- SEGRETO n. 36: la strategia della profezia autoavverantesi funziona perché, essendoti immaginato tante e tante volte in una stessa situazione, alla fine questa si realizza davvero.

- SEGRETO n. 37: la strategia del ponte sul futuro consiste nel vedersi proiettati nel futuro e nel poter decidere come andrà; perché sia ben eseguito deve essere associato e multisensoriale.

- SEGRETO n. 38: la strategia del Generatore di Nuovo Comportamento (GNC) consiste nel focalizzarsi su un modello di eccellenza del campo in cui si vuol migliorare ed entrare in lui mentre è in azione per carpirne le strategie.

- SEGRETO n. 39: tramite l'esercizio di centratura, assumi una postura centrata ed equilibrata che ti farà sentire saldo e fortissimo, tanto da trasmettere sicurezza a te stesso e agli altri.

GIORNO 6:

Coerenza fisica e mentale

Henry Ford diceva: «Che tu creda di potercela fare o no hai comunque ragione» ovvero, se pensi di farcela ce la farai, se pensi di non farcela non ce la farai. Il lavoro sulla coerenza e sull'allineamento con le proprie convinzioni è infatti importantissimo nel lavoro di coach sportivo, sia che si tratti di un grande campione che ha perso fiducia in se stesso, sia che si tratti dell'ultimo arrivato; magari è super-convinto e riesce a risalire velocemente la classifica. E, attenzione, sono importantissime anche le tue convinzioni di coach. Sì, perché se hai delle convinzioni limitanti su un certo sport o su un certo sportivo, o anche personali a livello della tua autostima, della tua sicurezza, sicuramente gliele trasmetterai.

Vedremo in questo capitolo cosa sono le convinzioni, come si possono utilizzare e, fondamentalmente, come le vede la PNL. Ne riparleremo poi più avanti in un diverso contesto. Qualsiasi convinzione parte dal cosiddetto **ciclo del successo** (convinzione→ risorse→ azione→ risultati→ convinzione).

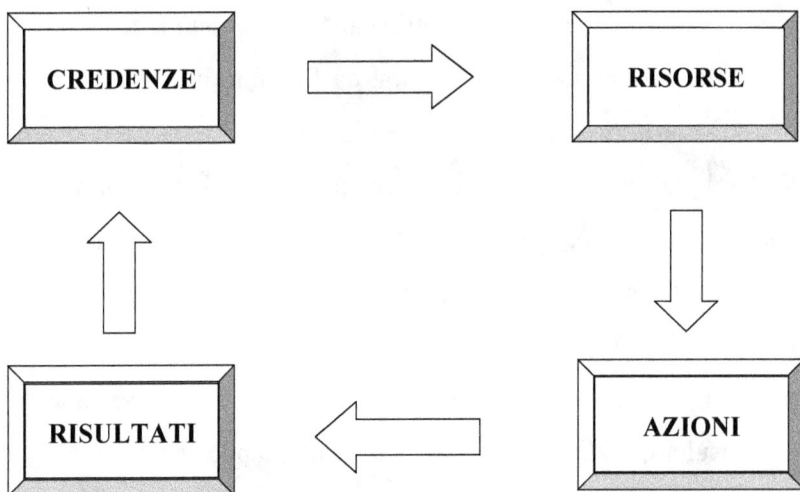

```
┌─────────────┐              ┌─────────────┐
│  CREDENZE   │  ═══════▷    │   RISORSE   │
└─────────────┘              └─────────────┘
       ▲                            │
       │                            ▼
┌─────────────┐              ┌─────────────┐
│  RISULTATI  │  ◁═══════    │   AZIONI    │
└─────────────┘              └─────────────┘
```

Questo schema, che vedi riprodotto nell'immagine, è importantissimo quanto semplice, tanto che potrebbe essere illustrato senza difficoltà anche a dei bambini. Funziona così: si parte da una convinzione di qualsiasi tipo, tua o del tuo cliente, nata dalla tua o dalla sua esperienza, che riguardi la propria persona o altre persone; ad esempio sul mondo dello sport in genere o, in particolare, su uno o più avversari. In base a questa **credenza**, ovvero questa convinzione, accederai a date **risorse**.

Se, ad esempio, hai un'alta autostima e sei convinto di essere un buono sportivo (CREDENZE), avrai più risorse, più potenzialità (RISORSE). In conseguenza di ciò, di fatto farai di più, **agirai** di più; quindi ti allenerai dalla mattina alla sera e non mancherai una volta alla lezione (AZIONI); ti darai da fare più di altri, e dunque otterrai **risultati** migliori rispetto ai loro (RISULTATI). Se anche tu ti darai da fare, li otterrai, è ovvio, e i risultati andranno a confermare la tua convinzione. Penserai: «Vedi? sono una persona che se vuole si impegna, si dà da fare, ottiene grandi risultati. Quindi è vero: sono un ottimo sportivo.» Sarai ancora più convinto, quindi ti impegnerai ancora di più, otterrai ancora più risultati, salirai in classifica aumentando ancora la tua convinzione. Ecco perché questo circolo "virtuoso" è denominato "ciclo del successo".

Ma cosa succede se una nostra convinzione è limitante? Se, ad esempio, un mio amico è convinto di essere molto brutto (CREDENZE), che risorse avrà? In che stato d'animo sarà? Sarà insicuro (RISORSE), quindi non si darà molto da fare (AZIONI) e ovviamente otterrà risultati scarsi, inferiori rispetto a quelli di un altro amico che si è impegnato tantissimo perché super-convinto

(RISULTATI). In tal caso si parla, ovviamente, di **ciclo dell'insuccesso**. Quindi, come direbbe Ford: «... hai comunque ragione.» Questo è vero, ma al tempo stesso sta a te decidere che tipo di convinzione inserire nel tuo ciclo. In base a quella che sceglierai, otterrai risultati che la confermeranno.

Come avrai inteso, le convinzioni sono di due tipi: "potenzianti" o "limitanti". Una convinzione è potenziante se ti "potenzia", ossia ti aiuta, ti spinge, ti motiva a fare qualcosa; ad esempio, la convinzione di essere un valido sportivo ti aiuta nel tuo sport? Ovviamente, grazie ad essa, ti sentirai molto meglio, ti darai da fare di più e otterrai risultati migliori. La convinzione, comune a molti, di essere un pessimo sportivo, di essere un pigro, uno che non si impegna, che tipo di risultati produce? Non ti sentirai motivato, non ti impegnerai, non agirai, per cui non otterrai risultati e sarai sempre più limitato. La convinzione limitante ti farà scendere sempre più, quella potenziante ti farà salire un po' alla volta, e questo avverrà tanto più velocemente quanto più è forte. Quanto più ti impegnerai, tanto più otterrai risultati. È garantito: è un ciclo.

Ciò non toglie che nel coaching non basta possedere convinzioni potenzianti. Se non sei preparato, puoi essere convinto quanto vuoi ma non otterrai comunque risultati. Se non mi preparassi con cura prima di ogni mio corso essendo convinto che dopo tanti anni che faccio formazione non ne ho più bisogno, farei una pessima figura e addio risultati. La buona convinzione deve essere quindi supportata dai contenuti, dalla preparazione, altrimenti non andrai lontano. Durante un corso in cui parlavo delle convinzioni, un partecipante, persona molto colta e amante della storia, mi disse: «Va bene essere convinti, però Napoleone, pur essendo uno molto convinto di sé, perse l'ultima battaglia» e io ho replicato: «Bravo, è così, infatti: io posso essere convinto ma la convinzione da sola non basta.»

SEGRETO n. 40: il ciclo del successo e dell'insuccesso sono due facce della stessa medaglia; sta a te decidere che tipo di convinzione inserire nel tuo ciclo, in base ad essa otterrai risultati che la confermeranno.

Inizialmente abbiamo definito la convinzione come un'interferenza, vista sia in positivo che in negativo; se è limitante diminuisce il tuo potenziale, però se il tuo potenziale è già nullo perché non ti sei impegnato, non hai studiato, non ti sei preparato, ovviamente la prestazione sarà zero. Ti consiglio di lavorare molto sulle convinzioni, dato che da esse dipende gran parte del tuo successo come persona e come coach; è tale il loro potenziale che in alcuni casi hanno addirittura il potere di far guarire. Hai mai sentito parlare dell'**effetto placebo**?

Te lo illustro con un esempio. Un medico, al proprio paziente che lamenta un forte mal di testa, dice: «Questo è l'ultimo ritrovato per la cura del mal di testa, viene dall'America. Prendi questa medicina e il malessere che provi ti passerà del tutto e immediatamente.» In realtà, quella che il medico offre è una pasticca di zucchero; mentre il medico è consapevole di fare un esperimento con il placebo, il paziente, invece, non lo sa, ma ha fiducia nel suo medico ed è convinto che il farmaco avrà efficacia, quindi lo prende. Poco dopo sta bene. Com'è possibile? È tale la convinzione che il paziente si è auto-suggestionato e il mal di testa è passato. È incredibile ma funziona così.

Sono stati fatti centinaia, migliaia di esperimenti di questo tipo, perché ogni medicina viene testata contro l'effetto placebo, quindi ci sono più ricerche sul placebo che su qualsiasi altro medicinale. Pensa che in America, tempo fa, erano stati identificati dei casi di doping nel mondo del ciclismo; alla fine si è scoperto che in realtà il medico non aveva somministrato agli atleti sostanze dopanti, ma solo un placebo. Ai ciclisti era stato detto che era doping per renderli più convinti delle loro prestazioni e far sì che andassero più veloci. L'effetto placebo, quindi, funziona veramente. Addirittura Bandler e Dilts, all'inizio della loro carriera, volevano commercializzare pastiglie di zucchero come medicina universale, in grado, quindi, di guarire qualsiasi disturbo. Ovviamente, non glielo hanno permesso.

Ciò significa che le convinzioni possono addirittura cambiare il nostro stato fisico, possiamo farci passare il mal di testa, guarire dall'ulcera, dalla tristezza, dalla depressione. E anche quando si parla di malattie fisiche serie, le convinzioni possono essere di supporto a una terapia medica adeguata. Ai medici che vengono ai miei corsi dico sempre: «Una volta decisa una terapia, aggiungete ad essa una buona comunicazione per far sì che i risultati siano ancora più efficaci.» Le convinzioni, dunque, non possono sostituire la terapia, ma possono supportarla. Spesso, invece, capita il contrario, cioè che un medico consigli la terapia giusta al proprio paziente ma che la comunichi nel modo sbagliato o trasmetta una sua convinzione negativa, magari sulla gravità della malattia, determinando un peggioramento delle condizioni del paziente. Una buona comunicazione da sola non basta, però aiuta nel bene o, purtroppo, nel male, peggiora la situazione. È bene essere consapevoli di questi meccanismi per difendersene o per aiutare il proprio cliente o i propri amici.

SEGRETO n. 41: il potere delle convinzioni è tale da indurre, in alcuni casi, la guarigione da malattie; questo tipo di risposta è dimostrato dal cosiddetto "effetto placebo".

Parlando sempre del potere delle convinzioni, voglio portarti ad esempio una storia veramente incredibile, quella del corridore Roger Bannister, che riuscì ad abbattere la convinzione che il miglio non potesse essere percorso in meno di quattro minuti; era ritenuto impossibile, nessun atleta c'era mai riuscito. Addirittura, a livello medico, si riteneva che il cuore non potesse reggere quella pressione. Roger Bannister non accettò questa convinzione trasmessagli dalla cultura sportiva e riuscì a superare questo limite percorrendo il miglio in meno di quattro minuti. La notizia, in breve tempo, fece il giro del mondo. Dopo pochi mesi altri quattro atleti superarono quel record e dopo un anno addirittura altri trecento: la convinzione era stata abbattuta definitivamente.

Nel momento in cui ritieni che una sfida sia possibile, quindi, pensi di avere la possibilità di vincerla, ti impegni di più e alla fine ce la fai; se invece pensi che non sia possibile, che non hai alcuna possibilità di riuscire, non ti impegni e non ce la fai. Questo ciclo, nel bene e nel male, vale sempre; qualsiasi convinzione tu abbia può fare veramente la differenza. Tutte le convinzioni che hai derivano dalle tue esperienze e da quanto ti è stato trasmesso da genitori, insegnanti e via dicendo. Ecco il motivo per il quale, come coach sportivo, devi stare attento alle tue convinzioni, perché buone o cattive che siano le trasmetterai, in quanto sarai ritenuto una persona autorevole da chi viene da te per un supporto.

Immagina che un bambino si senta dire dalla propria maestra: «Tu non sei portato per la matematica.» Cosa succede? Che a quel punto si convince di non poter andare bene in matematica. Questa diventa una sua convinzione che poi, effettivamente, sarà confermata dai fatti. Ma non perché la maestra ha colto nel segno, semplicemente perché questa convinzione limitante ha determinato l'instaurarsi di un ciclo dell'insuccesso. Il bambino pensa: «Non sono portato per la matematica» (CREDENZA); «Che noia la matematica!» (RISORSE); «Non faccio gli esercizi, li copio» (AZIONI); «Quindi prendo 4» (RISULTATI); «È vero, non sono portato per la matematica (convinzione).»

Quante convinzioni abbiamo che rientrano in questo ciclo? Troppe, a partire dalla timidezza e da molti problemi di autostima; ad esempio, come potrei fare il trainer se sono convinto di essere timido? Quante cose, cioè, limitano o hanno limitato fino ad oggi la nostra vita? Finora non conoscevamo il meccanismo, e già esserne consapevoli è un primo passo. Ma la cosa più importante è che possiamo scegliere noi stessi di avere alcune convinzioni piuttosto che altre; sì, perché sappiamo che quelle che abbiamo ce le hanno trasmesse o le abbiamo apprese da esperienze, per cui possiamo decidere di eliminarle o sostituirle con altre. Infatti, abbiamo esperienze che ci confermano una convinzione e altrettante che ne confermano una opposta. Quando, ad esempio, io ho dovuto abbattere la mia convinzione di essere timido, mi sono detto: «Sì, nella mia vita spesso sono stato timido, ma sono mai stato sicuro di me?» Certo, perché chiunque è stato sicuro di sé almeno una volta. Forse non l'ho notato perché non ero focalizzato; infatti, quando si è convinti di qualcosa, si vede solo quello che si vuole vedere. Quindi avevo ben presenti tutte le volte che ero stato timido, che non ero andato a una festa perché mi vergognavo, e cancellavo automaticamente le occasioni in cui, invece, mi ero sentito sicuro.

Ma tornando con la mente al mio passato, ho trovato anche esempi di situazioni in cui mi sono sentito sicuro. Allora, qual è la verità? Sono timido o sono sicuro? Sono vere tutt'e due le cose: sono stato sia timido sia sicuro; infatti, secondo la PNL, non ha senso giudicare una convinzione in base alla sua verità o falsità, ma solo in base alla sua efficacia, al fatto che sia potenziante o limitante. Una convinzione mi potenzia, mi fa crescere o mi limita? La timidezza è utile al mio lavoro, all'essere un trainer?

No. La sicurezza invece sì. Quante volte mi sono sentito sicuro? In quell'occasione e in quell'altra ancora. Conosco le tecniche per sentirmi sicuro di fronte a un esame, a un colloquio di lavoro, a una situazione qualsiasi che mi procuri ansia.

Puoi decidere tu, conosci i mezzi per gestire le tue convinzioni e le tue esperienze. Certe convinzioni, tuttavia, ci vengono trasmesse dagli altri; nel mondo occidentale, ad esempio, se qualcuno muore si è molto tristi e si piange, c'è un funerale al quale si partecipa vestendosi di nero. Al contrario, in alcuni luoghi come le Hawaii o le isole Fiji, la morte viene considerata una cosa positiva. Tutti sono contenti e festeggiano perché finalmente l'anima del defunto si è liberata ed è arrivata in paradiso. Addirittura si trovano dei pacchetti turistici comprensivi di "Festa di funerale". La sofferenza e la tristezza degli occidentali in occasione di un lutto viene considerata una forma di egoismo. Pensa fino a che punto le convinzioni che ci ha trasmesso la cultura possono influenzarci.

Allo stesso modo ci capita di compiere certi gesti meccanicamente, senza chiedercene la ragione, solo perché li facevano nostra madre o nostra nonna. Conviene sempre analizzare quali siano le nostre convinzioni o quelle del nostro cliente per capire cosa fare, come lavorarci. Se, ad esempio, viene da te uno sportivo e ti dice: «Non posso più essere un buon atleta perché ho trent'anni; ormai ho chiuso», cosa pensi? Ritieni sia una buona convinzione? Non molto; è più che altro una giustificazione che finirà con l'essere un vero e proprio "auto-sabotaggio". Magari gli capiterà di offrire una prestazione più scadente che andrà a confermare la sua convinzione: «Vedi, ormai non ho più l'età»; anche gli amici, scherzando, gliela ricorderanno: «Eh, sì! Ormai hai superato la soglia, comincia a vedersi la pancetta...» e così via.

Quanto alle risorse, sentendosi un po' insicuro comincerà ad allenarsi di meno, svogliatamente; e i risultati? Ovviamente la sua profezia si avvererà; succederà non perché ha superato i trent'anni ma perché la sua convinzione lo ha portato a questo; però, essendone inconsapevole, dirà: «Vedi? Ormai non sono più all'altezza; meglio abbandonare.»

Un mio collega ha lavorato con un golfista che gli ha detto: «Sai, quando ho abbandonato l'agonismo ero all'apice della mia carriera; l'ho fatto perché ormai era tardi, avevo una certa età e non volevo uscire nel momento in cui mi fossi reso conto di essere un golfista finito. Ho preferito lasciare di me un bel ricordo.» Pensa a quanto una convinzione possa frenare la carriera sportiva di una persona; quel golfista, magari, avrebbe potuto godere ancora qualche anno di successo, sarebbe potuto stare veramente bene, ma una semplice convinzione lo ha bloccato. Il mio amico coach è stato molto bravo a dargli un feedback, chiedendogli: «Fammi capire. Tu eri all'apice della tua carriera e hai abbandonato l'agonismo perché volevi lasciare un bel ricordo?» e il golfista, felice: «Sì; finalmente qualcuno che mi capisce!»

Cosa ha fatto il coach? Ha ripetuto esattamente le stesse parole che il cliente gli aveva detto, e questo è bastato a farlo sentire capito; spesso, infatti, un cliente che ti parla del suo obiettivo vuole soprattutto sentirsi compreso. A parte questo, se scegli di mollare tutto all'apice della tua carriera e ne sei soddisfatto va bene, è la tua scelta e come tale va rispettata. Ma se non ne sei contento, prendi questa decisione solo perché hai la convinzione che abbandonare più tardi significherebbe perdere la stima di tutti e lasci lo sport che ami controvoglia, allora non va bene. In questo caso un buon coach può intervenire per cambiare un po' la percezione della situazione; può lavorare su questa convinzione e, magari, portare il cliente alla decisione di continuare il proprio sport. Comunque può aiutarlo a far maggiore chiarezza in se stesso, magari a decidere ugualmente di mollare ma con serenità, non a malincuore, non andando contro i propri valori.

Adesso prova a fare un'autoanalisi: scrivi cinque convinzioni limitanti e cinque convinzioni potenzianti del tuo sport. Prenditi giusto qualche minuto per farlo, buon lavoro!
***

Ora che hai scritto le tue convinzioni forse avrai scoperto o imparato qualcosa di nuovo su te stesso e sarai maggiormente consapevole dei meccanismi che le regolano. La cosa più importante, infatti, è capire come funzionano le nostre convinzioni. Tante volte abbiamo fallito e tante volte siamo riusciti in quello che volevamo fare perché alla base c'era una convinzione limitante o potenziante che ha modificato il risultato. Ma è la nostra convinzione che fa cambiare il risultato, non viceversa.

A volte la convinzione nasce da esperienze avute nel corso della propria vita, ma spesso le esperienze sono, in realtà, successive alla convinzione stessa; oppure può essere un'esperienza singola a condizionare l'intera esistenza di una persona. Ho lavorato, ad esempio, con un ragazzo che era stato tradito dalla fidanzata. Per questo motivo era disperato e, come molti, diceva: «Le ragazze sono tutte uguali: sono traditrici.» È una convinzione diffusa, perché un ragazzo la acquisisca è sufficiente che sia stato tradito una sola volta; il cervello, infatti, generalizza. Questo accade non certo per farti dispetto, ma per proteggerti da esperienze analoghe nel futuro. Il cervello automaticamente ti protegge ma, al tempo stesso, ti priva di tante possibilità, ti frena e quindi ti limita. Magari hai semplicemente sbagliato a scegliere la donna alla quale legarti, un'altra sarebbe stata più adatta a te. Per questo bisogna saper mettere in dubbio le proprie convinzioni e in alcuni casi modificarle.

SEGRETO n. 42: le convinzioni sono di due tipi: potenzianti se ti "potenziano", quindi ti spingono, ti motivano a fare qualcosa; limitanti se ti "limitano", quindi ti frenano, ti bloccano, non ti permettono di agire.

Quanto siano importanti le convinzioni, possiamo comprenderlo molto efficacemente studiando lo schema dei **livelli logici** teorizzato da Robert Dilts.

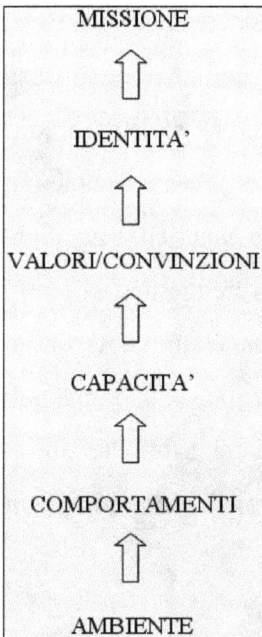

MISSIONE

⇧

IDENTITA'

⇧

VALORI/CONVINZIONI

⇧

CAPACITA'

⇧

COMPORTAMENTI

⇧

AMBIENTE

Essi sono: MISSIONE, IDENTITÀ, CONVINZIONI/VALORI, CAPACITÀ, COMPORTAMENTI, AMBIENTE. Da questo schema emerge una cosa molto interessante, e cioè che possiamo considerare la nostra vita su più livelli. Il livello più esterno è quello **ambientale**, ossia dove viviamo, dove lavoriamo. Quanto il livello ambientale influenza la nostra vita, influenza chi siamo? Abbastanza, ma meno di altri livelli come ad esempio i **comportamenti**; infatti puoi trovarti nell'ambiente giusto, ma se ti comporti sempre male la tua vita non sarà comunque un granché. Magari hai una casa bellissima, ma se continui a trattare male tua moglie non avrai mai una vita serena.

Più si procede verso l'alto, più si raggiungono livelli importanti e profondi; salendo troviamo le **capacità**, le **convinzioni** e i **valori**, l'**identità**, fino ad arrivare alla nostra **missione**, la nostra parte spirituale, il valore ultimo della nostra vita. Più andiamo in alto, più è importante ciò su cui lavoriamo. Le convinzioni sono molto in alto, molto più dell'ambiente, dei comportamenti, delle capacità. Questo vuol dire che puoi aver fatto un corso di formazione, aver studiato tutte le tecniche di PNL, aver acquisito nuove capacità, nuove abilità e averle messe in pratica (comportamento), puoi frequentare gli ambienti più giusti, ma se sei convinto che la PNL non funzioni o di non essere bravo a usarla non funzionerà.

Se hai un problema in uno dei livelli più alti dello schema, ovvero nella zona delle convinzioni e dei valori, dell'identità e della missione, per quanto ti possa impegnare, l'ambiente, il comportamento e le capacità non ti porteranno ai risultati sperati. Le convinzioni, quindi, sono fondamentali per il cambiamento e la crescita, nostra e dei nostri clienti. Pensa a un tennista che ha tantissime capacità e che è bravissimo tecnicamente: sa eseguire un dritto e un rovescio spettacolari, cerca di impegnarsi, si allena, frequenta molti campi da tennis e partecipa a tutti i tornei del mondo. Però non è per lui un buon momento, è convinto che non ce la possa fare, che non possa tornare ad essere il campione di sempre. Ci riuscirà? No, perché la sua convinzione negativa colpisce proprio la sua identità, ossia ciò che lui crede di essere.

Pensare «Io sono un buon venditore» è ben diverso dal pensare «Io sono un pessimo venditore». Infatti, se sarai convinto di essere un pessimo venditore proporrai il tuo prodotto pensando: «Non so se lo vuole, se gli piace. Chissà se riesco a venderlo al cliente.» Perché non avrai la convinzione che ti supporta e trasmetterai la mancanza di convinzione anche al potenziale acquirente. Più procedi verso l'alto, più i livelli sono importanti; tra essi la missione è il più importante in assoluto.

Se hai ben chiaro quale essa sia, puoi arrivare alla fine della tua vita e pensare: «Accidenti, ho costruito tante cose, ho creato tanti prodotti per la crescita, ho aiutato tantissime persone a migliorarsi; be', sono contento. Penso che magari anche dopo la mia morte quei prodotti continueranno ad esserci. Sono soddisfatto.» Ma che succede quando non si conosce la propria missione, non si sa dove andare?

In realtà il 90 per cento delle persone vive così; cammina senza avere una direzione precisa. Chi non ha chiarezza di valori, di convinzioni, di identità, di missione, a un certo punto si guarderà indietro e dirà: «Sì, è vero, ho guadagnato molti soldi, ma che me ne faccio? Per seguire il lavoro ho trascurato mia moglie e i figli...» Meglio, quindi, capire ora, nel presente, qual è la strada che dobbiamo percorrere piuttosto che arrivare a cent'anni e pentirsi. Ad esempio io posso dire che, in effetti, quello che voglio veramente dalla vita è coltivare tanti rapporti umani, avere attorno persone che mi stimino, che mi vogliano bene, che abbiano la possibilità di crescere grazie a me. Voglio dare il mio contributo.

Se sei sicuro della tua missione, tutto il resto verrà di conseguenza. Chiediti quindi: «Chi devo essere io (IDENTITÀ) per realizzare questo sogno (MISSIONE)? Che convinzioni devo avere per fare l'insegnante, il trainer o per inventare una serie di prodotti? Mi devo sentire sicuro, devo essere convinto di potercela fare, di poter dare il mio contributo, di lasciare che il mio contributo venga apprezzato» e così via. Poi il resto è conseguenza. Se sei così convinto farai dei corsi di formazione, leggerai tanti libri, frequenterai le persone giuste, gli ambienti giusti e alla fine ce la farai. Ma tutto parte dai livelli più alti, sui quali devi avere massima chiarezza. Missione, identità e convinzioni/valori sono il nucleo della persona; capacità, comportamenti, ambiente sono semplici conseguenze di ciò che sei nel nucleo.

Spesso nei miei corsi parlo del fatto che quando due persone si sposano devono stare attente ad avere in comune i livelli più interni, ossia quelli del nucleo, non quelli esterni; perché se si sono conosciuti sul campo da golf e quindi frequentano gli stessi ambienti e fanno le stesse cose, però i valori sono diversi, prima o poi verrà fuori. Meglio accorgersene prima. Se valori, convinzioni, identità, missione sono uguali, pure se si frequentano ambienti diversi, anche se tu pratichi il tennis e tua moglie un altro sport, va bene, non è un problema. È giusto, anzi, essere anche complementari, in modo da arricchirsi reciprocamente con nuove esperienze; ma per stare bene tutta la vita ci deve essere uguaglianza di valori.

SEGRETO n. 43: l'importanza delle convinzioni è sottolineata anche dalla gerarchia dei "livelli logici"; se pur essendo nelle migliori condizioni per raggiungere un obiettivo non sei convinto di te stesso o dell'utilità del tuo impegno, non lo raggiungerai.

Anche nel campo sportivo ogni persona deve cercare di essere il più possibile **allineata**. Quindi, se arriva da te uno sportivo che ha un momento di crisi, non riesce più ad applicare bene alcune tecniche o si sente demotivato, dovrai "analizzarlo" secondo questo schema. Cioè, ad esempio, dire: «Ma il tuo è un problema ambientale? Nei campi in cui ti vai ad allenare, magari, non c'è nessuno più forte di te e quindi, ovviamente, non sei motivato; non riesci a migliorare perché non hai nessuno con cui confrontarti. Allora il consiglio che ti do, senza neanche bisogno che lavoriamo tanto insieme, è di frequentare un posto dove tu possa trovare persone più brave di te; solo così potrai elevare i tuoi standard.»

A questo proposito è molto chiaro l'insegnamento che ci danno due illustri personaggi quali Anthony Robbins e Kenneth Blanchard, entrambi molto ricchi. Un giorno Blanchard legge sul giornale un articolo in cui si parla degli uomini più ricchi del mondo e scopre che Anthony Robbins ha un reddito di cento milioni di dollari l'anno. Nell'apprendere questa notizia dice a se stesso: «Come? Io faccio questo mestiere da più tempo di lui, sono apprezzato almeno quanto lui, sono famoso quanto lui e il mio reddito è di dieci milioni di dollari? È una differenza eccessiva!»

Telefona a Robbins, perché sono amici, e gli chiede se sia vero; Robbins risponde: «Sì è vero» Blanchard allora replica: «E perché? Io ne ho solo dieci!» E Robbins: «Senti Ken, più o meno, quanto guadagnano all'anno le persone che frequenti?» Blanchard: «Mah, di preciso non saprei. Il più ricco all'incirca quindici milioni di dollari, gli altri un po' meno: tra gli otto e i dodici.» «Ah, pensa» risponde Robbins «i miei amici, invece, guadagnano tra gli ottanta e i duecento milioni di dollari l'anno!» Se frequenti persone che guadagnano cifre molto elevate in un modo o nell'altro ci arriverai anche tu, perché ti innalzerai ai loro standard.

Si parla del "gruppo di pari", un discorso che toccheremo anche più avanti, nell'ambito del financial coaching. Se il tuo gruppo di pari ha guadagni molto elevati, finirai per arrivare anche tu a guadagnare cifre altrettanto elevate. Quindi, se il tennista gioca contro un avversario meno bravo di lui non imparerà nulla, anzi tenderà a livellarsi per aiutare quella persona; magari colpirà la palla con minor forza, tenderà a giocare complessivamente peggio. Se invece gioca contro un avversario bravissimo, dovrà correre di più, scattare di più e sarà stimolato a raggiungere migliori risultati. Ciò significa che anche l'ambiente è molto importante per uno sportivo. Ma sarebbe bello se fosse solo qui il problema! In questo caso potresti consigliare al tuo cliente: «Se le cose stanno così, cambia ambiente e cerca persone nuove.» Il fatto è che il problema potrebbe essere a livello di comportamento, perché, di fatto, non si impegna: «Stasera avrei gli allenamenti, ma non ho voglia di andarci.» O, ancora, potrebbe essere un problema legato alle capacità: magari è bravo, però è un po' di tempo che non gioca e ha bisogno di un buon allenamento fisico e tecnico per raffinare il suo stile.

Questo stesso tipo di analisi lo faccio quando vado a fare formazione in azienda. Vengo contattato perché i venditori non concludono un numero sufficiente di contratti. In questo caso faccio sempre delle domande finalizzate a capire in quale livello rientri questo tipo di formazione. È quello delle capacità? Ossia, devo far sì che i venditori imparino a vendere meglio? In questo caso dovrò insegnare loro le abilità di comunicazione più giuste a seconda del prodotto che vendono, sia che si parli di vendita diretta – e quindi abbiano, di regola, di fronte il cliente –, sia che, in un contesto di telemarketing, ascoltino la sua voce dall'altro capo del telefono.

Ma siamo sicuri che il problema sia a livello di capacità? Perché la storia potrebbe essere molto più complicata o molto più semplice. Potrebbe essere solo una questione ambientale; magari i venditori lavorano in un ambiente angusto, sono dieci persone in una stanza piccola e non hanno sufficienti linee telefoniche. In questo caso basterebbe organizzare meglio il loro ambiente di lavoro. Oppure può darsi che il problema sia a livello di comportamenti, hanno l'ambiente giusto ma sono un po' svogliati e pensano: «Non mi va di lavorare; oggi faccio dieci telefonate invece di venti.» Non si attivano, non agiscono e magari dietro a questo atteggiamento c'è un problema di motivazione.

Il problema potrebbe anche essere nelle capacità: semplicemente potrebbero non essere bravi a vendere. Oppure potrebbe essere molto più grave e riguardare uno dei livelli "alti" dello schema. Potrebbero non avere buone convinzioni sul prodotto o su loro stessi come venditori. Robert Dilts ha effettuato uno studio sui venditori e ha scoperto che c'è una convinzione comune a tutti i più bravi: «Il mio prodotto è il migliore.» Esso fa grande il venditore perché, se lo pensa, lo trasmetterà. Il problema può quindi riguardare convinzioni e valori. Ma perché convinzioni e valori sono situati sullo stesso piano? Questa domanda l'ho fatta personalmente a Robert Dilts durante un corso e lui mi ha risposto: «Perché convinzioni e valori sono entrambi motivazioni.» Infatti agiamo sia se siamo convinti di qualcosa sia se quella cosa è per noi un valore, se è importante per noi in base alla nostra scala di valori. Se non sei motivato, ti comporterai di conseguenza.

Quando ho tenuto il corso *Smettere di fumare* ho lavorato molto sull'identità. Sì, perché al di là della necessità di eliminare l'abitudine, di modificare il comportamento, bisogna lavorare sull'identità del fumatore chiedendogli: «Tu sei un fumatore o un non-fumatore?» Perché se si convince di essere un non-fumatore tutto il resto è una conseguenza, non gli verrà neanche più voglia di fumare, dimenticherà l'abitudine di prendere in mano le sigarette: è un non-fumatore, che se ne fa delle sigarette? Se invece si sente ancora un fumatore, si forza pensando: «Basta, da domani voglio smettere. Prendo le sigarette e le butto, o le nascondo» e quindi lavora solo sui comportamenti. Ma sarà ancora convinto che fumare lo rilassa e dopo un po' riprenderà a fumare. È stato un fumatore per dieci anni, perché dovrebbe cambiare improvvisamente? Se il problema è nelle convinzioni, quindi, dopo un po' ricomincerà.

Lo stesso avviene con la dieta. Poniamo che tu metta a dieta uno sportivo che deve avere un fisico scolpito e che, magari, ha il vizio di mangiare molta cioccolata, e che lui ti dica: «Bene, da domani non mangio più cioccolata. La metto via e lavorerò sui comportamenti.» Se però è ancora convinto che la cioccolata lo faccia stare bene, lo metta di buon umore, lo rilassi, vedrai che la rinuncia durerà poco, una settimana o due, poi tornerà a mangiare molta cioccolata. Dì invece al tuo cliente: «Tu sei uno sportivo, un campione del mondo, sei sempre in forma e tieni alla salute. Non hai bisogno della cioccolata, hai mille altri modi per sentirti bene. Pensa alle tue vittorie, guarda la tua coppa, guarda le tue medaglie. Accidenti se ti puoi sentire bene!»

Superato il livello delle convinzioni e dell'identità, il comportamento sarà una conseguenza. La missione, come ti ho detto, è alla base di tutto, è il punto di partenza. Questo principio vale anche per un singolo obiettivo, magari quello di vincere il campionato: «Voglio vincere questo campionato, chi devo essere per farlo? Quali valori devo avere? Quali convinzioni? La convinzione che ho non è allineata a tutto il resto? Be', ci posso lavorare.» Lo schema dei livelli logici è dunque un ottimo metodo di analisi del coaching sportivo, grazie al quale è possibile aiutare una persona a migliorare le sue prestazioni.

Nel tennis, per esempio, dietro una battuta eseguita male può esserci chissà quale motivazione, convinzione, valore. Perché se un tennista si convince che ormai è troppo anziano e quindi non può tornare ad essere il primo in classifica, bisognerà lavorare sui livelli "alti" – la missione, l'identità, le convinzioni –, non certo a livello di capacità. Puoi allenarti dalla mattina alla sera, ma finché non avrai le giuste convinzioni non andrai avanti. Puoi fare questo esercizio anche scrivendo su un foglio il tuo obiettivo e rispondendo pian piano alle singole domande. Per essere un buon coach dovrai essere allineato tu per primo, solo così potrai riuscire ad allineare i tuoi clienti.

Le domande da porre sono sempre le stesse: «Chi devi essere tu per ottenere questo obiettivo, per raggiungere la tua missione? Quali convinzioni devi avere? Quali sono i tuoi valori? In che modo i tuoi valori possono aiutarti, spingerti in questa tua missione, verso il raggiungimento del tuo obiettivo? In che modo puoi migliorare?» A questo punto si inseriscono la parte tecnica,

224

la parte fisica o gli esercizi di visualizzazione, quelli che abbiamo visto prima sulla fisiologia, quindi l'allenamento mentale che comunque fa migliorare le capacità. Per renderti questo esercizio ancora più chiaro ti riporto la trascrizione di una dimostrazione svolta in aula.

****

GIACOMO: Ora per dimostrare l'esercizio immagineremo che in terra ci sia una linea e su di essa sei livelli. Ci cammineremo avanzando pian piano e allineeremo il tutto. Ho bisogno di un volontario. Chi vuol provare? Gioele? Bene, cominciamo. Tu sei uno sportivo, e si vede; che sport pratichi? Dillo a tutti, dillo al mondo!

GIOELE: Taekwondo.

GIACOMO: Ecco, buono a sapersi! Quindi ti sto lontano. Chi vince nello scontro tra pugilato e taekwondo?

GIOELE: Pugilato?

GIACOMO: Giusto! Allora, immagina che qui di fronte a te ci sia la linea di cui ti parlavo, con i sei livelli logici. Parti dall'ambiente. Inizia a camminare e fermati all'altezza del livello dell'ambiente. Qual è la tua situazione attuale riguardo all'ambiente, ossia, quale ambiente frequenti attualmente? Poi chiediti quali siano i tuoi comportamenti attuali, ancora, le tue capacità attuali e così via. Camminando, arriverai al primo livello, quello della "missione", e scoprirai, appunto, qual è la tua missione finale, ovvero il tuo obiettivo più importante. Dopo di che, tornando indietro, allineerai tutti gli altri livelli alla tua missione, secondo lo stato desiderato che intendi raggiungere. Quindi alla tua missione adeguerai le tue capacità, i tuoi comportamenti e così via, sino all'ambiente che è il livello più basso. Si fa prima a fare che a spiegare. Allora, immagina l'ambiente in cui adesso pratichi il tuo sport. Se vuoi dirlo anche a noi puoi farlo, altrimenti tienilo nella mente, va comunque benissimo.

GIOELE: No, lo posso dire: l'ambiente è una palestra. Ma non mi piace perché è una "palestra nella palestra", infatti dobbiamo condividere lo spazio con i culturisti che si allenano di fronte a noi. Prima mi allenavo in una palestra diversa e non avevo questo problema. Quindi potrei dire che l'ambiente che attualmente frequento è positivo al 50 per cento.

GIACOMO: Quindi è migliorabile.

GIOELE: Sì, è migliorabile.

GIACOMO: Passo in avanti: comportamenti. Immaginati mentre pratichi il tuo sport, facendo tutto ciò che in genere fai. Ti vedi? Ti piace? Com'è la situazione? Sei soddisfatto?

GIOELE: Sì, mi piace, ma credo che ci si potrebbe impegnare di più; in un'ora e mezzo di allenamento, infatti, sono previsti dieci minuti di svago che a mio parere potrebbero essere evitati.

GIACOMO: Sei davvero molto determinato! È giusto, va bene così. Pensi quindi di poter migliorare anche i tuoi comportamenti, renderli più efficaci per il raggiungimento del tuo obiettivo. Bene, passiamo alle capacità. Guardati e valuta quante capacità hai nel tuo sport, sia a livello tecnico che di struttura fisica e mentale. Sì, perché hai comunque parecchie capacità anche a livello mentale che ti aiutano; per esempio la tua motivazione. Puoi migliorare o ti ritieni abbastanza soddisfatto?

GIOELE: Sono soddisfatto.

GIACOMO: Va bene. Fai ancora un passo in avanti e arriva al livello delle convinzioni e valori. Allora, puoi dirmi che convinzioni hai?

GIOELE: Di proseguire il mio impegno a lungo termine. Cioè di migliorare sempre la respirazione e il fisico, e non solo per lo sport in sé per sé.

GIACOMO: Bene. Immagino che Gioele veda il suo impegno nello sport come un modo per migliorare come persona, sia a livello fisico sia a livello mentale. Queste, come vedete, sono le sue motivazioni, e riflettono non solo le sue convinzioni ma anche i suoi valori. Perché Gioele ci dice che per lui è importante il miglioramento, la crescita, la salute. Così, almeno, mi sembra di capire.

GIOELE: Sì, è così.

GIACOMO: Bene, quindi sei soddisfatto anche di questo; vedete che è già parecchio allineato e in molti livelli è addirittura molto allineato. Bene, passiamo all'identità. Chi sei tu, come sportivo, per poter fare bene questo sport?

GIOELE: Uno dei migliori.

GIACOMO: Uno dei migliori, sentite? L'identità di questa persona è da modellare. Ecco, potresti sicuramente fare il coach sportivo, perché se hai la convinzione di essere uno dei migliori nel tuo sport, in un modo o nell'altro la trasmetterai anche al tuo cliente. Ecco perché è importante lavorare sulle proprie convinzioni, perché le trasmetti agli altri. Se tu sei già convinto di essere il migliore nel tuo sport…

GIOELE: Lo sono perché ho avuto anche dei risultati che me lo hanno confermato.

GIACOMO: È pura testimonianza. Un altro passo in avanti: sei arrivato al livello della tua missione. Perché questo sport è importante per la tua vita?

GIOELE: Perché è un metodo per affrontare la vita. Mi insegna, mi allena a farlo cogliendo più occasioni, va al di là dello sport in sé per sé.

GIACOMO: Lo sport come metodo per affrontare la vita; sentite com'è forte questo concetto! Benissimo. Ora per allineare ancora meglio il tutto rifai il percorso anche all'indietro, al contrario. Torna all'identità. Sei di nuovo tu, uno sportivo ma al tempo stesso un uomo che sa che la sua missione è questa, che lo sport è così importante perché lo aiuta ad affrontare la vita con le sue sfide. Per questo tu, che sei già uno dei migliori, diverrai il migliore in assoluto. Bene, a livello di convinzioni e valori sei sempre più allineato, senti dentro di te la condizione di allineamento. Ora porta con te la sensazione che hai vissuto nella missione, in modo tale da farla arrivare su tutti i tuoi livelli e allinearli al massimo. Hai già buone convinzioni e buoni valori, amplificali ancor di più. Immagina di poter avere tutte le convinzioni che veramente ti sono necessarie per essere il numero uno in tutta Italia, in tutto il mondo. Già sei il numero uno secondo i tuoi standard: lascia che crescano.

Bene, ancora indietro; arriviamo alle capacità. Hai già tantissime capacità, le hai viste prima e sei soddisfatto di esse. Ora immagina di poterle aumentare, amplificare, continuando il tuo allenamento tecnico, fisico, e anche acquisendo e integrando le capacità di allenamento mentale che hai visto oggi e che puoi continuare a migliorare dove vuoi e quando vuoi, anche mentre fai palestra o fuori dalla palestra, se credi, tanto conta solo la mente.

Bene, a livello di comportamenti sei già soddisfatto; ora lo sei ancora più di prima perché ti rendi conto che anche quei dieci minuti, sia che li impegni per fare esercizi, sia che li dedichi allo svago, comunque ti servono per raggiungere la tua missione. Anche lo svago serve a volte, quindi puoi utilizzarlo come vuoi, per rilassarti o per l'allenamento mentale, che così importante per essere ancora più allineato. L'ambiente. Sì, va bene, hai l'ingombro dei culturisti; vedili come un'altra sfida da affrontare! Puoi decidere di cambiare palestra, tornare in quella dove ti allenavi prima; o puoi migliorare, se vuoi, e pensare che anche se hai di fronte a te persone che ti guardano, puoi dire: «Riesco a far sì che questo non mi infastidisca e per questo mi sento ancora più forte». Vuoi dire qualcosa?

GIOELE: Sì. Mi infastidisce un po' che i culturisti guardino; magari potrei risolvere mettendo un divisorio tra me e loro, così avrei sistemato anche l'ambiente. Sarebbe opportuno farlo per avere maggiore concentrazione e arrivare alla missione finale.

GIACOMO: E se non ci dovesse essere la possibilità di mettere un divisorio, cos'altro puoi fare per concentrarti?

GIOELE: Eliminare le persone che ci sono. Virtualmente, è ovvio.

GIACOMO: Ah, meno male che l'hai detto!

GIOELE: Sì, solo mentalmente.

GIACOMO: È chiaro: facendo arti marziali, le elimini mentalmente; mica sei un culturista grande e grosso! Benissimo. Vedete quante nuove idee gli vengono? Facciamogli un bell'applauso!

****

Quando si fa eseguire questo esercizio, di solito si nota anche un cambiamento nella fisiologia e nelle espressioni della persona tra l'andata e il ritorno. All'inizio il ragazzo che si è prestato per la dimostrazione non era molto convinto dell'ambiente in cui esprimeva la sua passione per lo sport e dei comportamenti che adottava. Poi è andato avanti, ha preso coscienza della sua missione e ha acquisito maggiore consapevolezza di quanto il suo sport potesse aiutarlo ad affrontare le sfide della vita; dentro di sé già lo sapeva, si sentiva che ne era già convinto. Ha portato questa convinzione indietro nei vari livelli e ha allineato tutto, anche i comportamenti e l'ambiente di cui all'inizio non era soddisfatto. Ha trovato lui stesso nuove idee per cambiare il suo ambiente senza necessariamente cambiare palestra, perdere i compagni e il maestro. Alla fine era molto congruente e centrato, tanto che se lo avessi spinto non si sarebbe mosso, ne sono sicuro.

233

Come hai visto, il procedimento è tanto semplice quanto efficace: visualizzi i sei livelli a terra, su di una linea, e immagini di fare questa camminata per due volte, prima in avanti e poi indietro. La prima volta fai o fai fare l'esercizio sullo stato attuale, cioè sulla situazione che attualmente vivi; al ritorno, prendi la missione che hai individuato e la trasporti indietro, allineando ad essa gli altri livelli, ossia trasporti tutto quello che per te è importante, che hai visto nel nucleo della tua persona, anche nelle tue capacità, nei tuoi comportamenti e nell'ambiente che vivi tutti i giorni, in cui pratichi il tuo sport. In questo modo potrai creare il tuo stato desiderato da subito. Dunque, come dicevo, potrai fare questo esercizio fisicamente, camminando realmente su una linea immaginaria sulla quale si trovano i sei livelli, oppure per iscritto, e nello stesso modo puoi farlo fare ai tuoi clienti. L'importante è farlo, perché l'allineamento è alla base della leadership, alla base della convinzione che ti permetterà di raggiungere i tuoi obiettivi.

Qualche anno fa la Mercedes ha lanciato sul mercato la Classe A, un nuovo modello di autovettura; questa fu sottoposta a diversi controlli per testarne la sicurezza tra cui il cosiddetto "test dell'alce", utile per verificare che, in condizioni di emergenza, una vettura resti stabile. La vettura tuttavia si capovolse e la cosa ebbe un'enorme risonanza, fece grande clamore. La Mercedes avrebbe potuto minimizzare l'episodio, ma scelse invece di tenere in alta considerazione la propria identità di marchio di qualità, di dare, quindi, maggior peso al valore "qualità" piuttosto che al valore "soldi". Ritirò l'autovettura dal mercato e curò di apportarvi tutte le modifiche necessarie. Ci sono tantissimi casi di allineamento anche nello sport e nella cinematografia dello sport. Faccio spesso l'esempio di Stallone che, tanti anni fa, era sconosciuto e viveva con niente. Non aveva neanche i soldi per mangiare, tanto che fu costretto a vendere il suo cane per comprarsi del cibo.

Un giorno, seguendo un incontro di boxe, giusto per rimanere in ambito sportivo, gli venne in mente l'idea per il soggetto del film *Rocky*. Scrisse la sceneggiatura e decise di farla visionare ad alcuni produttori. La propose e si sentì rispondere: «Bellissima! Te la compriamo per 20.000 dollari», al che lui disse: «Sì, va bene, a condizione, però, che io abbia la parte del protagonista: Rocky sono io.» Ci fu una lunga trattativa e i produttori, che si rifiutavano di ingaggiarlo come protagonista essendo lui al tempo uno sconosciuto, arrivarono a offrirgli 250.000 dollari per acquistare la sceneggiatura. Stallone continuò a rifiutare pretendendo di interpretare il protagonista e alla fine ottenne 20.000 dollari e l'ingaggio come protagonista per Rocky, il personaggio che lo ha portato al successo. La prima cosa che fece con i soldi guadagnati fu andare a ricomprare il cane che aveva venduto. Lo fece anche partecipare al film: si tratta del famoso Birillo, fedele compagno di Rocky. Questo è uno degli esempi più eclatanti che io conosca di vero allineamento. Nonostante vivesse in completa indigenza, Stallone è stato capace di rifiutare cifre di denaro che avrebbero fatto gola a chiunque perché le sue convinzioni, la sua identità, la sua missione lo hanno portato a quella scelta.

Nel corso sulle *Decisioni* e sulla *Leadership* io faccio fare un grande lavoro sui valori, perché quando conosci i tuoi valori essi diventano la bussola grazie alla quale orientarsi. Se ti si presenta un'opportunità e hai chiari i tuoi valori, saprai decidere subito se vale la pena sfruttarla o meno; ricorda che i leader decidono velocemente. Colui che non li conosce, rischia. Magari arriva l'amico che gli offre la droga e lui si fa tentare: «Sì, proviamo una serata da sballo!» Dobbiamo invece puntare ad essere leader anche di noi stessi. Uno sportivo che vuole raggiungere il successo, che vuole migliorare le proprie prestazioni, deve essere allineato. Deve fare l'esercizio dei livelli logici anche da solo, perché dietro allo sport ci sono comunque dei valori, degli insegnamenti.

Magari si fa sport solo per scaricare la tensione, per fare qualcosa la sera, e invece dietro alla disciplina imposta dallo sport c'è un insegnamento: saper affrontare meglio la vita, essere più sicuri. Quindi è molto importante essere allineati per trasmettere congruenza agli altri e soprattutto a se stessi. Infatti, se la tua motivazione nell'andare in palestra riguarda la tua vita, le tue convinzioni, la tua identità, i tuoi valori nel saper affrontare le sfide, ti impegnerai con uno slancio particolare. Ciò al punto che, com'è accaduto al ragazzo che si è prestato per la dimostrazione, i dieci minuti di svago durante l'allenamento ti daranno fastidio.

SEGRETO n. 44: è molto importante essere allineati su tutti i propri livelli per trasmettere congruenza e sicurezza a se stessi e agli altri.

Questo è il lavoro che Robbins ha fatto su Andre Agassi, un processo di ri-allineamento che lo ha riportato allo splendore, ad essere di nuovo il numero uno. Prova adesso a rifare l'esercizio ponendoti queste domande: «Io chi sono come coach? Perché fare il coach sportivo è così importante per me? Che convinzioni ho sul coaching e sulle persone? Chi sono io per essere un coach? Qual è il mio obiettivo nel fare il coach?» Buon lavoro!

***

RIEPILOGO DEL GIORNO 6:

- SEGRETO n. 40: il ciclo del successo e dell'insuccesso sono due facce della stessa medaglia; sta a te decidere che tipo di convinzione inserire nel tuo ciclo, in base ad essa otterrai risultati che la confermeranno.

- SEGRETO n. 41: il potere delle convinzioni è tale da indurre, in alcuni casi, la guarigione da malattie; questo tipo di risposta è dimostrato dal cosiddetto "effetto placebo".

- SEGRETO n. 42: le convinzioni sono di due tipi: potenzianti se ti "potenziano", quindi ti spingono, ti motivano a fare qualcosa; limitanti se ti "limitano", quindi ti frenano, ti bloccano, non ti permettono di agire.

- SEGRETO n. 43: l'importanza delle convinzioni è sottolineata anche dalla gerarchia dei "livelli logici"; se pur essendo nelle migliori condizioni per raggiungere un obiettivo non sei convinto di te stesso o dell'utilità del tuo impegno, non lo raggiungerai.

- SEGRETO n. 44: è molto importante essere allineati su tutti i propri livelli per trasmettere congruenza e sicurezza a se stessi e agli altri.

GIORNO 7:

Strategie di motivazione sportiva

Nel coaching sportivo è molto importante conoscere le strategie, ossia come ci motiviamo, come decidiamo, in che modo siamo forti, cosa ci motiva a essere forti nello sport e cosa ci fa impegnare di più. Solo conoscendole potremo lavorare nella maniera più giusta per raggiungere il nostro obiettivo.

Ovviamente anche tutto quello che abbiamo visto finora, quindi la nostra fisiologia, i nostri filmati mentali, l'allineamento, le convinzioni, ci aiuta a motivarci e aiuta a motivare i nostri clienti. Al tempo stesso esistono anche delle strategie inconsce, dunque già presenti nella nostra mente.

Dobbiamo imparare a riconoscerle per esserne consapevoli, ma soprattutto dobbiamo saperle riconoscere nello sportivo che ci chiede un supporto.

Diverse volte ho chiesto ai miei corsisti: «Cosa ti ha motivato nel partecipare a questo corso?» Ovviamente ho ottenuto varie risposte, ad esempio: «La ricerca della perfezione», oppure: «La voglia di aiutare gli altri», ma anche: «Il desiderio di non essere più timido», o ancora: «La volontà di non avere più cattivi rapporti con le persone.» Nota come questi ultimi due obiettivi, in particolare, siano espressi in negativo, in quanto indicano l'allontanamento da qualcosa.

Queste strategie le abbiamo dentro di noi, sono quelle che normalmente ci motivano ad agire. Se, ad esempio, inizi a praticare uno sport, probabilmente sei motivato dal fatto di ottenere qualcosa, di raggiungere una certa soddisfazione, una certa gratificazione; qualcuno, invece, è motivato dall'allontanamento da qualcosa.

Queste strategie inconsce hanno un nome: si chiamano **metaprogrammi**. La PNL li ha riconosciuti, modellati e schematizzati. Io ti presenterò quelli che, a mio parere, sono fondamentali nello sport.

METAPROGRAMMA VERSO/VIA DA	
"VERSO"	Sei un tipo tendenzialmente *"verso"* se ti motiva l'idea di andare *verso* qualcosa; ad esempio, il raggiungere uno o più obiettivi;
"VIA DA"	Sei un tipo tendenzialmente *"via da"* se a motivarti è l'idea di allontanarti, quindi di andar *via da* qualcosa di sgradevole; magari una situazione che vivi e che non ti piace più.

Il primo metaprogramma è il **"verso o via da"**; ogni persona può motivarsi con l'andare verso qualcosa o via da qualcos'altro. Anthony Robbins dice che nella vita sono due gli stati d'animo che ci motivano ad agire: il piacere e il dolore; e lui, per questo, li definisce come "leve". Questa visione si riallaccia al metaprogramma di cui stiamo parlando: si va "verso" il piacere o "via dal" dolore.

In PNL si dice che ognuno ha un metaprogramma specifico cui far riferimento, ma ciò non accade sempre e comunque. Infatti, ad esempio, non sempre si è orientati a raggiungere qualcosa, non sempre si è "verso"; in determinati contesti si è "verso" e in altri si è "via da". È importante, nel settore dello sport, sapere cosa motiva il tuo cliente perché ciò ti permetterà di fargli ritrovare la motivazione anche nei casi in cui l'avesse persa. Però usa sempre flessibilità per non rischiare di "etichettare" le persone, di attribuire loro un'identità che in realtà non hanno.

Ad esempio, quando pratico il pugilato mi motivo molto con il "verso". Quindi ho necessità di essere gratificato, ho bisogno delle lodi del mio maestro, voglio che, nel momento in cui svolgo nel modo corretto un esercizio, mi dica: «Bravo, continua così; sei migliorato tantissimo.» Il mio attuale maestro lo fa, e quindi è adatto a me. Invece, tempo fa, ho avuto un maestro che, essendo tendenzialmente "via da", usava motivare i suoi con i rimproveri e le punizioni. Diceva: «Ma che fai? Qui sbagli! Ma insomma, sei senza fiato! Dai, riprenditi!» Ogni volta che sbagliavo me lo faceva notare anche con un po' di aggressività. Probabilmente anche lui si motivava grazie al metaprogramma "via da" e, generalizzando, pensava che quel genere di spinta motivazionale fosse adatta a tutti. L'intenzione era buona, peccato che in PNL giudichiamo in base al risultato, e se il risultato è che il cliente anziché sentirsi motivato si sente afflitto e cambia la palestra o, peggio ancora, abbandona lo sport perché non ne può più delle critiche, ciò vuol dire che il coach ha fallito.

Quindi, prima di caricare, motivare, aiutare altre persone, cerca di capire in che modo vanno aiutate; devi cercare di intuire se, nel momento in cui ti rapporti con loro, sono maggiormente "verso" o "via da"; se quindi devono essere spronate sentendosi dire: «Se vieni al corso puoi raggiungere la perfezione nella tua vita e affrontare le sfide nella maniera migliore possibile» o: «Guarda, qui hai sbagliato, devi fare meglio». Cerca quindi di capire quali siano i metaprogrammi della persona che hai davanti nel momento in cui ci parli, ma, prima di tutto, cerca di capire i tuoi. Quando praticavo il pugilato con il maestro che mi rimproverava in continuazione, non sapevo nulla dei metaprogrammi, sapevo solo che non lo sopportavo e non mi trovavo bene in quella palestra. Quando ho capito che era una questione di metaprogrammi, di motivazione, ho scelto con maggiore consapevolezza il maestro più giusto per me.

Mi sono detto: «Qui non voglio più stare perché il maestro è eccessivamente rigido; non si rende conto che all'interno del gruppo ci sono persone diverse con esigenze motivazionali differenti.» Per cui sono andato da un maestro che, al contrario del primo, conosce questi meccanismi. È molto più flessibile, mi ha compreso ed è in grado di motivarmi premiandomi. Anche quando vado a fare formazione in azienda dico sempre: «Sia la critica che la lode funzionano per motivare, perché una ti spinge e l'altra ti attira.» Però, quando è bene usare una e quando l'altra? La vecchia scuola dice che «bisogna punire, essere aggressivi per ottenere buoni risultati»; oggi, al contrario, si ritiene che questo atteggiamento non funzioni più e che, invece, sia opportuno lodare, premiare. Però è ancor meglio dosare critica e lode nella maniera giusta, e soprattutto in base alla persona che si ha di fronte e a seconda del momento che sta vivendo.

Quindi, se sei a capo di un gruppo, non motivare tutti i dipendenti allo stesso modo. Ci sarà quello che preferisce il premio e quello che ha bisogno della punizione per essere spronato. Vuoi far correre il tuo asinello? Alterna bastone e carota. Utilizza uno dei due metodi, o, ancor meglio, entrambi. Dipende da chi è il tuo "asinello" o, nel caso in cui l'asinello da spronare sia tu stesso, dal fatto che ti motivi maggiormente con il metaprogramma "verso" o con il "via da".

Quando Anthony Robbins vuole cambiare le convinzioni dei suoi clienti, cosa fa? Usa questo meccanismo: alterna le leve del dolore e del piacere. Per un'ora fa pensare alla propria convinzione limitante, dicendo: «Pensa alla tua timidezza, a quanto ti è costata nella vita questa tua insicurezza, a quanto ti ha fatto male; hai perso degli amici, delle relazioni, delle emozioni. Sei stato male per cinque, dieci, quindici anni e stai male ancora oggi. Pensa a quanto altro male potrà farti portare avanti questa convinzione per il resto della tua vita. Continuerai a stare male e a perdere persone importanti, e alla fine della vita ti troverai solo. Oppure passerai ai tuoi figli queste convinzioni limitanti e anche loro staranno male.»

È letteralmente da morire! Per un'ora Robbins tartassa il cliente con discorsi di questo tipo per far sì che associ un intenso dolore alla sua convinzione limitante, tanto che alla fine non ne può più e scoppia dicendo: «Basta! Questa convinzione mi fa orrore; mi ha rovinato la vita e se non la abbandono me la rovinerà anche in futuro.»

Poi Robbins per altrettanto tempo dice: «Adesso immagina di poter cambiare la tua convinzione. Pensa a una convinzione potenziante: sei una persona sicura e forte; pensa a come sarebbe stata diversa la tua vita passata se fossi sempre stato così forte. Pensa a come la puoi cambiare oggi, a quante relazioni più belle, più mature puoi intrecciare. Pensa ai tuoi figli, al fatto che potrai trasmettere loro questa convinzione, facendoli stare bene, e che a loro volta la potranno trasmettere ai loro figli» e così via. Per un'ora ti fa stare benissimo e associa un grandissimo piacere alla tua nuova convinzione potenziante.

In questo modo il cambiamento è assicurato. Infatti l'associazione è tale da farti odiare la vecchia convinzione limitante perché associata al dolore, al contrario adori la nuova convinzione che hai associato a un piacere enorme.

Robbins riesce a cambiare le convinzioni del suo pubblico, che ogni volta è foltissimo. Si tratta di 10.000 e più persone, e tutte diverse tra loro: i "verso", i "via da" e le vie di mezzo tra i due tipi. Al mondo siamo sei miliardi e certo non tutti siamo fatti allo stesso modo!

SEGRETO n. 45: si può essere motivati dal metaprogramma "verso", ovvero dal voler raggiungere un certo obiettivo, o dal metaprogramma "via da", ovvero dal volersi allontanare da una situazione che non si vuole più vivere.

Un altro metaprogramma importantissimo è **riferimento interno/riferimento esterno**.

METAPROGRAMMA "RIFERIMENTO INTERNO/ESTERNO"	
RIFERIMENTO INTERNO	Sei tendenzialmente una persona con *riferimento interno* se ti motivi a fare o non fare qualcosa in base alle tue idee, ai tuoi valori.
RIFERIMENTO ESTERNO	Sei tendenzialmente una persona con *riferimento esterno* se ti motivi a fare o non fare qualcosa in base alle idee altrui e con riferimento alle altrui scelte.

Chiediti se giudichi le tue prestazioni sportive in base alle tue idee o all'opinione di altre persone: nel primo caso avrai "riferimento interno", nel secondo "riferimento esterno".

Gli sportivi famosi vengono tartassati dai giornali. Pensa al calciatore che sbaglia un rigore o all'arbitro che ammonisce ingiustamente un giocatore. Ma anche le persone comuni possono essere più o meno sensibili a quello che gli altri dicono nei loro riguardi. Si può essere contenti della propria prestazione perché comunque si è consapevoli di essersi impegnati e di aver dato il massimo, e questo è l'atteggiamento tipico di chi ha riferimento interno. Oppure si può aver bisogno che qualcun altro dia un giudizio positivo sulla propria prestazione; hai bisogno che il tuo allenatore, il tuo partner o i tuoi corsisti ti dicano «Bravo»? Se è così, hai certamente riferimento esterno.

Io, ad esempio, ho riferimento interno. Ossia decido autonomamente senza aver bisogno di riferirmi ad altri; mi rendo conto io stesso di aver fatto o meno un buon corso. Ad esempio mi è capitato di aver pensato dentro di me di non aver fatto un buon corso perché secondo i miei standard non ero stato sufficientemente esaustivo, e sono rimasto della medesima idea anche se i corsisti si sono dimostrati soddisfatti e mi hanno fatto i complimenti dicendomi: «Questo corso mi ha cambiato la vita, mi ha dato tantissimo!» Io ho replicato: «Ma pensa! Per me, invece, non è riuscito troppo bene.» Questo è successo perché mi ero imposto degli standard molto alti, maggiori di quelli attesi dal mio uditorio. E se anche mi fosse mai capitato di avere una persona insoddisfatta a un mio corso, mi sarei comunque sentito soddisfatto perché convinto di aver dato il massimo.

Un grandissimo allenatore americano dice: «La vera vittoria è dentro di te: se tu sai di esserti impegnato, hai vinto; se invece hai vinto perché il tabellone ti dà la vittoria, però non ti sei impegnato, non hai dato il massimo, allora hai perso.» Questo è il massimo del riferimento interno. Il riferimento esterno invece si ha quando dipendi un po' dal giudizio degli altri, dalle loro opinioni. Questo può capitare magari agli inizi della carriera, in un momento di debolezza in cui ti senti insicuro. Ciò non vuol dire che il riferimento esterno sia necessariamente negativo e che chi ha riferimento interno abbia sicuramente un'autostima più alta di chi ce l'ha esterno. Il riferimento interno è qualcosa che, magari, si acquisisce con il tempo. Dipende anche dalle persone che hai intorno e da molte altre variabili, come ad esempio esperienze inconsce che hai avuto in tutt'altro settore.

La questione non è tanto cambiare e passare dall'uno all'altro metaprogramma, quanto essere consapevoli della loro esistenza. Perché se, ad esempio, sai di avere un riferimento esterno molto marcato, allora cercherai di motivarti dall'esterno. Cioè andrai dal tuo allenatore e dirai: «Guarda, per me è importante sapere la tua opinione, me ne sono reso conto. Dimmi cosa ne pensi; esattamente, cosa devo fare per migliorare? Sii sincero con me.» Se sei molto interno, invece, rischierai di ignorare i consigli che ti vengono dati, mentre anche le critiche e i feedback negativi, se costruttivi, sono utili per far crescere una persona.

Quindi la differenza tra riferimento interno ed esterno non corrisponde alla distinzione tra positivo e negativo! Non sono che due modi diversi di interpretare la realtà e le altrui opinioni. Per farti un altro esempio di riferimento esterno, ti posso segnalare un libro interessante che si intitola *Le armi della persuasione*, di Robert Cialdini, edito da Giunti Edizioni, che cito spesso nei corsi di "Comunicazione" e "Persuasione". Cialdini parla di un principio di persuasione inconscio denominato **riprova sociale**; in sostanza, se tutti fanno una certa cosa senti di doverla fare anche tu. Ad esempio Robbins, la prima sera del corso *Unleash the Power Within*, dopo una giornata passata a concentrarsi sulle convinzioni e la motivazione, fa fare la "camminata sui carboni ardenti"; è una prova speciale per renderti consapevole che, in fondo, se sei forte e motivato, hai a disposizione delle strategie che ti possono aiutare a superare le tue paure.

La prova non ha nulla di particolarmente difficile; il vero problema è la sfida con te stesso per riuscire a farla. Già l'ambiente incute un certo timore: la prova si svolge in un enorme piazzale con braci dappertutto. Cosa succede se, come è capitato a un mio amico, qualcuno non la vuole fare? Il mio amico non aveva paura, semplicemente non aveva voglia di mettersi alla prova, non sentiva di doverla fare. Ma, essendo l'unico su altre 9.999 persone, si è fatto condizionare e ha provato anche lui. Perché? Per il meccanismo della riprova sociale, per riferimento esterno; probabilmente ha detto a se stesso: «Va be', se la fanno tutti, la faccio anch'io!»

A questo proposito, Robert Cialdini racconta nel suo libro storie spaventose. A New York, ad esempio, venne commesso un omicidio di fronte a molte persone: un uomo fu inseguito e accoltellato per la strada. Durante l'inseguimento c'era gente in strada, gente affacciata alle finestre e la scena è durata circa un quarto d'ora, quindi ci sarebbe stato tutto il tempo necessario per reagire; eppure nessuno si mosse. Dagli studi psicologici che sono stati effettuati in seguito si è scoperto che questo è accaduto perché ognuno pensava che se gli altri non si stavano preoccupando, probabilmente non ce n'era motivo; forse era finzione, magari stavano girando un film. Nessuno aveva percepito la reale drammaticità dell'evento.

Per questo motivo Robert Cialdini consiglia di non attendere, in caso di pericolo, che qualcun altro intervenga né di dire: «Qualcuno chiami l'ambulanza!» perché tutti potrebbero pensare che lo stia facendo qualcun altro. Meglio provvedere in prima persona o, altrimenti, scegliere una persona e incaricarla personalmente di farlo. Infatti, se si pensa: «Magari lo farà qualcun altro», è possibile che alla fine non lo faccia nessuno. È un po' come quando si divide la responsabilità con altre persone.

Quando il singolo va allo stadio diventa un ultrà, in un grande gruppo fa quello che fanno gli altri, nel bene e nel male. Magari l'avvocato impeccabile allo stadio diventa uno scalmanato: succede proprio perché segue il comportamento del gruppo. Sono stati svolti molti studi psicologici per comprendere questo meccanismo che rientra un po' nell'idea del riferimento esterno e interno. C'è chi si fa condizionare di più dal comportamento degli altri e chi si basa di più su quello che sente dentro di sé, magari se vede una persona in difficoltà non gli interessa che la gente la ignori ma interviene per aiutarla.

Un mio corsista mi ha raccontato un episodio accadutogli tempo fa. Si trovava in spiaggia quando si è accorto che una persona, in acqua, cercava di farsi notare con gesti disperati: stava per affogare! C'era mare mosso e nessuno faceva nulla, neanche il bagnino, che addirittura commentava: «Quella parte di spiaggia non è sotto la mia sorveglianza, dunque non spetta a me intervenire.» Forse nessuno aveva percepito la pericolosità della situazione, tranne il mio allievo che ha pensato: «Quella persona sta affogando, se non intervengo subito morirà!» e si è gettato in acqua per salvarla. Se tutti avessero ritenuto di comportarsi come il bagnino o gli altri bagnanti, quella persona avrebbe di certo fatto una brutta fine.

Questi riferimenti, quindi, sono dentro di noi e dobbiamo imparare a riconoscerli in modo da poterci motivare nel modo più efficace, in modo da poter dire: «Vado in palestra perché voglio migliorare la boxe e imparare a difendermi (VERSO)», oppure «perché non voglio più prendere schiaffi (VIA DA)». Sono due motivazioni diverse ed entrambe valide. Se capisci qual è per te quella veramente importante saprai migliorarti; così, ogni volta che sarai in dubbio se andare o non andare all'allenamento, perché sei stanco e non ti va, dirai: «Vado perché voglio migliorare» oppure: «Vado perché non voglio più subire», e ti sentirai più motivato. I metaprogrammi, quindi, sono anche principi di auto-motivazione attraverso i quali puoi imparare a motivare te stesso e gli altri.

Ma come impararli? Come capire quali sono i metaprogrammi degli altri? Chiedi al tuo cliente cosa lo motiva e ascoltalo, fai la stessa cosa con te stesso. Se ti chiedessi: «Cosa ti spinge a fare sport?», mi daresti una risposta che può essere sia "verso" che "via da". Poi potrei chiederti: «Quando fai sport, come fai a sapere di essere bravo? Per te cosa è importante?» E tu potresti rispondermi: «So di essere il più bravo perché me lo dicono tutti.» Che vuol dire questo? Che hai riferimento esterno. Oppure potresti replicare: «So di essere bravo perché mi sono impegnato tantissimo. Vado in palestra per un'ora e mezzo e mi dà pure fastidio fare quei dieci minuti di svago perché per me sono una perdita di tempo», in questo caso avresti un forte riferimento interno. Semplici domande possono farti capire i riferimenti e i metaprogrammi tuoi o del tuo cliente.

Per verificarli, nei miei corsi faccio svolgere un esercizio a coppie, che tu puoi proporre al tuo cliente, nel quale bisogna immaginare di essere un venditore. Pensa di voler vendere un prodotto qualsiasi, parlane al tuo cliente e poi chiedigli: «Come mai ti interessa questo prodotto?» Magari lui ti risponderà: «Per migliorare», oppure: «Per poter abbandonare il prodotto che uso attualmente e che non mi soddisfa.» Ti dirà, cioè, se è un "verso" o un "via da". A questo punto gli chiederai: «Come fai a sapere di aver fatto una buona scelta?», forse replicherà: «Lo porto a casa e lo faccio vedere a mia moglie. Se lei dice che va bene, sicuramente è una buona scelta.» Così capirai che il tuo cliente ha riferimento esterno. Cerca soprattutto di ascoltare; apri le orecchie e presta attenzione alle parole che l'altra persona utilizza perché da quelle potrai capire i metaprogrammi e le strategie che usa. È una buona tecnica per conoscere il modo in cui il tuo cliente ha bisogno di essere motivato.

Una volta un mio corsista mi ha chiesto se è possibile cambiare metaprogramma. In realtà non esiste un esercizio mirato allo scopo, inoltre bisogna capire se e quanto sia utile farlo. In generale consiglio sempre di fare più esperienza possibile nel settore di proprio interesse, qualunque esso sia, in modo da essere ancora più sicuri di se stessi e quindi decidere in base ai propri principi interni. Al tempo stesso, se conosci una persona che abbia un riferimento interno molto forte, puoi prenderla a modello e utilizzare la strategia del "Generatore di Nuovo Comportamento" per raggiungere una nuova abilità mentale. Immagina, cioè, di entrare dentro di lui (o lei), di prendere il suo metaprogramma e iniziare a comportarti come si comporterebbe se fosse nella stessa situazione che tu vuoi migliorare. Così facendo, già da oggi potrai dire: «In quella certa situazione il mio modello si comporta così; bene, quindi so come comportarmi nella medesima situazione.» Dopo aver fatto questo esercizio una, due, tre volte, il comportamento diventerà automatico e comincerai a convincerti di avere la medesima identità del tuo modello. Sarai certo di essere, ad esempio, una persona con riferimento interno, e questa convinzione innescherà un ciclo di successo che la renderà sempre più vera.

Sii fantasioso nell'utilizzare le tecniche, tanto più nel coaching sportivo, perché la PNL non è per niente rigida, ma anzi completamente flessibile, aperta, creativa. Abbandona le tecniche che non funzionano e provane altre. È un approccio molto pragmatico: devi provare, non c'è altro modo.

Presta molta attenzione ai metaprogrammi "verso" o "via da" e al "riferimento interno" o "esterno" perché sono alla base della motivazione, ogni persona si motiva andando verso qualcosa o via da qualcos'altro. Quanto conta il giudizio esterno? Quanto è importante ciò che fanno gli altri? Io e mia moglie abbiamo un amico, con il quale ogni tanto andiamo a cena fuori, che non riesce mai a stabilire ciò che vuol mangiare se non dopo che abbiamo deciso noi. Dice: «Voi cosa prendete, la pizza o la pasta?» Se prendiamo la pizza, la prende anche lui; magari però avrebbe preferito mangiare la pasta, e viceversa. È una persona con riferimento completamente esterno. In certi casi, però, è più importante che in altri essere interni. Quando ero ragazzo, ad esempio, non mi piaceva la birra, così quando andavo al pub con gli amici tutti prendevano la birra mentre io prendevo la Coca-Cola. Non mi interessava che loro preferissero la birra e non mi toccavano le loro sciocche battute. Altre persone, al mio posto, avrebbero preferito adeguarsi piuttosto che affrontare la disapprovazione e le critiche del proprio "gruppo". D'altra parte può essere importante anche saper gestire la riprova sociale per non trovarsi a disagio o, peggio, in mezzo ai guai.

La riprova sociale è anche il motivo per cui in alcuni film o in alcune trasmissioni, come *Striscia la notizia*, viene inserito un sottofondo di risate finte, perché ascoltandolo, in un certo senso, si è spinti a pensare: «Se sento ridere deve essere una cosa divertente.» Per lo stesso motivo andare al cinema a vedere un film è molto più bello che vederlo a casa, soprattutto se è un film comico, perché avere attorno cinquanta, cento persone che ridono rende l'esperienza molto più divertente.

Hai mai provato a guardare una gara di Formula Uno senza il sonoro, quindi senza il commento? È una noia mortale; non è né divertente né appassionante. Se non hai la conferma auditiva non sei neanche sicuro di quello che vedi: «Ma quel pilota avrà realmente sorpassato l'altro oppure ho visto male?» È lo stesso motivo per cui le pubblicità usano spot come: «Nove dentisti su dieci consigliano questo dentifricio.» Tu potresti dire: «Ma a me non piace», perché hai un forte riferimento interno, oppure puoi dire: «Se nove dentisti su dieci lo consigliano, vuol dire che è realmente un buon prodotto», perché sei una persona che ha riferimento esterno e si fa influenzare. Le pubblicità vivono su questi principi della persuasione, che è molto importante saper riconoscere in se stessi e negli altri.

SEGRETO n. 46: si può essere motivati dal metaprogramma del "riferimento interno", ossia prendere decisioni basandosi sulle proprie idee o sensazioni, o dal metaprogramma del

"riferimento esterno", ossia decidere avendo riguardo a ciò che fanno o dicono gli altri.

Vediamo altre strategie. La domanda: «Cosa ti motiva nel tuo sport?» è importante non solo per capire i metaprogrammi ma anche i "processi mentali" che danno luogo ai nostri atteggiamenti. Che cosa succede, infatti, a livello mentale? Quando pensi al tuo sport ti arrivano delle immagini, dei suoni, delle sensazioni. A me arriva l'immagine del ring, del mio maestro, di un ambiente confortevole. È un'immagine bella, grande, nitida nella quale avrei voglia di tuffarmi. Questa è certamente un'immagine che mi motiva. Ciò significa che nella mia motivazione ho una componente visiva. Vedo il ring, il mio maestro e l'ambiente che mi piace, per cui mi dico: «Wow, non vedo l'ora di andare!» Si tratta, pertanto, di una componente cinestesica, fatta cioè di sensazioni.

Quindi, ad esempio, la mia strategia per motivarmi parte da un visivo interno (Vi), legato cioè alla mia mente: ho un'immagine della mia palestra. Ad essa segue un auditivo interno (Ai), cioè una voce, il mio dialogo interiore, che mi dice: «Bravo, vai, non vedo l'ora!» Infine si conclude con un cinestesico, una sensazione sempre interna, che definiamo K^+. K è il simbolo che sta per *kinestesic*, ovvero cinestesico, il "sistema rappresentazionale" che in PNL racchiude ogni sensazione che proviamo. In questo caso si tratta di un K^+ perché la sensazione che provo è bella, positiva e motivante. Per cui la mia strategia per motivarmi potrebbe essere rappresentata così: $Vi + Ai + \mathbf{K^+}$.

Esistono anche strategie per demotivarsi. Ti sei mai sentito demotivato? In qualche occasione può essermi successo di non avere avuto voglia di andare in palestra e, in quel caso, il processo mentale che ho seguito è stato diverso. Magari, dentro di me mi sono detto: «No, oggi non mi va», quindi ho avuto una componente auditiva (Ai) negativa anziché positiva; poi ho visto un'immagine molto lontana, buia, piccola (Vi) che non mi motivava per niente e, di conseguenza, ho avuto una sensazione negativa, un K^-. Una cosa importante sul funzionamento delle strategie a livello mentale è che, se anche partirai da immagini o da suoni, alla fine percepirai comunque una sensazione che ti farà decidere per il sì o per il no, «Vado» oppure «Non vado». «Mi sento male e quindi non vado» oppure «Sto bene e quindi non vedo l'ora di andarci.»

È molto interessante capire le possibili strategie di motivazione che possono tornare utili per risultare vincenti nel nostro sport; sarà importante per auto-motivarci o motivare i clienti. Per estrarle è necessario essere dettagliati e precisi. Sì, ma come? Per illustrartelo userò una metafora, ti parlerò di una mia parente bravissima a cucinare, in particolare a fare dolci: è in grado di preparare delle torte spettacolari. Anch'io ho provato a farne una seguendo una sua ricetta. Ho fatto diversi tentativi, anche facendomi aiutare da mia moglie, ma il risultato che abbiamo ottenuto non assomigliava neppure lontanamente all'originale. Perché? Perché lei mi ha indicato gli ingredienti da utilizzare: «Ho usato un po' di V, un po' di A e un po' di K» e mi ha scritto la ricetta, che mi dà la direzione da seguire, ossia i passaggi da fare: c'è prima V, poi c'è A e poi c'è K. Tuttavia non avrei potuto ottenere la strategia esatta finché il mio modellamento non fosse avvenuto di persona.

Allora mi sono messo vicino a lei mentre cucinava e, osservandola con attenzione, ho scoperto una serie di particolari in più che non mi aveva riferito; non l'aveva fatto certo di proposito, ma solo perché non ne era lei stessa consapevole. Ad esempio ho scoperto che montava il bianco dell'uovo in modo particolare e mescolava gli ingredienti in senso orario, per cui le ho chiesto: «Cambia qualcosa se mescoli in senso orario o antiorario?» Mi ha risposto: «No, ma cambia se mescoli prima in un senso e poi nell'altro; così facendo l'impasto si smonta.» Così le ho detto: «Vedi? Questo non me l'hai scritto nella ricetta!»

Nello stesso modo, un conto è chiedere al cliente: «Come fai a motivarti?» in un momento in cui non è calato nella logica del gesto sportivo, un conto è vederlo all'opera. Con il contatto diretto, quindi, da buon modellatore, sono stato in grado di estrarre informazioni in più rispetto a quelle che mi aveva fornito lei, e quindi sono riuscito a fare una torta più o meno simile alle sue. Purtroppo non ho gli stessi strumenti e il mio forno è differente dal suo, ma il risultato è stato comunque soddisfacente. Nell'estrarre la strategia, quindi, è necessario entrare nel contesto specifico di quella strategia; vedere il proprio cliente in azione, magari in palestra o comunque nel suo ambiente, è assai meglio che intervistarlo nel proprio studio. Al tempo stesso, con le strategie mentali puoi fare entrare in palestra il tuo cliente in qualunque momento, farlo "calare nella parte". Ti spiego meglio come attraverso una dimostrazione svolta durante un mio corso.

****

GIACOMO: Anche in questo caso sarà Gioele a dimostrare l'esercizio. Allora, Gioele, immagina di entrare in palestra, nell'ambiente di cui abbiamo parlato prima, che ti motiva e ti appassiona tantissimo in base alla tua missione, ai tuoi valori e alla tua identità. Hai scelto anche stasera di allenarti e vuoi sfruttare appieno l'ora e mezzo di esercizio che ti attende; è giusto?

GIOELE: Sì.

GIACOMO: Mentre sei in questo stato mentale e ti trovi lì, nella tua palestra, guarda, osserva, senti tutto quello che riproduce la tua mente; nota se ci sono immagini, sensazioni nel tuo corpo, nella tua mente, se ci sono suoni, parole che ti dici, un tuo dialogo interiore. Prendi tutti questi elementi e pian piano lascia che si ordinino. Perché c'è un punto di partenza e uno di arrivo nella tua strategia. Ora mi chiedo se questo punto di partenza è un'immagine, un suono, una sensazione o qualsiasi altra cosa.

GIOELE: È un'immagine.

GIACOMO: Di che tipo? Descrivimene le dimensioni: quanto è grande?

GIOELE: Ha le dimensioni di un uomo.

GIACOMO: Sì; e vedi te stesso?

GIOELE: Sì.

GIACOMO: Se vedi te stesso dal di fuori è un'immagine dissociata; a che distanza è da qui?

GIOELE: Tre o quattro metri.

GIACOMO: Quindi Gioele ha un'immagine in cui si vede, dall'esterno, entrare in palestra. Mentre vedi questa immagine, cosa ti dici, cosa ascolti?

GIOELE: Sono concentrato, non ascolto niente.

GIACOMO: Quindi abbiamo scoperto che non c'è una componente auditiva nella sua strategia motivazionale. Avverti delle sensazioni?

GIOELE: Sì, una bella sensazione.

GIACOMO: È intensa?

GIOELE: Sì, è intensa.

GIACOMO: Se mi dovessi dire un punto del corpo nel quale la avverti, quale sarebbe?

GIOELE: Dappertutto. Nelle gambe e dappertutto.

GIACOMO: Vedete come è allineato? La avverte dappertutto. Quindi, tu vedi questa immagine di te stesso a tre, quattro metri di distanza da te, abbastanza grande, e automaticamente ti senti molto bene e avverti una forte sensazione in tutto il corpo. Giusto? Hai questa sensazione di motivazione nei confronti dello sport che ami. Questa è la sua strategia. Vedete? È già diversa dalla mia. Non c'è la componente auditiva, non è predominante in nessun modo; c'è un'immagine e subito la sensazione. È una strategia molto efficace, molto veloce. Bene, proviamo a utilizzare degli strumenti. Ora avvicina questa immagine, portala più vicina, ancor più vicina a te, fino ad averla proprio qui a pochi centimetri. Ti motiva ancora di più? La sensazione sale, scende o rimane uguale?

GIOELE: No, rimane uguale.

GIACOMO: Allora riportiamola dov'era, alla distanza originaria. Ora immagina di entrarci dentro. Cioè non vedi più te stesso dall'esterno ma entri nel te stesso che vedi: sei in associato. Vedi dai tuoi occhi la palestra e tutto ciò che contiene, senti quello che

GIACOMO BRUNO – COACH 360

senti, ascolti quello che ascolti. Cambia la sensazione? Se sì, come?

GIOELE: È più viva!

GIACOMO: Fate caso a questo particolare. Ogni persona è diversa, e un cambio di submodalità che può avere molto effetto per una persona può non averne affatto per un'altra. Per molti avvicinare a sé l'immagine rende più intensa la sensazione, nel caso di Gioele, invece, non ha cambiato nulla nella sua percezione della sensazione. Invece, nel momento in cui gli ho chiesto di entrare nella sua immagine associandosi ad essa, la sua sensazione è divenuta più forte, si è amplificata. Questo è importante, perché in questo modo il suo inconscio, la sua mente impara che se vuole motivarsi ancora di più gli basta entrare nell'immagine che vede, associarsi in essa. Proviamo ad aggiungere ora una componente auditiva, anche se per Gioele, in realtà, non c'è. Immagina di dirti qualcosa mentre vedi questa immagine che ti piace. Questo aumenta, diminuisce o fa rimanere uguale la tua sensazione?

GIOELE: La aumenta.

GIACOMO: Perfetto. La componente auditiva, come dicevo, non c'era o non ne era consapevole; però, se immagina che ci sia, aumenta l'intensità della sua sensazione. Ora immagina di dare un tono a questa voce, molto motivante, che dia carica, e dì a te stesso, ad esempio: «Vai! Ok! È così!» L'intensità della tua sensazione aumenta o diminuisce?

GIOELE: Aumenta e in più c'è un'altra componente: avverto una sorta di eccitazione.

GIACOMO: Bene, vedete come può essere semplice aumentare la motivazione? È bene estrarre la propria strategia per cercare di capire se la si può migliorare. Abbiamo fornito a Gioele uno strumento in più per motivarsi in maniera ancora migliore; e pensate che adesso è in un'aula, seduto davanti a un pubblico e davanti alle telecamere. Immaginate in che stato potrà essere quando, in palestra, utilizzerà queste nuove strategie! Quindi, Gioele, anche per conto tuo, quando hai più tempo, puoi fare tutte le variazioni che abbiamo provato insieme: aggiungere, togliere elementi all'immagine, avvicinarla, allontanarla, entrarvi in associato; ancora, se è una fotografia, un'immagine fissa puoi trasformarla in un filmato in cui tutto si muove. Ogni volta renditi conto di come cambia l'intensità della tua sensazione: può diminuire o aumentare, e più aumenta più impari a usare le tue submodalità. Più diventi bravo nel gestirle, più ti saranno utili per motivarti quando vuoi.

GIOELE: Inizialmente visualizzavo un luogo preciso, ossia la palestra, e non era che un'immagine. Poi, nel momento in cui ne abbiamo cambiato le submodalità, aggiungendo qualche variazione, la sensazione ad essa collegata è cambiata, è divenuta molto più intensa!

GIACOMO: Esatto: ottimo! Va bene Gioele, grazie mille!
****

Hai visto com'è facile? Basta mettere la persona nello stato d'animo in cui è quando pratica il suo sport, quando frequenta quel certo ambiente. E se si tratta di te stesso, perché vuoi lavorare su di te e migliorare le tue sensazioni, puoi ripetere l'esercizio anche da solo. Puoi farlo sia mentre stai praticando il tuo sport, sia immaginando di calarti in quel momento. Come ti dicevo, per motivarmi io immagino di salire sul ring, mi vedo mentre mi sto allenando, mentre sto prendendo a pugni l'avversario, e penso a cos'è che in quel momento mi motiva, che mi appassiona, che mi dà la forza di combattere e di vincere. In questo modo potrai auto-modellarti e migliorare la tua stessa strategia.

Hai delle componenti visive, auditive e cinestesiche: prova a variarle; ti piace l'immagine che visualizzi nella tua mente? Ingrandiscila, rendila più luminosa, rendi più vividi i colori; così facendo, in genere, la sensazione aumenta. Avvicinala oppure entraci: sei tu in associato. Oppure, invece di un'istantanea, trasformala in un filmato, fa sì che un'immagine fissa diventi una serie di immagini in movimento. Sono cose che normalmente aumentano l'intensità della propria sensazione, ma non sempre, non è una regola. Nella dimostrazione che hai letto, ad esempio, avvicinare l'immagine non ha prodotto alcun cambiamento nella percezione di Gioele, la persona che faceva l'esercizio. Prova su te stesso e lascia che anche il cliente provi su se stesso, in modo che possiate migliorare le vostre prestazioni sportive con semplici processi mentali. Basta prendere una strategia che già funziona; sì, perché quando vai in palestra sei motivato, ed è proprio quella strategia che ti ha permesso di motivarti. Infatti, come dice Bandler, il coaching è per persone che stanno bene e vogliono arrivare all'eccellenza, che vogliono sentirsi straordinariamente bene.

Quindi puoi prendere una qualunque strategia e migliorarla. Questo è secondo me l'aspetto più bello della PNL: migliorare, migliorare, migliorare. E puoi farlo su strategie di motivazione, di decisione. Pensa ad esempio al mio amico, di cui ti parlavo prima: cos'è che lo fa decidere, quando è a cena con gli amici, se mangiare la pizza o la pasta? La risposta potrebbe essere che decide in base a quello che decidono gli altri. Ma a livello di processi mentali, quali sono i passaggi? Magari ha bisogno di un visivo esterno, cioè di vedere gli altri che prendono la pizza. Ma le immagini possono essere cambiate e, con esse, la sua sensazione. Forse ha voglia di pizza ma non sa decidersi; potrebbe provare, ad esempio, a ingrandire l'immagine della pizza, immaginarla vicina, nitida, tutta fumante e calda. A quel punto la voglia aumenterebbe e magari riuscirebbe a prendere la decisione di mangiare la pizza, anche se gli altri ordinano la pasta. È possibile, invece, che lui abbia le due immagini della pasta e della pizza piccole, distanti, poco motivanti, e che per questo chieda agli altri, per avere una spinta verso una delle due scelte. L'importante è scoprire i processi mentali che stanno dietro a ciascuna situazione e gestire di conseguenza le nostre immagini per arrivare al miglior risultato possibile.

SEGRETO n. 47: per motivarsi può esser importante comprendere il "processo mentale", ossia la strategia che sta dietro alla nostra motivazione, per poterla replicare.

A proposito del mio rapporto con la birra, di cui ti dicevo prima, un giorno ho letto su alcuni testi, sia di Robbins che di Bandler, della tecnica di scambio delle **submodalità**. Le submodalità sono una sorta di "aggettivi", o meglio di "specifiche", che attribuiamo alle immagini e ai suoni che vediamo e sentiamo dentro di noi. La strategia di scambio consiste, in particolare, nella possibilità di trasferire le submodalità positive di qualcosa che ci piace su qualcosa che non ci piace e viceversa, a seconda della nostra necessità. Io volevo far sì che mi piacesse la birra, e allora cosa ho fatto? Prima di tutto ho richiamato alla mente l'immagine della Coca-Cola; l'ho vista vicina, grande, in tre dimensioni: mi sembrava di poterla prendere in mano e di avvertirne la freschezza! Poi ho visualizzato un'immagine tridimensionale della birra; la vedevo ghiacciata, contenuta in un grande bicchiere, avevo quasi l'impressione di poterla prendere in mano.

Ho effettuato questo scambio di submodalità trasferendo le submodalità positive della Coca-Cola sulla birra, che non mi piaceva e, difficile a credersi, ha funzionato. Da allora mi piace la birra, perché ne gusto la freschezza molto più che il sapore, la sensazione di refrigerio che mi dà e che è la stessa che, in realtà, mi motivava a bere la Coca-Cola. Possiamo quindi fare questi scambi e trarne giovamento. Robbins, in particolare, racconta di aver insegnato al figlio a mangiare le banane piuttosto che la cioccolata, scambiandone le submodalità; ha trasferito le submodalità negative che il bambino attribuiva alle banane sulla cioccolata, facendo sì che rientrasse fra le cose che non amava particolarmente mangiare. In questo modo ha allontanato la pulsione nervosa positiva ad essa collegata.

Questo tipo di esercizio ti permette di modificare anche i tuoi metaprogrammi. Attraverso le strategie puoi imparare a motivare meglio gli altri e te stesso a decidere più velocemente e ad acquisire molte altre abilità, come ad esempio quella della lettura veloce; essa, come spiego nel libro *Lettura Veloce 3x*, ti può portare a triplicare la tua velocità di lettura. I caratteri impressi sul foglio di carta sono immagini visive esterne, ma una volta letti si trasformano in interne; la parola letta, infatti, si trasforma in immagine. Leggi «il divano di casa» e magari immagini il divano di casa tua, ti immedesimi nel libro. Ecco perché i libri sono più belli dei film: perché puoi immaginarli come vuoi.

Purtroppo esiste una componente, quella auditiva interna, che ci limita molto. Essa è il frutto di un'abitudine acquisita ai tempi delle scuole elementari, quando ci facevano leggere ad alta voce per valutare i nostri progressi. Con il passare del tempo questa componente auditiva esterna è diventata interna e nello scorrere le righe di un testo con gli occhi, contemporaneamente lo leggiamo dentro di noi; solo dopo che ci siamo ripetuti un concetto mentalmente abbiamo la sensazione di averlo compreso. In realtà il cervello, una volta acquisita un'immagine, non ha bisogno di ripeterne il significato verbalmente. Nella lettura veloce, quindi, si cerca di eliminare o minimizzare attraverso svariate tecniche la componente auditiva interna o, altrimenti, di velocizzarla, magari seguendo il dito che scorre sotto le parole.

Alcuni giorni fa un fotografo mi spiegava come riesce a capire se una foto è fatta bene o meno; riferendosi a due immagini che a me sembravano perfettamente identiche, mi diceva: «Questa è particolare, mentre quest'altra non ha nulla che mi attragga.» Il soggetto era lo stesso, come anche lo sfondo; non vedevo differenze, per cui, da buon modellatore, gli ho chiesto: «Mi spieghi come fai a trovare differenza tra l'una e l'altra?» Lui mi ha risposto: «Lo sento. Mi basta guardarle per capire che una delle due è migliore dell'altra.» Quindi la sua strategia motivazionale partiva con un K, una sensazione, cosa abbastanza rara; poi analizzava la foto con la vista – c'era quindi un visivo esterno (Ve) –, e si accorgeva di un particolare, a prima vista nascosto, che faceva la differenza. A quel punto aveva la conferma ulteriore che quella era la foto giusta. Ci sono persone che si fanno guidare molto dalle sensazioni e poi, magari in un secondo momento, trovano una spiegazione razionale per le loro decisioni.

È interessante capire quali siano i processi mentali che guidano le persone, anche come coach devi cercare di farlo; puoi riuscirci anche nell'ambito di una normale chiacchierata, com'è avvenuto tra me e il fotografo. Puoi chiedere: «Come fai a sapere che quella foto è migliore dell'altra?» È stato lui a dirmi quale fosse la sua strategia, affermando che tutto nasce da una sensazione. Se tu ascolti le parole, facendo molta attenzione alla linguistica delle persone, scoprirai una miniera di informazioni preziose e di strategie; lo stesso avverrà se porrai le domande a te stesso. Prenditi cinque minuti e fai questo esercizio: estrai la tua strategia di motivazione o altre strategie che preferisci.

Una volta estratta la tua strategia, potrai anche provare a cambiare le submodalità delle immagini che hai visualizzato per modificare le sensazioni ad esse associate. Questi esercizi sono alla base di tutta quella parte della PNL che tratta dell'autostima, della gestione delle emozioni e dello stato d'animo. Ad esempio, parlando di submodalità visive, ti basta prendere le immagini negative che non ti piacciono e allontanarle, renderle piccole per modificare la sensazione ad esse associata e sentirti meglio. Questo è il bello della PNL: non si lavora quasi mai sui contenuti, non ti interessa sapere cosa contenga una certa immagine, ti basta sapere che allontanandola stai meglio.

Semplicemente usando questa tecnica puoi allontanare il senso di paura che provi di fronte a una prestazione che devi affrontare, o allontanarlo da un tuo cliente. Se, ad esempio, lui ha un riferimento esterno molto fastidioso, come il pubblico che lo fischia mentre gareggia, puoi chiedergli di abbassare il volume di questi suoni semplicemente facendogli immaginare che, come in uno stereo, ci sia una manopola che lo regola. In questo modo cambierà la sua motivazione, la sua sensazione associata, la sua risposta a quello stimolo. Facendoglielo fare una, due, dieci volte, quando sarà in campo sarà talmente concentrato da non sentire i fischi. Cambiando una submodalità del suono, cambia la neuro-associazione che dà luogo alla sensazione; non c'è più quell'unica strada tra stimolo e risposta, ma c'è un bivio che porta dall'altra parte. E più frequentemente percorrerai la nuova strada, più sarà per te semplice percorrerla.

Bandler racconta di quando lavorò con uno sportivo che aveva problemi con l'alcool: la sera prima di una partita beveva troppo. Non che fosse alcolizzato, ma eccedeva nell'uso di bevande alcoliche e questo, ovviamente, gli creava problemi in campo. Questo sportivo si rivolse a lui per farsi aiutare, e Bandler cercò di capire perché beveva. Gli rispose che lo faceva per divertirsi un po' la sera e per sentirsi un po' brillo, ma non superava mai una certa soglia, non si ubriacava mai veramente, era solo uno svago. Bandler gli disse: «Io posso estrarre la strategia con cui tu diventi brillo. Dimmi come funziona, spiegami cosa succede quando stai per diventare brillo. Immagina di aver bevuto ora, in questo momento; a questo punto, cosa succede?»

E il ragazzo rispose: «Be', sento un brivido percorrermi la schiena salendo sino al collo. Comincio a sentire una pesantezza dietro la nuca, mi sento leggermente stordito e vedo i colori più vividi; ma non perdo il controllo» e cose simili. Bandler disse: «Bene, adesso immagina di aver bevuto; comincia a sentire questo brivido che, partendo dalla schiena, ti sale sin sul collo; senti quella sensazione di dondolamento dietro alla testa.» E mentre gli parlava il ragazzo cominciò veramente a sentirsi un po' brillo, tanto che disse: «Mi sento esattamente come se avessi bevuto!» «Bene» replicò Bandler «ora abbiamo estratto la tua strategia e ormai la conosci; quindi usala la prossima volta che esci e non bere. Infatti lo stordimento che vuoi provare è uno stato come un altro, e tu sei in grado di entrarci semplicemente usando questa strategia mentale.»

Utilizzando lo stesso metodo anche tu puoi evitare di bere, di mettere a rischio la vita degli altri quando guidi, di compromettere la tua carriera di sportivo e via dicendo. Bandler ha offerto a quello sportivo la capacità di utilizzare una strategia che già possedeva e che lui si è limitato a estrarre, da bravo coach gli ha dato nuove risorse e gliele ha fatte usare. Ti vengono in mente altri modi per usare le strategie? Qualsiasi altro modo ti venga in mente usalo, provalo; sii creativo nell'utilizzarle, perché ti possono essere davvero utili come coach e come sportivo per migliorare le prestazioni dei tuoi clienti o le tue. Possono essere importanti per far sì che tu sia più tranquillo, più motivato quando scendi in campo per giocare una partita di pallone o un match di tennis, quando sali sul ring o per qualsiasi altra cosa.

SEGRETO n. 48: per rendere attraente ai tuoi occhi un'attività che non ami fare, ma che è opportuno tu svolga, puoi applicare la tecnica dello "scambio delle submodalità" e applicare ad essa le submodalità di un'attività che ti piace.

Voglio però lasciarti con un esercizio molto interessante e utile: l'**"identificazione di un campione"**. Immagino che da bravo sportivo nel tuo campo tu abbia una sorta di mito, uno sportivo che ami, un modello, come può essere per me Patrizio Oliva o Mike Tyson nella boxe.

In ciascuno sport c'è un campione; quando Roberto Baggio sbagliò il rigore ai mondiali, un giornalista gli chiese: «Allora, come si sente ad aver sbagliato un rigore ai mondiali, in una partita così importante?» È una domanda perfida perché non fa altro che rievocare in colui o colei che la riceve uno stato d'animo negativissimo, e far sì che stia ancora peggio. Baggio, da gran signore e molto intelligentemente, rispose: «Be', c'è chi i rigori li tira e li sbaglia e c'è chi i rigori non li tira proprio nella finale dei mondiali.» Ciò per dire che se era vero che aveva sbagliato, restava comunque un campione e ai mondiali c'era stato da protagonista, a differenza del giornalista che gli aveva rivolto la domanda. Da una risposta del genere puoi estrarre delle convinzioni e farle tue.

Ti propongo ora l'esercizio che ti ho anticipato attraverso la trascrizione di una dimostrazione; fallo anche tu pensando al tuo campione.

****

GIACOMO: Avete in mente un campione? Fabiano, tu hai in mente un campione sportivo? Vuoi provare a dimostrare l'esercizio? Un applauso a te. Allora, di che sport stiamo parlando?

FABIANO: Del kung fu.

GIACOMO: Benissimo. Qual è il tuo mito, il tuo campione?

FABIANO: Si chiama Chang Dsu Yao.

GIACOMO: È il tuo maestro?

FABIANO: No, è il caposcuola.

GIACOMO: Perfetto; ora ti farò identificare in lui a livello mentale. Si tratta di un esercizio sulla falsariga del modellamento. Dunque, hai in mente il tuo modello, il caposcuola, mi hai detto. Ora pensa di essere in un luogo che a te piace; può essere una palestra o qualsiasi altro posto, anche casa tua. Immagina di entrare dentro di lui, di indossarlo, di indossare la sua faccia come fosse un casco. Immagina di essere lui, di diventare lui. Guardate come cambia la sua fisiologia! Avete visto come si sono trasformati i suoi occhi quando è entrato in Chang Dsu Yao, il suo modello? Si vede; non c'è bisogno che mi dica: «Sì, sono entrato.» Fabiano, continua a immaginare di essere il tuo modello, ora ascolta il tuo corpo, ascolta il tuo cuore, ascolta la tua mente perché tu sei lui in questo momento.

Senti quali convinzioni ci sono nella tua mente che ti permettono di essere un campione così bravo; ascolta le tue convinzioni e le sensazioni che hai nel corpo, le sensazioni di un campione: cosa fai, cosa faresti, come ti comporti, che ambienti frequenti. Sì, perché tu in questo momento sei il campione, il campione assoluto nel tuo sport. Come vedi stiamo facendo una sorta di modellamento per livelli, però dall'interno. Ossia, invece che studiare un modello e intervistarlo, fingi di essere tu stesso il modello, identificati in lui; come ti dicevo poco fa, indossalo come fosse un casco. Mentre Fabiano è identificato nel suo modello, io posso anche parlarci, interagire con lui. Per esempio, posso chiedergli: «Cos'è importante nel kung fu?»

FABIANO: (*con voce diversa*) È importante la determinazione.

GIACOMO: Secondo me chi mi risponde è Chang Dsu Yao, il maestro, non è Fabiano; l'importante è che Fabiano recepisca queste risposte, anche perché sono utili per lui. Cosa diresti a qualcuno che comincia oggi a praticare questo sport?

FABIANO: Direi di applicarsi con tutte le sue forze, perché il kung fu è uno sport per tutti, tutti possono riuscire.

GIACOMO: E cosa diresti a Fabiano?

FABIANO: Gli direi che forse potrà riprendere a praticarlo non appena sarà guarito.

GIACOMO: Va bene. Adesso togliti il tuo "casco del maestro" e torna ad essere Fabiano. Fai tue tutte le risposte che il maestro ti ha dato mentre eri in lui, perché grazie ad esse hai avuto accesso a risorse che non sempre hai a portata di mano. Infatti nel momento in cui ti identifichi con qualcun altro è come se avessi per un attimo le sue risorse, quindi le risposte che il modello ti dà possono esserti davvero utili. Utili anche per chiarire la tua missione nel praticare questo sport. Infatti ora, probabilmente, se tu dovessi dare un consiglio a qualcuno che inizia oggi, gli diresti quello che ti ha detto il maestro. Puoi farlo, puoi continuare a farlo a casa, identificarti in lui, in altri campioni, anche di altri sport se ti interessano, e cercare di prendere il meglio da ciò che ti dirai essendo in loro. Io ricordo di averlo fatto anche nel mio lavoro.

Come trainer ho detto: «Se fossi Bandler, uno dei più grandi formatori di tutti i tempi, il fondatore della PNL, in questo momento come mi sentirei? Cosa penserei riguardo alla PNL?»

Dopo aver fatto questo esercizio sono avvenuti dei cambiamenti in me. Non dico più: «La PNL dice questo» ma: «In PNL "noi" diciamo che...», quindi il mio modo di vivere, di sentire la PNL è cambiato, perché l'ho vissuto per una volta dall'interno e questo ha modificato la mia percezione. Grazie Fabiano!

****

Possiamo, quindi, imparare a utilizzare i nostri campioni e, in genere, tutte le persone che vogliamo. Non solo uno ma due, tre campioni oppure, se preferiamo, il nostro collega di lavoro molto bravo a fare qualcosa. Possiamo identificarci in chiunque ci interessi. Durante un corso sul modellamento, al ragazzo che si è prestato per dimostrare questo esercizio ho chiesto: «Identificati in un personaggio che per te è importante, che può esserti utile per affinare le tecniche di PNL.» Ha scelto Milton Erickson, un grandissimo terapeuta, bravissimo a comunicare, a entrare in sintonia con le persone, che è stato studiato da Richard Bandler e John Grinder negli anni '70 e '80.

A quel punto, assieme agli altri allievi che partecipavano al corso, ho formulato una serie di domande al ragazzo, rivolgendomi a lui come se davvero fosse stato Milton Erickson. In particolare gli ho chiesto: «Allora Milton, cosa ci dici della PNL? Cosa ci dici su come entrare in sintonia?» e quando lui rispondeva, sembrava veramente che stesse rispondendo Milton Erickson. Si era talmente identificato in questa persona da modificare la sua fisiologia, il suo paraverbale, aveva addirittura cambiato il tono di voce, la sua comunicazione in generale.

È successa la stessa cosa quando Fabiano è entrato nel maestro di kung fu, si è visto perché ha chiuso gli occhi, ha sbattuto le palpebre in un modo particolare. Questo esercizio funziona ed è un modo diverso dal solito per apprendere cose nuove, perché è un modellamento fatto dall'interno.

Prendi il tuo campione e prova tu stesso a fare l'esercizio di identificazione; puoi farlo svariate volte, con più personaggi che per te sono importanti. Immagina che il personaggio sia qui davanti, immagina di entrarci, di indossarlo come fosse un casco. Senti le sensazioni, le convinzioni, dopodiché posa il casco immaginario, esci e torna ad essere te stesso. È un modo per accedere a nuove risorse che possono esserti utili per migliorare le tue prestazioni sportive.

SEGRETO n. 49: per acquisire le caratteristiche psicologiche del tuo campione di riferimento applica la tecnica di "identificazione di un campione"; entra in lui e assorbi le sue sensazioni e convinzioni, poi, una volta che le avrai acquisite, rientra in te stesso.

Puoi svolgere questo esercizio anche in altri ambiti della tua vita nei quali vuoi migliorare. Puoi prendere a modello qualsiasi persona eccellente, il campione di turno nel lavoro, in famiglia, in qualsiasi settore e darti da fare. Perché arrivare a un miglioramento generale della persona è comunque sempre positivo e importante. Siamo partiti dall'idea di modellamento, e quindi da come migliorare le nostre prestazioni sportive e in generale tutte le prestazioni. Dipende da quanto siamo bravi, dalle nostre potenzialità, da quanto abbiamo studiato, da quanto ci siamo preparati e da come gestiamo le interferenze. Può darsi che siano convinzioni limitanti o metaprogrammi che non conosciamo, di cui non siamo consapevoli, che quindi non abbiamo mai utilizzato e che magari ci hanno frenato. Magari davamo la colpa a un maestro o a una palestra quando invece a limitarci era un nostro metaprogramma, un modo di motivarci che non andava bene.

Possiamo prendere le interferenze che finora ci hanno limitato e utilizzarle in positivo, al posto del meno mettere il più. Conoscendo i tuoi metaprogrammi puoi utilizzarli per trovare la palestra più giusta, il maestro più adatto a te. In genere, ti potranno essere utili per imparare a motivarti in ogni occasione, non solo nello sport ma nella vita, quindi per motivare gli altri o per auto-motivarti. Se sei veramente bravo ad ascoltare puoi motivare gli altri e quindi fare il coach sportivo in maniera molto efficiente ed efficace; serve solo ascoltare, usare le orecchie. Non a caso si dice: «Se abbiamo due orecchie e una bocca, un motivo ci sarà.» Dobbiamo ascoltare molto più che parlare. Quindi diamoci molto da fare utilizzando le strategie che abbiamo analizzato; lavoriamo sulla fisiologia, e cioè controlliamo la nostra postura, facciamo in modo di essere centrati, essere equilibrati e lavorare di visualizzazione.

Puoi migliorare le tue prestazioni del 30, 40, 50 per cento, come i giocatori di basket allenati solo con l'allenamento mentale; ma affianca sempre ad esso anche l'allenamento fisico e quello tecnico. Così come Alan è stato bravo a giocare la sua partita di hockey con i ragazzi della sua squadra e a farli credere nella squadra portandoli dal basso all'alto della classifica, così come Robbins ha aiutato Agassi a ritornare ai primi posti, allo stesso modo le convinzioni che hai possono portarti al successo o all'insuccesso, dipende se sono limitanti o potenzianti. Quali scegli? Come sai non sono né vere né false, è vero tutto e il contrario di tutto. Non ci interessa più se siano vere o meno, ma che l'esito sia efficace ai fini del raggiungimento del nostro obiettivo.

Vuoi eccellere nello sport? Bene, devi essere allineato, devi avere convinzioni che supportino la tua identità e la tua missione, quindi ciò che fai, le tue abilità, i tuoi comportamenti, l'ambiente che frequenti, in cui ti alleni, in cui si allena lo sportivo che stai seguendo. Ci deve essere questo allineamento. Come al solito queste tecniche possono essere usate anche negli altri settori della tua vita per migliorare le tue prestazioni in tutti i campi; perché se sarai più felice, più sereno in famiglia, anche le tue prestazioni sportive ne saranno avvantaggiate.

Usa le strategie vere e proprie, i tuoi metaprogrammi, i tuoi processi mentali, le immagini che vedi, il tuo dialogo interiore, le submodalità, le sensazioni che sono associate a queste immagini, le componenti visive e auditive. Puoi addirittura far sì che non ti dia fastidio un pubblico che ti fischia; puoi farlo perché è la tua mente che può farlo, perché, come dice Robbins: «Non posso cambiare i fatti del passato, però posso cambiare la percezione che io ho di questi fatti.»

Nei suoi corsi di autostima, di motivazione, Robbins dice: «Non è mai troppo tardi per avere un'infanzia felice.» Cosa vuol dire? Non puoi cambiare la tua infanzia, è vero, però puoi cambiare il tuo modo di vederla, quindi la tua percezione relativa ad essa. Lo stesso puoi fare per gli eventi sportivi, ad esempio per una partita andata male, una sconfitta. Perché anche le sconfitte servono, dipende come le vivi. Non viverle come un fallimento, ma come una sfida, una prova che comunque hai superato e che ti è servita come esperienza, come insegnamento.

Pensa che Walt Disney, dopo aver progettato Disneyland, il parco giochi più grande del mondo, ha avuto bisogno, per realizzarlo, di un finanziamento. Ottenerlo non è stato affatto semplice, perché all'epoca nessuno aveva il coraggio di scommettere sulla buona riuscita di un progetto tanto ambizioso. Disney ha contattato trecento banche prima che, finalmente, la trecentunesima gli concedesse il prestito; per cui ha subito trecento fallimenti ma non si è arreso, così alla fine ha realizzato il suo sogno. Si dice che quando il parco è stato inaugurato, Disney purtroppo fosse già morto; era però presente suo figlio, al quale un giornalista chiese: «È un vero peccato che suo padre non ci sia al momento dell'inaugurazione» e pare che lui abbia risposto: «Mio padre ha visto questo momento molto prima di noi: l'ha visto nella sua mente.»

Del resto, anche l'esercizio che si realizza con il dito puntato in avanti, che ti ho suggerito prima, dimostra che la mente funziona immediatamente, in tempo reale e su chiunque. Non ho mai visto nessuno fallire in questo esercizio. Questo vuol dire che possiamo usare la nostra mente per migliorarci, non solo per peggiorarci, come a volte accade. Quando, magari, proviamo ansia di fronte a un esame, possiamo cambiare il procedimento e trasformarlo in positivo utilizzando le stesse tecniche, sfruttando gli stessi meccanismi del cervello; così facendo l'interferenza da negativa diventerà positiva e ti aiuterà a migliorare le tue prestazioni.

Fai come Walt Disney o come Larry Bird, che fa canestro sempre, o come un bravissimo golfista, che amo ricordare, che fu costretto alla prigionia per cinque anni e che raccontò: «Ero rinchiuso in una cella piccolissima, stretta, maltrattato e malnutrito, ma la cosa che più mi mancava era il campo da golf. In quei cinque anni però non ho perso le speranze di uscire e nella mia mente ho continuato a giocare a golf ogni giorno. Immaginavo di giocare assieme ai miei amici e su un bel prato verde, di mettere a segno le mie buche. Tutti i giorni per cinque anni.»

Uscito dalla prigionia, quest'uomo è tornato sul campo da golf a giocare con i suoi amici e ha vinto la partita dimostrando di essere più bravo degli altri. Non solo, ma anche più bravo di quanto fosse prima di entrare in prigione, perché si era allenato mentalmente per cinque anni, e forse lo aveva fatto con una passione e una motivazione data e accresciuta proprio dal suo stesso stato di prigioniero.

Puoi utilizzare questi meccanismi per modellare gli altri, gli sportivi, chiunque ti piaccia e sia eccellente in quello che fa, per migliorare te stesso come persona, come sportivo, come trainer e come coach.

RIEPILOGO DEL GIORNO 7:

- SEGRETO n. 45: si può essere motivati dal metaprogramma "verso", ovvero dal voler raggiungere un certo obiettivo, o dal metaprogramma "via da", ovvero dal volersi allontanare da una situazione che non si vuole più vivere.

- SEGRETO n. 46: si può essere motivati dal metaprogramma del "riferimento interno", ossia prendere decisioni basandosi sulle proprie idee o sensazioni, o dal metaprogramma del "riferimento esterno", ossia decidere avendo riguardo a ciò che fanno o dicono gli altri.

- SEGRETO n. 47: per motivarsi può esser importante comprendere il "processo mentale", ossia la strategia che sta dietro alla nostra motivazione, per poterla replicare.

- SEGRETO n. 48: per rendere attraente ai tuoi occhi un'attività che non ami fare, ma che è opportuno tu svolga, puoi applicare la tecnica dello "scambio delle submodalità" e applicare ad essa le submodalità di un'attività che ti piace.

- SEGRETO n. 49: per acquisire le caratteristiche psicologiche del tuo campione di riferimento applica la tecnica di "identificazione di un campione"; entra in lui e assorbi le sue sensazioni e convinzioni, poi, una volta che le avrai acquisite, rientra in te stesso.

PARTE 3: FINANCIAL COACH

GIORNO 8:

Scoprire il cash flow personale

Si può imparare a diventare ricchi? Sì, si può. Lo scopo del financial coaching è esattamente quello di aiutarti e aiutare a diventare ricchi; il Financial Coach è infatti un professionista che aiuta le persone a crearsi rendite alternative e aggiuntive rispetto a quella fornita dal proprio lavoro.

In realtà la storia dell'italiano medio devia parecchio dall'iter per diventare ricchi. Moltissime persone, infatti, vivono al limite, a fine mese non hanno più un euro in tasca e spesso arrivano a stento al successivo stipendio. Sembra che solo il 5 per cento della popolazione sia milionario. Se ci pensi bene, però, il 5 per cento è sempre una buona percentuale: ci potresti rientrare anche tu un giorno non lontano.

Quanto conta la psicologia della ricchezza nel percorso per diventare ricchi? Su questo argomento sono stati svolti degli studi in America, poi diffusi in tutto il mondo, secondo i quali l'80 per cento dei risultati di chi si arricchisce è dato dalla psicologia e solo il 20 per cento dalla tecnica. Io ho investito in Borsa, ho fatto del trading online, comprando e vendendo azioni via internet; ti assicuro che in quel frangente la componente emotiva predominava su tutto. Ecco perché è bene stabilire delle regole prima di iniziare.

Ad esempio, dici a te stesso che in caso di discesa dei tuoi titoli li venderai nel momento in cui il prezzo a cui li hai comprati scenderà di oltre il 10 per cento, per limitare il danno; oppure prevedi un incremento e decidi che invece li venderai se la salita si fermerà e i titoli torneranno indietro di una certa percentuale che avevi stabilito prima. Come ti dicevo, occorre imporsi delle regole e, qualsiasi cosa accada, rispettarle. Ed è proprio questa la difficoltà, perché l'ansia di vincere ci induce a violarle. La parte psicologica, la componente emotiva, determina poi il raggiungimento o meno di un obiettivo. Ho visto amici perdere migliaia di euro perché offuscati dal panico.

Quando un titolo scende non sai più che fare, vai in confusione. Se non hai già stabilito una regola, se non hai applicato uno stop automatico al tuo broker online, nel momento in cui il titolo scende sotto un certo livello, rischi davvero di fare un disastro. Infatti, cosa fai? Attendi speranzoso sino alla fine che risalga, ma intanto stai perdendo tutti i tuoi soldi.

Pensi di venderlo a 90 euro e, nel tempo che impieghi per decidere, il titolo è già arrivato a 85. Pensi di vendere a 85, e mentre rifletti sull'opportunità di farlo è arrivato già a 80. Non fai in tempo a deciderti in un senso o in un altro che già gli eventi ti hanno superato. La componente emotiva è spesso troppo forte per opporvisi. Per gestirla e vincerla devi aver chiaro l'obiettivo che vuoi raggiungere, esserti imposto sin dall'inizio delle regole e avere una strategia precisa.

Qual è la differenza fra classe ricca, media e povera? La distinzione è stata studiata per capire quale sia la differenza che fa la differenza rispetto alle persone comuni. Magari ciò che ha reso realmente ricche queste persone non sono altro che piccole strategie, modi diversi di porsi degli obiettivi. Spesso si sente dire che "piove sul bagnato", ossia che il ricco diventa sempre più ricco e il povero sempre più povero. Effettivamente è così; ma non è solo questione di avere mentalità diverse, esistono piuttosto meccanismi e cicli atti a determinare differenze tra chi è povero e chi è ricco. Li scoprirai procedendo nella lettura di questa guida.

A fine lettura avrai in mano strumenti, tecniche e una buona formazione psicologica riguardo all'atteggiamento che devi avere nei confronti del denaro e della ricchezza o che, come Financial Coach, devi far acquisire ai tuoi clienti. Potresti trovarti di fronte a persone che fanno un lavoro per il quale si alzano presto tutte le mattine, tornano tardi e trascorrono la vita pensando che così stanno facendo del loro meglio. Sono convinte del fatto che lavorare tanto duramente possa produrre qualcosa di utile per la famiglia e per loro stessi, che sia l'unico modo per raggiungere il successo o per arrivare a fine mese. In realtà esistono tanti altri modi per affrontare il solito lavoro e mirare a una diversa posizione sociale, a raggiungere la ricchezza, a crearsi rendite indipendenti dal proprio lavoro per non esserne schiavi.

In questa guida non ti parlerò di vere e proprie tecniche finanziarie o di Borsa, ma della psicologia sottesa ai vari meccanismi; questa, infatti, rappresenta l'80 per cento dei risultati che potrai eventualmente ottenere.

Voglio narrarti la storia di un paesino della California, molto arido, in cui mancava spesso l'acqua, tanto che ce n'era a sufficienza per tutti solo quando pioveva, poche volte l'anno. Per questo motivo il sindaco un giorno decide di indire un appalto per la fornitura di acqua. Risultano vincitori a pari merito due concorrenti di nome John e Richard.

Cosa fa John? Si mette subito al lavoro: tutte le mattine si alza, prende due secchi, va al fiume, li riempie, li porta nella cittadina e li svuota in un pozzo. Così, pian piano, lavorando dalla mattina alla sera, dal lunedì al venerdì, riempie il pozzo. A questo punto inizia a vendere l'acqua a un dollaro a secchio e, dovendo rifornire le centinaia di persone che vivono nel paese, arriva a guadagnare un bel po' di soldini.

Richard, invece, scompare. Il sindaco non vede la cosa di buon occhio, perché sperava si creasse una sana concorrenza fra i due a tutto vantaggio dell'efficienza del servizio e della qualità dell'acqua. Ciò non accade. John, che è rimasto, non è certo dispiaciuto di questo, anzi è ben contento. Continua a fare il suo lavoro, prende i secchi, li porta al pozzo e fornisce l'acqua al suo paesino guadagnando un bel po' di soldi.

Dopo sei mesi Richard torna e tutti si chiedono dove poteva essere mai stato. Richard in quei sei masi era stato a Los Angeles alla ricerca di soci finanziatori. Una volta raggiunto un accordo era tornato in paese per formare una nutrita squadra di operai. Fa così costruire un lungo acquedotto che dal fiume porta l'acqua direttamente al pozzo del paese. Sette mesi dopo la vincita dell'appalto Richard è quindi in grado di offrire, con ottima efficienza, acqua pulitissima a un quarto del prezzo a cui John vendeva acqua non perfettamente pura. Inoltre, grazie all'acquedotto, può fornirla non solo di giorno ma anche di notte, sette giorni su sette. A quel punto, ovviamente, tutti vanno a comprare l'acqua da Richard.

John non rimane con le mani in mano, perché non vuole vedere perso tutto il lavoro fatto per sei mesi con grande fatica, né vuole permettere a Richard di portargli via il lavoro con tanta facilità. Allora cosa pensa di fare? Abbassa i costi. Vende l'acqua a un prezzo inferiore rispetto a quello praticato da Richard. Per mantenere il guadagno acquista altri due secchi e inizia a trasportare quattro secchi alla volta, facendo veramente tanta fatica.

Non solo: assume i figli, in modo che coprano i turni di notte e il week-end. A questo punto anche lui fornisce abbastanza acqua per tutti e riesce a riconquistarsi qualche cliente che vuole spendere di meno. Purtroppo non può durare, perché John ha coinvolto l'intera famiglia in un'attività pesantissima, senza riposo, e tutto per pochi spiccioli.

Richard, intanto, lavora comodamente seduto alla sua scrivania e guadagna moltissimi soldi senza faticare. Può permettersi di andare in vacanza e di godersi la vita. In più non tiene fermo il suo denaro ma lo investe. Decide, visto che l'affare va così bene, di costruire altri acquedotti per rifornire di acqua tutti i paesi vicini. Ha un tale successo che può permettersi di abbassare ancora il prezzo dell'acqua. Infatti, anche guadagnando un solo centesimo per ciascun secchio d'acqua, ha talmente tante richieste da poter campare di rendita per il resto della vita. A questo punto John non può più gestire la concorrenza e chiude l'attività.

Ciò che voglio chiederti è:

TU stai costruendo un acquedotto o stai portando i secchi?

Ed è questo ciò che, se fai il Financial Coach, dovresti chiedere al tuo cliente. L'uomo medio porta i secchi per tutta la vita, quindi fa un lavoro duro, non lavora con intelligenza. C'è la convinzione diffusa che per fare i soldi si debba lavorare duro, invece è necessario farlo con intelligenza. È preferibile fermarsi sei mesi, pianificare bene ciò che si vuol fare, porsi degli obiettivi e poi trovare una strategia per raggiungerli.

Richard non ha fatto nulla di particolarmente innovativo, però si è detto che era necessaria un'idea nuova. Ha preferito non guadagnare per sei mesi ma investire in un suo progetto, in qualcosa in cui credeva. In quel periodo ha lavorato duro ma con intelligenza, e i risultati si sono visti e sono durati per tutta la vita.

È molto importante chiedersi se stiamo costruendo il nostro acquedotto o se lo stia facendo il cliente che seguiamo. Perché troppe persone si accorgono tardi, magari arrivate alla soglia dei sessant'anni, di aver lavorato una vita intera per una pensione di 500 euro al mese. Sono curioso di sapere, quando io stesso sarò sessantenne o settantenne, cosa mi darà lo Stato, che pensione mi potrà garantire. Infatti tutti sappiamo che oggi lo Stato paga le pensioni non con i soldi dei lavoratori degli ultimi trent'anni, ma con quelli dei lavoratori attuali. Io fra trent'anni avrò certamente la mia pensione, ma sarà molto meglio per me se riuscirò ad assicurarmi anche altre rendite. Io riuscirò ad avere il mio acquedotto che mi permetterà di andare in vacanza e di vedere arrivare soldi come acqua, ed è quello che voglio faccia anche tu per te stesso o per i tuoi clienti come Financial Coach.

Chiunque sarebbe spaventato all'idea di lasciare il proprio lavoro, soprattutto se si hanno tanti anni di servizio alle spalle; ma non è ciò che consiglio. Non è mai troppo tardi per avere buone idee, lavorare con intelligenza e fare un altro lavoro in parallelo al proprio. Vedremo come. Io ti darò tanti spunti per arrivare al successo finanziario o farci arrivare coloro che a te si rivolgeranno; poi starà all'interessato prendersi la responsabilità di portare avanti i propri progetti. Ricorda sempre che la psicologia è davvero molto importante.

SEGRETO n. 50: per fare soldi non è necessario lavorare duramente, piuttosto occorre farlo con intelligenza.

Ho conosciuto, durante un corso, una persona che ha un'azienda di software e che ha venduto un suo prodotto a eBay, il celebre sito di aste online, per sette milioni di sterline! Certo, in molti possono avere idee innovative e non tutti riescono poi a rivenderle per cifre tanto elevate! Tuttavia non è necessario rivenderle. Pensa a Bill Gates, che ha avuto la brillante idea di concedere il suo prodotto in licenza. Attualmente i suoi tecnici installano dappertutto e lui percepisce moltissime royalty. Ad esempio, chi scrive un libro che ha successo e vende molte copie, percepisce royalty a vita. Ci sono tanti modi per avere degli stipendi aggiuntivi; ne vedremo diversi e soprattutto capiremo come crearne di nuovi facendo sì che i soldi ci arrivino indipendentemente dal nostro lavoro. Ciò che importa, quindi, non è tanto utilizzare tecniche già sperimentate da altri, anche se possono funzionare. In fondo, il modellamento della PNL si basa sull'osservazione del comportamento degli altri, per modellarli ed estrarne idee, strategie e convinzioni. Quello che ci interessa ora è avere le giuste convinzioni: se le avrai, avrai anche le giuste idee.

Anthony Robbins, grande formatore motivazionale, ci parla di un colloquio avvenuto durante un viaggio in macchina tra lui e Jim Rohn, un altro grandissimo della formazione. Robbins, ancora all'inizio della sua carriera, pur guadagnando moltissimi soldi si lamentava di sentirsi particolarmente stanco, poiché lavorava dalla mattina alla sera. Rohn replicò: «Ascolta Tony, tu sei un bravissimo ragazzo, un gran lavoratore, però la tua attività ha un difetto: ti è impossibile staccare perché il tuo guadagno è strettamente legato al tuo lavoro.» Robbins rispose: «È ovvio. Come fare allora?» Rohn disse: «Vedi? Ora noi siamo in strada e, nel momento stesso in cui ti sto parlando, sul mio conto corrente arriva un milione di dollari.» Robbins replicò: «Un milione di dollari? Com'è possibile?» e Rohn: «Be', io ho scritto dei libri, ho fatto degli audiocorsi, quindi posso anche non fare più nulla. Qualcuno venderà i miei libri, qualcuno i miei audiocorsi e mi arriveranno i soldi.»

Ci sono mille modi per ottenere questo risultato. Infatti da allora Robbins ha creato tanti audiocorsi e dei libri fantastici che sono stati il suo successo, e che oggi sono tradotti in tutte le lingue. Tuttora organizza molti corsi, anche se meno del passato, perché, ovviamente, vive di rendita, potrebbe smettere di lavorare anche domani. Oggi tiene corsi della durata di quattro giorni, in cui lui è fisicamente presente per tre giorni, mentre copre il quarto con un suo video, tenendo diecimila persone ferme a guardare uno schermo.

Probabilmente, prima o poi, qualcuno si stancherà, ma fintanto che lui ci sarà anche per un solo giorno, la gente andrà a guardarlo. Per quello che so, il suo progetto per il futuro è quello di realizzare unicamente videocorsi, perché ha quasi cinquant'anni e, in prospettiva, non può pensare di continuare a saltare e urlare per quindici ore di seguito. Non so fin quando potrà farlo, magari altri cinque/dieci anni, poi arriverà anche per lui la stanchezza. In ogni caso, attraverso i videocorsi ha trovato un modo per crearsi una rendita, un sistema per far rendere ancora le sue ore di lavoro. Fallo anche tu e insegnalo a tuoi clienti. Una delle domande chiave che si fanno studiando psicologia della ricchezza è la seguente: «Quanto vale una tua ora di lavoro?» Supponiamo che tu lavori, come tutti, dalle 9 alle 17 o dalle 10 alle 18, quindi, in media, otto ore al giorno. Per una tua giornata di lavoro guadagni 80 euro, e ciò vuol dire che una tua ora di lavoro ti viene pagata dieci euro. Purtroppo, come sai, una volta trascorsa quell'ora, te la pagano quanto stabilito e finisce lì.

Qual è invece il metodo di Robbins? Fermo restando che una sua ora di lavoro viene pagata comunque una cifra esorbitante, tra 10.000/100.000 dollari, il guadagno non finisce lì, assolutamente. La sua ora, infatti, continua a lavorare autonomamente; ma come? Mentre tiene il corso si fa riprendere; quindi, nel momento in cui viene venduto il suo videocorso guadagna altri 100 euro da tutte le persone che lo comprano. Così, cento euro oggi e cento euro domani, moltiplicati per tutte le persone che comprano i suoi videocorsi, può arrivare a guadagnare altri 300.000 euro per quella sua ora di lavoro. Poi, tra l'altro, non si tratta di una sola ora, perché lui di ore ne fa tante. Immagina cosa voglia dire avere un continuo flusso di cassa nel tuo conto corrente senza dover fare altro lavoro. Si chiama "rendita residua".

La maggior parte di queste teorie arriva da Robert Kiyosaki, un hawaiano di origini giapponesi, autore di un libro bellissimo che ti consiglio di leggere, e che si intitola *Padre Ricco Padre Povero*, edito da Gribaudi. In questo testo, tra le altre cose, Kiyosaki dice: «Io ho un padre istruito, fa il professore, è bravissimo nel suo lavoro ma non ha un euro in tasca, perché tutto il suo stipendio viene speso per la famiglia». Kiyosaki, già dalla tenera età, era stato preso in giro perché povero; quindi, per reazione, aveva in mente un obiettivo: il riscatto sociale. Per questo motivo chiese a suo padre, assieme a un suo amichetto di nome Mike, se per caso conoscesse le strategie giuste per riscattarsi. E lui gli rispose: «Io sono povero, come faccio a insegnarti ad arrivare alla ricchezza? Prova a chiedere al padre di Mike che è imprenditore e ha buone probabilità di diventare ricco.»

I due bambini, quindi, si recarono assieme dal padre di Mike, nella speranza di ottenere una risposta soddisfacente. Il padre di Mike, che lui considera il "padre ricco", offrì a entrambi una serie di spunti, idee e convinzioni. Kiyosaki, quindi, inconsapevolmente si trovò a fare "modeling" di entrambi i tipi umani, ossia il suo padre naturale, che lui definisce **padre povero**, e il padre di Mike, il **padre ricco**. Il padre povero consigliava a entrambi di andare a scuola per acquisire una buona istruzione, prendere una laurea e farsi poi assumere in un buon posto. Il padre ricco, come avrebbe fatto un buon Financial Coach, replicava che sì, era giusto andare a scuola e istruirsi, poi, però, era necessario non attendere che il lavoro arrivasse da altri. Occorreva creare o acquistare da terzi un'attività, crearsi rendite.

I due padri, quindi, offrivano visioni della vita totalmente diverse. Il padre istruito diceva: «Ora vi insegno a scrivere un buon curriculum così verrete assunti con facilità». Il padre ricco replicava: «Ora vi insegno a scrivere un bel piano di lavoro, con obiettivi e finanze per creare una struttura societaria e, domani, avere una grande impresa e assumere persone.» Si tratta di punti di vista diversi.

Io ho avuto la fortuna di avere un padre con una mentalità molto aperta e vincente, e per questo mi ha trasmesso una serie di convinzioni potenzianti. Da piccolo mi portava a vedere le case, perché ha sempre amato sognare. C'era, ad esempio, un albergo in vendita e mi diceva: «Questo immobile potrebbe essere smembrato per realizzare tanti piccoli appartamenti. Trasformando un vecchio albergo puoi fare molte cose.» Certo, magari molti dei suoi sogni sono rimasti tali, ma la cosa importante è che mi ha offerto molti spunti e mi ha dato la capacità di pensare in maniera costruttiva. Penso che la capacità di saper vedere in prospettiva sia il dono più importante che un genitore ti possa offrire.

Mio padre è imprenditore, ma chi ha genitori che hanno sempre lavorato da dipendenti potrebbe faticare a superare le loro convinzioni sul lavoro. Non importa: ricorda che le convinzioni si possono cambiare, non sono che un'idea, non verità assolute. Io stesso potrei aver avuto un padre poverissimo e trovarmi oggi a studiare psicologia della ricchezza, sapendo che devo fare tutt'altro.

Robert Kiyosaki dice: «Io avevo un "padre povero" che pensava che la scuola e l'istruzione fossero tutto, e mi stava portando fuori strada. Fortunatamente ho avuto la possibilità di conoscere un "padre ricco" che mi ha trasmesso altre convinzioni. Anche se non ero che un bambino, avevo otto/nove anni, ho avuto la possibilità di confrontare due punti di vista differenti e ho scelto uno dei due. Con questo non ho inteso assolutamente mancare di rispetto al mio padre naturale, anzi, l'ho aiutato a migliorare la sua posizione grazie alle idee del padre ricco.» Ciò malgrado il padre di Kiyosaki, un po' rigido, avesse in realtà le sue convinzioni e non volesse saperne di cambiarle.

Il padre ricco diceva a suo figlio Mike e a Kiyosaki che dovevano far sì che il denaro producesse denaro, che i soldi lavorassero per loro, e non il contrario; quindi non solo andare al lavoro per guadagnare lo stipendio mensile, ma investire parte di quei soldi perché creassero autonomamente altri soldi. I bambini, fraintendendo la frase, pensarono a un modo per creare denaro. Si procurarono delle vecchie lattine da bibita e le fusero nel camino di casa, dopo di che, tramite uno stampo tondo, crearono monete. Il padre ricco li vide e chiese: «Cosa state facendo?» e loro:

«Stiamo creando denaro, non vedi quante monete abbiamo stampato?» Nell'ingenuità propria dei bambini avevano colto il concetto e si erano dati da fare.

Io ti spiegherò tutto quello che ho appreso sulla psicologia della ricchezza e ti offrirò molte strategie per crearti rendite aggiuntive e, come Financial Coach, per insegnare ad altre persone come farlo; se però tu non le metterai in pratica e le vedrai solo come un sogno, come qualcosa di bello con il quale potresti fare soldi, rimarranno tali, ovvero sogni, desideri e speranze. Occorre prendere esempio da quei due bambini di otto anni che si sono messi a fondere la latta per creare soldi. Certo, hanno sbagliato strategia, ma almeno si sono dati da fare.

Kiyosaki racconta ancora di quando lui e il suo amico Mike andarono a raccogliere i fumetti buttati da alcune signore dopo essere stati letti dai figli, per raccoglierli in una piccola "biblioteca del fumetto". In questa loro piccola attività coinvolsero una loro amichetta nel ruolo di segretaria, quindi avevano già una persona che lavorava per loro mentre intascavano soldi dai lettori di fumetti che frequentavano la biblioteca e si erano creati una piccola rendita. È incredibile: bambini di otto/nove anni! Robert Kiyosaki ha anche creato un gioco da tavolo sullo stile del Monopoli: il *Cashflow*. Non è tradotto in italiano e non si trova in Italia, se lo vuoi devi ordinarlo via internet. Serve per insegnare in modo divertente, ad adulti e bambini, le strategie relative alle rendite, al flusso di cassa e altro.

SEGRETO n. 51: per creare ricchezza devi creare attività e non aspettare che il lavoro arrivi da altri; devi far sì che il denaro produca denaro, che i soldi lavorino per te e non il contrario.

In ciò che adesso dirò verranno citate anche piccole nozioni di economia, concetti basilari che certamente già conosci e capirai senza problemi. Si tratterà soltanto di farti i conti in tasca e renderti conto di quale sia la tua situazione finanziaria o, nel tuo lavoro di Financial Coach, di capire quale sia quella del tuo cliente.

La prima analisi che come Financial Coach devi fare nei confronti del tuo cliente, e che puoi fare anche su te stesso a tuo beneficio, riguarda il **Cash Flow**, ovvero il **flusso di cassa**.

Flusso di cassa = entrate - uscite.

Questo che vedi è lo schema di base, che ci sarà utile per comprenderne il funzionamento.

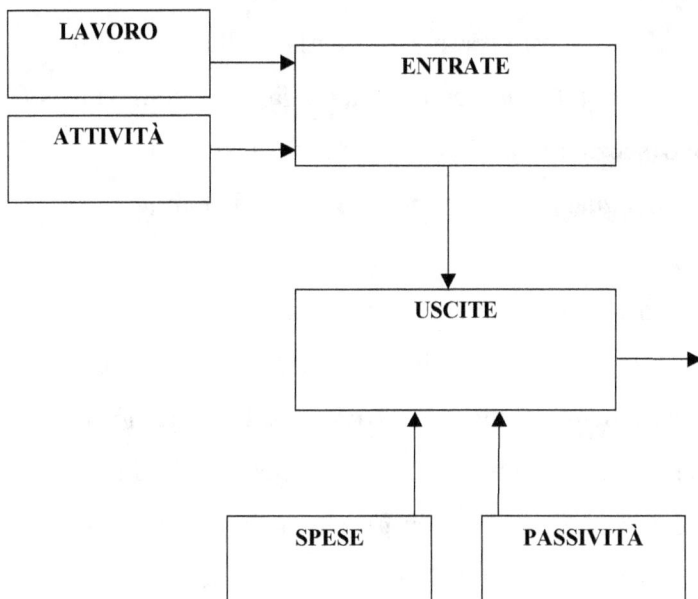

Se una persona guadagna 2000 euro al mese e ne spende 2000, il suo flusso di cassa è pari a zero. Questo è lo stato in cui versa la grande maggioranza delle persone. A un italiano medio a volte entrano 2000 euro e ne escono 2100, cioè spende sempre un po' più di ciò che guadagna.

Lo fa perché pensa che forse domani gli concederanno un aumento, chiederà un prestito, accenderà un mutuo e prima o poi recupererà, quindi è sempre con l'acqua alla gola. Robert Kiyosaki, a questo proposito, parla della "corsa del topo". Secondo lui tutti noi assomigliamo a tanti topi che corrono, corrono senza fermarsi, nel tentativo di svincolarsi dal circolo vizioso del guadagnare, spendere e pagare i debiti.

L'italiano medio ha in mente un certo percorso da seguire nella sua vita, ossia studiare, arrivare alla laurea e trovare un lavoro. A quel punto pensa di andare a vivere da solo e tutto lo stipendio va via per l'affitto e le bollette. A malapena riesce ad andare a cena fuori o a bere una birra con gli amici. Poi, finalmente, trova la donna della propria vita, si fidanza e la invita a convivere. A quel punto, se entrambi lavorano, si ha a disposizione un doppio stipendio e si vive meglio, perché le spese per l'affitto e le bollette sono sempre le stesse. Dopo qualche anno si sposano, spendendo tutti i soldi che avevano da parte e comprano casa accendendo un mutuo. Per farlo danno fondo ai loro ultimi risparmi e devono anche farsi aiutare dai genitori. In più si accollano un debito trentennale e passano la vita a pagare. A ciò vanno aggiunte le spese per la manutenzione dell'immobile, per il condominio e molto altro ancora. Avendo raggiunto una certa stabilità, i due decidono di avere un figlio, e come forse saprai un figlio è un mutuo aggiuntivo: dagli da mangiare, vestilo, compragli i pannolini, compra la macchina più grande perché quella che hai non va più bene e così via.

Man mano che si va avanti le spese aumentano e non basta più uno stipendio e neppure due. Allora che succede? Che l'uomo decide di prendere un secondo lavoro; la donna se non lavorava si mette a lavorare, se lavorava part-time inizia a lavorare a tempo pieno. Possono sorgere tante e tali complicazioni che spesso mi chiedo come facciano a campare tutte le persone che non possono contare che sul proprio lavoro. Vanno avanti tutta la vita a pagare debiti e non possono permettersi nulla di più.

Io ho un amico al quale i genitori hanno dato tutto. Hanno lavorato duramente per farlo crescere senza mai fargli mancare nulla. Sai cosa dà loro in cambio il figlio? Niente; è addirittura arrabbiato perché, a suo dire, non ha mai avuto ciò che desiderava, come un motorino o la macchina quando ha compiuto diciotto anni. Dice di essersi sempre vergognato di questo, perché a una ragazza non puoi dire di venirti a prendere. Non apprezza i genitori, che invece hanno dato il massimo per lui, e questo è il problema che dà un cash flow pari a zero.

I suoi genitori certo non hanno colpa perché, come ti ho detto, hanno dato il massimo; però è una situazione davvero triste. Per reazione a tutto ciò il figlio non ha mutato le convinzioni dei genitori, ma si è messo a fare l'imprenditore: ha rilevato un negozio che ora gestisce con soddisfazione. Come dicevo, l'italiano medio soffre il fatto di avere spesso un cash flow negativo. Ha entrate pari o inferiori alle uscite e passa la vita a pagare debiti, lavora per i soldi. Analizziamo nei dettagli la teoria del cash flow utilizzando lo schema di base e applicandolo alle tre categorie della classe povera, media e ricca.

1. CLASSE POVERA

È la classe di persone che ha cash flow pari a zero – quindi spende tutto lo stipendio –, la cui unica entrata è dovuta al proprio lavoro e non ha casa di proprietà né debiti. Un esempio è la classica segretaria che guadagna 1000 euro al mese e li utilizza tutti per sopravvivere sino al prossimo stipendio. Il diagramma del cash flow della classe povera è il seguente:

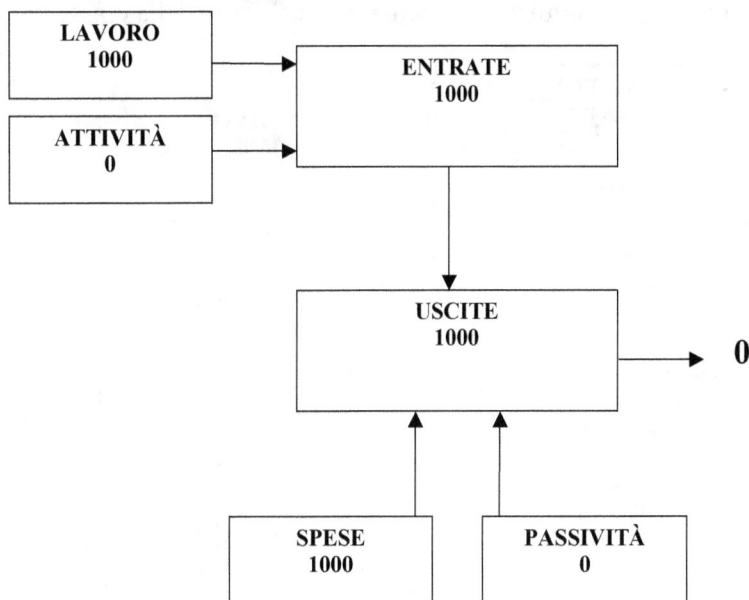

2. CLASSE MEDIA

È la classe di persone che ha un buono stipendio, che si aggira sui 3000 euro mensili ma comunque cash flow tendente a zero, in quanto investe tutto in spese di vario genere e debiti bancari; quindi ha la casa di proprietà su cui paga il mutuo; inoltre tutte le entrate sono dovute al proprio lavoro al 100 per cento. Un esempio è il professionista che guadagna 3000 euro al mese e li spende tutti per mantenere un tenore di vita alto e pagare la rata del mutuo. A seguire, lo schema del cash flow della classe media.

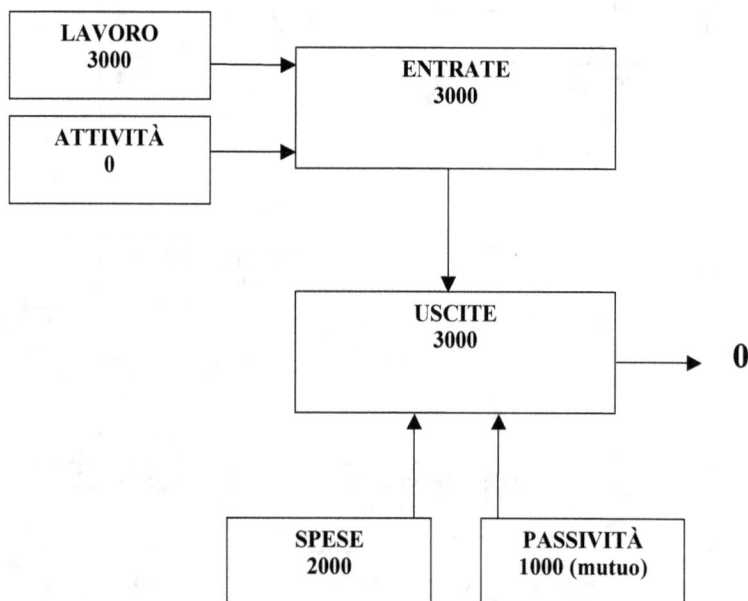

3. CLASSE RICCA

È la classe di persone che ha cash flow positivo, non tanto perché ha uno stipendio elevato o basse spese, ma perché ha attività ulteriori rispetto al proprio lavoro, che danno luogo a rendite automatiche costanti. Ecco il cash flow tipico della classe ricca.

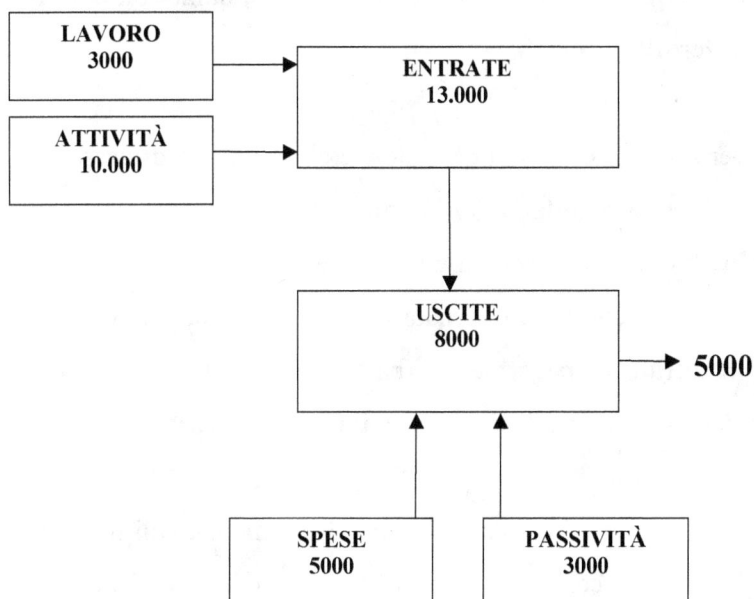

Nel caso del povero, possiamo notare che le entrate coincidono con il reddito che deriva dalla sua attività. Pensa al caso, che prima citavo, di una segretaria: ha il suo lavoro, la sua attività che le garantisce 1000 euro al mese; non ha la casa di proprietà, quindi non ha un mutuo che si situerebbe fra le passività, e tra le sue spese ci sono il cibo, le bollette, il cellulare e la benzina per arrivare in ufficio. Ha uscite per 1000 euro e quindi un cash flow pari a zero.

"Povero" nella teoria del cash flow è chi ha flusso di cassa pari a zero, come la segretaria dell'esempio. Non ha spese fisse, non ha rendite fisse, non ha che un lavoro e delle spese, come la maggior parte dei giovani. Se è fortunata vive ancora con i genitori, quindi non ha affitto da pagare e non ha altre spese oltre la ricarica del cellulare, la benzina, la cena fuori, il regalino, le scarpe.

Vediamo ora lo schema riferito alla classe media. Qui troviamo il professionista, come un avvocato o un medico, che percepisce uno stipendio mensile medio di 3000 euro. Ha la casa di proprietà perché, avendo da parte un po' di soldi, ha acceso un mutuo per 1000 euro al mese. Poi ogni tanto va a cena fuori, fa un regalo alla moglie, deve comprare i libri al figlio che va a scuola... fosse vero che per vivere gli bastano 3000 euro al mese! Se guadagna 3000 euro ha anche uscite per 3000 euro: quindi, anche in questo caso, un cash flow pari a zero. Tuttavia, diversamente dal povero, ha la casa di proprietà e sta pagando un mutuo, che quindi troveremo fra le sue passività. Ogni mese paga una rata di mutuo pari a 1000 euro e lo farà per trent'anni. Ciò vuol dire che non si può permettere nessun extra. Se vuole cambiare macchina deve aggiungere 200 euro di extra mensili fra le passività, con il conseguente aumento delle spese fisse. È la rappresentazione di una famiglia normale.

Passiamo ora ad analizzare, nello schema, la situazione del ricco. Il ricco lavora come il povero e l'appartenente alla classe media, percependo, ovviamente, uno stipendio medio-alto, diciamo 3000 euro mensili. In più, però, ha altre attività. Ha la sua società che gli assicura un utile aggiuntivo, le royalty relative alla vendita di un suo prodotto e, a fine mese, trova 10.000 euro aggiuntivi fra le attività, per un'entrata complessiva pari a 13.000 euro. Poi ha spese pari a 5000 euro, perché si gode la vita senza limitarsi in nulla. Ha delle passività? Sì, perché ha preso un prestito per un investimento immobiliare e paga una rata da 3000 euro al mese, quindi ha uscite per 8000 euro. Ha entrate pari a 13.000 euro e uscite pari a 8000 euro, quindi un cash flow finale positivo pari a 5000 euro.

La differenza sta soprattutto nel modo di vivere del ricco rispetto alle altre classi. Ci dobbiamo chiedere come organizzi le sue giornate e da dove derivino le sue entrate. Ad esempio, cosa succede se smette di lavorare per tre mesi? Se sciando si rompe le gambe, muore di fame? No, perché la sua attività va avanti, il suo prodotto continua ad essere venduto e le sue royalty arrivano ugualmente. Il ricco, per definizione, ha entrate e quindi *rendite fisse maggiori delle uscite*. Se l'ipotetico "ricco", cui lo schema si riferisce, avesse avuto attività per 5000 euro e uscite pari a 8000, non sarebbe stato comunque tale perché avrebbe avuto un cash flow negativo.

La ricchezza si può determinare in base al numero di mesi, giorni o anni per i quali potresti sopravvivere se smettessi di lavorare ora.

Se oggi perdi il lavoro, quanto tempo puoi sopravvivere?

Un mese? Dieci mesi? Un anno? Dieci anni? Dipende da quanti soldi hai da parte. Diciamo che hai spese fisse per 10.000 euro e 30.000 euro da parte. Puoi andare avanti per soli tre mesi e certo non è molto, se fai molti sacrifici puoi arrivare a un anno, ma poi, inevitabilmente, arriverà il crollo.

Che cosa succede a Robbins se smette di lavorare? Niente, perché le sue attività gli rendono fino a 100 milioni di euro. Quindi coprirà ampiamente ogni sua spesa, potrà accendere quanti mutui vorrà e avere una vita da sogno senza che accada nulla. Il mio vecchio avvocato, che fa parte della classe media, pur guadagnando molto bene non sarebbe in grado di sopravvivere se smettesse di lavorare, perché vive del suo lavoro. È un professionista ed è bravissimo, uno dei più stimati, ma se smettesse di lavorare avrebbe chiuso. Potrebbe andare avanti, al massimo, da uno a tre anni, a meno che non abbia investito con intelligenza in qualche attività o abbia immobili affittati.

SEGRETO n. 52: la prima analisi che il Financial Coach deve fare riguarda il cash flow del suo cliente, ovvero il suo flusso di cassa, che è uguale a entrate meno uscite.

Il "padre ricco" aveva detto a Robert Kiyosaki che per diventare ricchi era necessario acquistare attività. Mike e Robert si chiesero perché, pur essendo tanto semplice, non tutti applicassero questo principio. La risposta è che non tutti lo sanno fare, ma soprattutto in molti confondono attività con passività. Incredibile, sembra facilissimo ma non lo è.

Kiyosaki nel suo testo, molto semplice perché spiegato in un linguaggio quasi da bambini, definisce l'**attività** come qualcosa che aggiunge soldi al proprio portafoglio. Spesso le persone non capiscono, si confondono, si lasciano imbrogliare dal banchiere di turno, dal direttore di banca o dal proprio consulente. Cosa consigliano i consulenti? Di comprare la casa poiché, a loro dire, è il miglior investimento che si può fare e nel tempo si rivaluterà. Io penso che questa idea non sia esatta; infatti, non solo la possibilità che la casa si rivaluti è del tutto aleatoria, ma va anche detto che l'immobile di proprietà, nel nostro schema, si posiziona fra le passività. Certo! Infatti comporta spese e, per definizione, la **passività** è qualcosa che ti toglie soldi dal portafoglio. La gestione di una casa di proprietà comporta l'esborso di soldi fissi per il mutuo; in più è tua solo virtualmente, perché fino a che non estingui il debito la banca può togliertela se non paghi.

Io, ad esempio, per i primi vent'anni della mia vita ho vissuto in una casa in affitto, che ho sempre considerato mia perché ci sono nato e cresciuto. L'abbiamo modificata, ristrutturata come fosse stata la nostra, e quindi a me non è mai pesato che fosse o meno in affitto.

In realtà la casa è un'attività solo per la banca che concede il prestito: la banca, infatti, ha un cash flow invertito rispetto al debitore titolare del mutuo. Il mutuo, che per te è una passività, per la banca è un'attività. Ora ti chiedo:

Se avessi un milione di euro molleresti il tuo attuale lavoro?

Se hai risposto di sì significa che stai sopravvivendo, ovvero stai lavorando solo per ottenere i soldi che ti servono per arrivare a fine mese. Se hai risposto no, invece, significa che ami il tuo lavoro e non lo abbandoneresti in ogni caso. Se chiedessi la stessa cosa a me ti direi che non abbandonerei il mio lavoro neanche per cento milioni di euro, perché mi piace e mi appassiona. Amo lavorare per la formazione, mi fa stare bene, così come leggere e pubblicare libri utili per la crescita. Perché dovrei mollare? Non lo farei per nessun motivo al mondo! Rispondere alla domanda, quindi, è utile per capire se stai vivendo o sopravvivendo.

Robert Kiyosaki chiese al "padre ricco" e al "padre povero" quali fossero i motivi che li spingevano a svolgere il proprio lavoro. Il padre povero e istruito diceva di svolgere il proprio lavoro in funzione dei figli, perché stessero bene e per dare loro il necessario. Il padre ricco affermava di lavorare anch'egli per i figli, ma in modo diverso: voleva crearsi delle rendite per poter offrire loro il meglio e, contemporaneamente, per poter trascorrere più tempo assieme.

Infatti, qual è la differenza fra il ricco, chi appartiene alla classe media e il povero? Il ricco ha molto più tempo libero da dedicare alla famiglia. Non è solo questione di soldi, anche di tempo. Può smettere di lavorare o decidere di farlo con tempi meno rigidi. Può non alzarsi la mattina presto, non tornare la sera tardi. La possibilità di scegliere i propri ritmi di lavoro, infatti, è un grande privilegio.

Molto spesso sono proprio le convinzioni sulla ricchezza che impediscono alle persone di avere successo in questo settore. Si dice che i ricchi siano persone sole, o che per arricchirsi ulteriormente serva essere già ricchi di base. Ancora, si pensa che il denaro sia sporco, che i ricchi siano invidiati e quindi contornati da persone false. Il ricco, così come viene inteso da Kiyosaki, è, al contrario, semplicemente una persona libera.

Il padre povero diceva: «Tu, nella vita, devi cercare la sicurezza, il posto fisso, l'indipendenza economica.» Il padre ricco replicava: «Devi cercare la libertà, creare una tua impresa sviluppando la tua creatività; solo così otterrai la libertà finanziaria», che poi è l'obiettivo che vorrei tu ottenessi. Bisogna far sì che il proprio lavoro e la propria passione o interesse maggiore vengano a coincidere.

Se alla domanda che ti ho posto poco fa hai risposto che non cambieresti il lavoro, è perché già fai un lavoro che ti piace, hai già trovato il lavoro giusto: ora sta a te adeguarlo allo schema del ricco. Devi raggiungere l'obiettivo di non dipendere dal lavoro, altrimenti ne diventerai schiavo. Un mio parente, ad esempio, fa il fisioterapista; è molto bravo e tra consulenze private e lavoro in ospedale guadagna veramente tanti soldi. Ha anche una grande passione, ed è il free climbing.

Durante una delle sue arrampicate gli è capitato di rompersi una caviglia e da quel momento in poi sono iniziati i suoi problemi. Ha avuto complicazioni incredibili, ha dovuto tenere il gesso per sei mesi e per altri sei fare riabilitazione. Ovviamente, nelle sue condizioni non poteva proseguire il suo lavoro ed è stato fermo un anno. Fortunatamente la sua famiglia l'ha aiutato, altrimenti non ce l'avrebbe fatta.

SEGRETO n. 53: se non rinunceresti al tuo lavoro per niente al mondo vuol dire che hai trovato la collocazione più giusta; ma devi adeguarlo allo schema del ricco per non doverne dipendere.

Come dicevamo poco fa, per raggiungere la ricchezza è necessario acquisire una o più attività. C'è chi ne crea una dal nulla e ne diventa così titolare, c'è chi investe nelle attività degli altri o ancora chi, giocando in Borsa, acquista porzioni di società altrui. Io per un certo periodo ho fatto trading online su Google, motore di ricerca numero uno al mondo per efficienza e velocità. Il titolo, appena quotato in Borsa, era già valutato a 110 dollari; dopo poco tempo è arrivato a 300, ovvero si è triplicato, così come i soldi di chi vi ha investito, e ha toccato punte anche molto più alte.

Ora rifletti: quale rendita annua ti riconoscono in banca? Se va bene l'1-3 per cento. Pensa invece che immensa soddisfazione sia ottenere un guadagno pari al 300 per cento in pochi mesi: è certo un ottimo investimento. Se avessi saputo prima che il titolo avrebbe avuto un'impennata tanto esponenziale, vi avrei investito più denaro. La cosa che ti raccomando, quando decidi di investire, è di non toccare mai soldi che ti servono. Fallo solamente con soldi che ti avanzano, che tieni fermi su un conto.

Probabilmente in questo momento starai pensando che se è vero che il modo di diventare ricchi è acquisire attività, è anche vero che comprare un'attività costa. Servono molti soldi e tempo per individuare il giusto affare. So di persone che hanno creato un'attività da zero, me compreso, nel campo della formazione. Mi sono formato leggendo un'enorme quantità di libri e seguendo decine di corsi e master, facendo quindi un grosso investimento, anche finanziario, ma certo non me ne sono pentito. Ho lavorato sodo ma anche con intelligenza, e mi sono accorto di essere divenuto io stesso un valore perché posso aiutare gli altri.

Tra le persone più pagate al mondo, anche in Italia, vi sono ad esempio i presentatori tv, che fanno un lavoro molto simile al formatore. Tuttavia ai presentatori, come Fiorello e Bonolis, vengono proposti contratti miliardari per passare da una rete all'altra a condurre trasmissioni: perché? Perché sono divertenti, sono ironici e intrattengono. E questo è proprio ciò che desiderano tutti coloro che dopo una faticosa giornata di lavoro tornano a casa e vogliono solo distrarsi. Per raggiungere questi risultati è necessario lavorare con intelligenza, fare esercizi e metterli in pratica. A guardare lo schema del cash flow del ricco sembra tutto facile, che ci vuole? Compro delle attività, guadagno fino a 100.000 euro al mese e vado avanti benone, campando di rendita tutta la vita. In realtà non funziona esattamente così; occorre applicarsi, agire, pensare a delle strategie da mettere in atto.

Il primo passo consiste nel rendersi conto di quale sia la propria situazione attuale e capire qual è il cash flow che desideriamo.

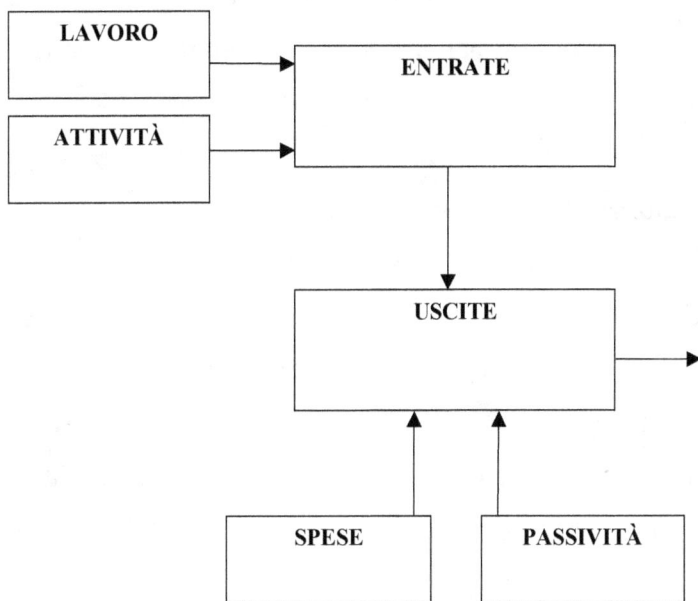

L'esercizio che dovrai fare adesso, quindi, consiste nell'analizzare la tua attuale situazione economica e capire a quale classe, a quale tipologia appartieni.

Sei hai un immobile affittato a qualcuno per la cifra di 2000 euro e spese per 2000 euro, puoi dirti ricco, perché non hai bisogno di lavorare. Le tue attività coprono da sole le spese, al di là del tuo reddito da lavoro. Se sei un professionista hai un buon lavoro, buone entrate, riesci ad avere un vita sociale appagante e a coprire spese e uscite come un mutuo o altro, ma hai un cash flow uguale a zero. Se sei povero hai uno stipendio non molto alto, uscite di importo identico allo stipendio, cash flow pari a zero.

Per analizzare la situazione attuale del cliente o la tua, ridisegna lo schema del cash flow su un foglio. Riempi i quadranti ricordando che le entrate sono date dal lavoro, dalle attività o da entrambe; le uscite dalle spese e dalle passività. Una volta fatta una schematizzazione del cash flow attuale, fanne una del cash flow desiderato, ovvero di come tu vorresti fosse la tua situazione finanziaria domani, o come il cliente vorrebbe fosse la sua. Forse il tuo cliente è stufo di essere povero o di rientrare in classe media; non gli basta più perché sa che c'è gente che vive una vita felice e spensierata godendosi i suoi soldi. La vita è una per tutti, il tempo è lo stesso per tutti, la giornata dura comunque ventiquattro ore; allora perché qualcuno è ricco e qualcuno no? Per diventare ricchi basta decidere di esserlo, intraprendere un'attività parallela al proprio lavoro perché, come ho già detto, è molto difficile e in ogni caso sconsigliabile mollare un lavoro dall'oggi al domani.

Ho un amico che si è lanciato nel multilevel marketing. Si tratta di società il cui scopo è quello di trovare sempre nuovi affiliati e, nel frattempo, vendere alcuni prodotti. Ha iniziato investendoci un paio d'ore la sera, non di più, e dopo un po' ha cominciato a percepire i primi guadagni. Certo, c'è voluta un po' di costanza, perché la maggior parte delle persone se non vede arrivare denaro da subito si demotiva e molla tutto. Se invece si crede in una data attività e ci si impegna, i risultati si vedono. Forse inizialmente non si guadagnerà moltissimo, 500-800-1000 euro, e la si può ancora tenere come attività parallela. Poi i guadagni iniziano a diventare più cospicui e qualcuno sceglie di farne la propria attività principale. Il mio amico, ora come ora, guadagna fino a 10.000 euro al mese.

Non dico che funziona sempre così; il multilevel marketing può essere un'idea, ma ce ne sono tante altre. Sta a te decidere l'attività più giusta per te, o sta al tuo cliente, se sei un Financial Coach. È comunque bene determinarsi anche in base alla propria creatività. Ciò che è certo è che in molti casi si può iniziare un'attività con un investimento pari a zero. Innanzitutto pensa a un'attività che ti appassiona, poniti un obiettivo e decidi in quanto tempo vorresti raggiungerlo. Datti al massimo uno-due anni di tempo, altrimenti rischi di dimenticarlo strada facendo. Se vuoi aumentare il tuo stipendio cerca di creare valore nell'azienda in cui lavori; nel frattempo, però, cerca di creare un'attività in parallelo per far innalzare sempre di più il tuo cash flow mensile. Non appena ti renderà abbastanza, potrai decidere di mollare l'attività principale per questa.

Allora, ricapitolando, schematizza cash flow attuale e desiderato, hai dieci minuti di tempo. Ricorda che è importante, nell'immaginare il cash flow desiderato, indicare nei riquadri cifre reali, quindi quelle che realmente vorresti raggiungere da qui a un certo tempo. Nella maggior parte dei casi si realizza esattamente quell'obiettivo, se non di meglio.

SEGRETO n. 54: per diventare ricchi è utile intraprendere un'attività parallela a quella che si ha; è difficile e comunque sconsigliabile lasciare il proprio lavoro dall'oggi al domani.

C'è un altro importante segreto che ci svela Robbins: per acquistare lo status di ricco è importante frequentare un gruppo di persone ricche, ovvero un **gruppo di pari**, concetto al quale abbiamo già accennato in precedenza. Se sei povero e continui a frequentare sempre lo stesso gruppo di poveri, rimarrai tale. Allo stesso modo, se sei una persona super-motivata e frequenti persone negative, quelle persone tenderanno a limitarti. Robbins, per rientrare in quella cerchia, ha iniziato a frequentare un gruppo di persone con standard elevatissimi, e in breve tempo è divenuto uno di essi. Oggi ha creato l'Anthony Robbins Platinum Partnership, un club d'élite attraverso il quale organizza delle vacanze extralusso alle quali partecipano soggetti ricchissimi, imprenditori, investitori e così via. Per essere uno dei fortunati membri occorre versare una cifra annuale pari a un milione di dollari, più una percentuale dei propri profitti, nel frattempo aumentati.

Qual è il beneficio? Non tanto quello di vivere una vacanza esclusiva e dire di averla fatta, quanto piuttosto quello di fare coaching con Anthony Robbins a un livello personalizzato, di avere uno scambio di idee con lo stesso Robbins e con gli altri partecipanti, personaggi che hanno saputo creare ricchezza dal niente. Scambiare idee può valere davvero tanti soldi, anche più del milione di dollari pagato per entrare nel club. In più si trascorrono delle bellissime vacanze e alla fine ci si rende conto che comunque quei soldi sono stati spesi bene.

Cosa succede se una persona con standard elevati incontra una persona con standard bassi? C'è uno scontro, non sempre l'uno riesce ad adeguarsi all'altro. Io, ad esempio, ho innescato una lotta senza esclusione di colpi con il muratore che mi sta ristrutturando la casa. Lui ha standard bassissimi, io elevatissimi. Lo stesso bagno che per lui era stato piastrellato bene, per me era stato montato malissimo. Gliel'ho fatto smontare, ma me l'ha rimontato male perché l'ha fatto secondo i suoi standard. Non posso pretendere di cambiare gli standard di una persona, tanto più se non le interessa per nulla cambiarli. Certo non mi sono adeguato io: ho cambiato muratore. Se frequenti persone di un certo tipo, tenderai a livellarti. Questa è una regola generale che vale per la ricchezza, gli standard, la qualità e così via.

Conosco una persona che ha standard di qualità elevatissimi, e per questo motivo abbiamo effettuato assieme il controllo di qualità dei miei videocorsi. Visionando il materiale assieme, con grande attenzione, eravamo certi che non sarebbero rimaste imperfezioni, e questo è importantissimo. È importante frequentare persone che possano darti spunti positivi, che spingano verso il meglio.

Perché seguire un corso di formazione è bello? Non solo per la formazione in sé, ma perché è un'ottima opportunità per incontrare persone che condividono i tuoi stessi obiettivi, che vogliono crescere e migliorarsi, che hanno interessi simili ai tuoi e possono fornirti nuove idee e spunti. Questo punto è importantissimo. Chi è un abituale frequentatore dei miei corsi tende a incontrare persone che fanno un percorso simile o identico al suo e potrà confrontare idee, opinioni e risultati. Magari le rincontrerà fra alcuni mesi e avrà modo di confrontarsi sul raggiungimento o meno di un dato obiettivo che avevano stabilito assieme. Te lo dico perché a me è successo.

Tempo fa, a un corso di PNL, ho rincontrato una persona che aveva seguito con me il primo corso di specializzazione; vedendomi mi ha chiesto se avessi poi raggiunto il mio obiettivo di cambiare casa. Devo dire che sono rimasto sbalordito perché l'avevo fatto da pochissimo e per una serie di circostanze del tutto casuali delle quali questa persona non poteva sapere assolutamente nulla. Gli chiesi come poteva saperlo e lui mi rispose di essere stato mio partner durante quel corso e di aver stabilito quell'obiettivo con me. Io avevo deciso di cambiare casa entro un anno, l'avevo fatto ed erano passati solo sei mesi, quindi avevo raggiunto la mia meta prima del previsto.

Durante quel corso, un altro obiettivo che mi ero prefisso di raggiungere era diventare formatore, e in quel momento già facevo formazione da circa un mese. Dunque avevo raggiunto anche quella meta. La cosa fondamentale è che durante il corso avevo messo per iscritto i miei obiettivi; nello scrivere un nostro obiettivo nero su bianco, infatti, focalizziamo il cervello a raggiungerlo, e per questo, come ho detto in precedenza, lo sentiamo immediatamente più vero e attuabile. Se hai letto *La Nuova Legge di Attrazione* sai di cosa parlo: se ti poni obiettivi chiari, specifici e ben formulati il cervello si focalizzerà su di essi e li raggiungerai in automatico.

Io, più di cinque anni fa, avevo stabilito quanto volevo fatturare ogni mese con la società e ho raggiunto esattamente quell'obiettivo. Tutti i mesi ho seguito esattamente la scala che mi ero imposto, anno dopo anno. Addirittura mi sono pentito di essermi tenuto sin troppo basso. Mi sono detto: «Se il cervello è così preciso da farmi raggiungere l'obiettivo con uno scarto dell'uno per cento, o è un miracolo o è accaduto che nei mesi in cui ero ancora lontano dal raggiungerlo, per volontà di farlo, mi sono dato ancora più da fare. Nei mesi in cui invece l'ho raggiunto facilmente non ho fatto nulla in più.»

Quindi, nel dubbio, conviene tenersi alti, mirare a uno standard elevato, perché raggiungerlo sarà automatico. La PNL dice: «Mira all'eccellenza, male che vada arriverai a un ottimo risultato.» Se miri da subito a un ottimo o a un buon risultato, rischi di arrivare semplicemente alla sufficienza. Se vuoi che il tuo cash flow abbia un positivo di 20.000 euro al mese scrivilo, non ti limitare a 10.000. Se qualcosa dovesse andare storto ne raggiungerai 15.000, si tratterebbe comunque di una cifra più alta di 10.000 e andrebbe ugualmente bene.

SEGRETO n. 55: per acquistare uno status di ricco è importante frequentare un gruppo di persone ricche, ovvero un "gruppo di pari"; in questo modo tenderai a livellarti.

Chi ha delle società nelle sue mani deve puntare in alto, non limitarsi a poco. In un anno può succedere di tutto. Io, ad esempio, ho un obiettivo da qui a un anno che è inimmaginabilmente alto e non ho la più pallida idea di come farò a raggiungerlo. Ciò che so è che sino ad ora ho sempre raggiunto gli obiettivi che mi ero prefisso e quindi prima o poi ci arriverò. È vero, ora non avrei gli strumenti per poterlo raggiungere, ma diverso tempo fa non mi sarebbe certo venuto in mente di poter realizzare dei videocorsi o degli ebook, che sono stati la vera svolta per il mio cash flow. Probabilmente potrei smettere di lavorare perché gli ebook e i videocorsi lo farebbero per me. Ricorda che quando vuoi raggiungere un risultato il cervello si impegna di più. Deve essere così, altrimenti rischiamo di sprecare il nostro tempo.

È anche importante un concetto che mi ha fatto venire in mente una persona dicendomi: «Io lavoro tanto e bene per un'azienda, però non vengo apprezzato. Ho cercato di far capire le mie idee ma il mio capo sembra non dar valore a ciò che dico. Come posso fargli cambiare idea?» Questa è una buona domanda, tuttavia c'è un controsenso di base che va specificato.

Per chi lavora il povero? Non per avvantaggiare se stesso o la sua famiglia, non per la sua felicità ma per qualcun altro: il capo, il direttore o l'azienda. Il professionista, che appartiene alla classe media, avrà un suo studio privato dove svolge la sua attività. Lavora per se stesso? In primo luogo per lo Stato, perché più il suo stipendio è alto, più tasse paga e lo Stato è contento. In secondo luogo per la banca, perché ogni mese le paga 1000 euro di mutuo. La banca, ovviamente, è ben felice di avere quella rendita, come quella di altre centomila persone. Il ricco, tu dirai, a maggior ragione, guadagnando molto denaro pagherà molte tasse. Non è assolutamente così, il ricco diviene sempre più ricco senza essere penalizzato e ora ti spiego il perché. Un buon dipendente ha, in media, uno stipendio di 3000 euro, sul quale vengono imposte tasse tali da assorbirne quasi la metà. Restano 1500 euro che può spendere liberamente. L'imprenditore incassa, tramite la sua società, 10.000 euro, che però non vengono tassati immediatamente, ma solo dopo che l'imprenditore ha speso liberamente.

L'ordine è invertito rispetto al dipendente: la tassazione arriva in un momento successivo, e su ciò che rimane si pagano le tasse. Quindi, se l'imprenditore guadagna 10.000 euro e ne spende altrettanti, non paga tasse. In linea di massima, il nostro sistema tributario è organizzato così.

Al contrario, su uno stipendio pari a 10.000 di un dipendente, saranno nella sua reale disponibilità solo 5000 euro. L'imprenditore, infatti, attraverso la società può scaricare tantissime spese. Perché l'imprenditore ha la Mercedes che costa

100.000 euro? Perché all'impresa costa meno, dal momento che la detrae. Un privato che vuole comprare una Mercedes da 100.000 euro ne deve guadagnare 200.000, perché 100.000 vanno via in tasse e altre 100.000 per la macchina.

Quindi il ricco usa la sua struttura, la sua società anche per scaricarsi alcune spese; il telefonino, ad esempio, lo intesta alla società. Quanti hanno il cellulare intestato alla società? Così anche la macchina, la benzina e l'aereo: tanto si tratta di viaggi di lavoro. Molti si organizzano in questo modo, pagando meno tasse rispetto alla classe media e al povero. La segretaria, infatti, paga più tasse del ricco. Secondo te è giusto? Io penso di no, ma queste sono le leggi. Sto parlando di cose legali, è semplicemente il modo in cui funzionano le società. Le società, infatti, vengono tassate sull'utile, ovvero su ciò che resta dopo che l'imprenditore ha disposto liberamente del suo denaro, e non sul fatturato, altrimenti andrebbero fallite.

Se il ricco ha pochissime spese, perché le accolla tutte alla società, per chi lavora? Per se stesso. Secondo ciò che ho detto, sembra non ci sia altra soluzione che aprire una società.

SEGRETO n. 56: il povero lavora per qualcun altro mentre il ricco lavora per se stesso e paga meno tasse del povero grazie alla sua azienda.

RIEPILOGO DEL GIORNO 8:

- SEGRETO n. 50: per fare soldi non è necessario lavorare duramente, piuttosto occorre farlo con intelligenza.

- SEGRETO n. 51: per creare ricchezza devi creare attività e non aspettare che il lavoro arrivi da altri; devi far sì che il denaro produca denaro, che i soldi lavorino per te e non il contrario.

- SEGRETO n. 52: la prima analisi che il Financial Coach deve fare riguarda il cash flow del suo cliente, ovvero il suo flusso di cassa, che è uguale a entrate meno uscite.

- SEGRETO n. 53: se non rinunceresti al tuo lavoro per niente al mondo vuol dire che hai trovato la collocazione più giusta; ma devi adeguarlo allo schema del ricco per non doverne dipendere.

- SEGRETO n. 54: per diventare ricchi è utile intraprendere un'attività parallela a quella che si ha; è difficile e comunque sconsigliabile lasciare il proprio lavoro dall'oggi al domani.

- SEGRETO n. 55: per acquistare uno status di ricco è importante frequentare un gruppo di persone ricche, ovvero un "gruppo di pari"; in questo modo tenderai a livellarti.

- SEGRETO n. 56: il povero lavora per qualcun altro mentre il ricco lavora per se stesso e paga meno tasse del povero grazie alla sua azienda.

GIORNO 9:

Modellare i ricchi

In questa pagina puoi vedere rappresentato lo schema **DATI** che discende dalla **Teoria dei quattro quadranti** ideata da Robert Kiyosaki e illustrata nel suo libro *I Quadranti Cashflow*, di Gribaudi.

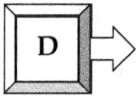 DIPENDENTE

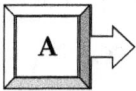 AUTONOMO

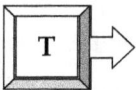 TITOLARE D'IMPRESA

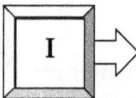 INVESTITORE

Dove ti collochi o, altrimenti, dove si colloca il tuo cliente? È dipendente? Autonomo? Ha un'impresa o investe? Ogni persona può posizionarsi contemporaneamente in più di un quadrante. Il ricco, ad esempio, non solo ha una sua impresa della quale è titolare, ma può contemporaneamente essere anche dipendente. Nel mio caso non solo sono titolare di Bruno Editore, ne sono anche dipendente, perché sono amministratore e svolgo, a favore dell'azienda, il mio lavoro anche come autore. Quindi, percependo anche uno stipendio come amministratore, sono sia dipendente che titolare d'impresa.

Perché è importante questo schema? Per capire dove si è oggi, dove si vuole andare e che strada si vuole intraprendere. Quindi è utile per aumentare la propria consapevolezza. Se il tuo cliente è dipendente ha buone probabilità di avere lo schema da dipendente e quindi da povero. Se è un autonomo probabilmente apparterrà alla classe media, quindi sarà un professionista; avrà un buon lavoro e un buon reddito, ma nessuna rendita o attività. Vivrà bene finché lavora; lo stesso discorso, ovviamente, è applicabile anche a te. Pensa anche agli sportivi più pagati del mondo. Schumacher, ad esempio, guadagna fino a 100 milioni di dollari l'anno, ovviamente sono talmente tanti soldi che li investirà. Non tutti, però, li sanno gestire con intelligenza, molti sperperano le proprie fortune. Pensa a Tyson che, essendo anche più ricco di Schumacher, ha dilapidato la sua fortuna e ora, per poter vivere, si ritrova a fare la comparsa o l'ospite nei locali. Alcuni vincitori di lotteria si sono bruciati l'intera vincita. Perché accade questo? Perché se non si ha il giusto "set di convinzioni", se non si è in grado di gestire il proprio denaro, si è più inclini a sbagliare o a farsi mal consigliare.

Infatti è anche importante seguire i giusti consigli. Chi decide di investire non si fa consigliare dal cassiere della banca che non ha un euro, piuttosto accetta indicazioni da qualcuno che ben riesce nell'intento di investire e guadagnare, quindi da un ricco.

Impareresti a sciare da chi non sa farlo?

Impareresti a investire da chi non è preparato e non conosce le giuste strategie? Chi si diverte a perdere i propri soldi?

Ciò che consiglia di fare la PNL è di prendersi la responsabilità della gestione del proprio denaro, indipendentemente dal fatto che una persona lavori da dipendente, da libero professionista o che sia ricca. Male che vada sbaglia, così come può sbagliare il consulente, però almeno impara dai propri errori e aumenta la sua conoscenza dell'ambiente nel quale ha deciso di muoversi.

SEGRETO n. 57: fa' sì che il tuo cliente si prenda personalmente la responsabilità della gestione del suo denaro, che sia dipendente, libero professionista o ricco.

Torniamo al nostro schema **DATI** e, aiutandoci con la tavola sottostante, individuiamo le caratteristiche delle varie categorie.

D COME DIPENDENTE	- ha l'obiettivo di arrivare a fine mese e riuscire a far sopravvivere se stesso e la sua famiglia col suo stipendio; - sa che a fine mese lo percepirà e cerca di fare del suo meglio, ma non conoscerà mai il suo vero valore; - ha un rendimento mensile pari a zero; - la sua strategia per diventare ricco consiste nell'affidarsi alle lotterie: vuole tutto e subito. Ma la fortuna non basta. Il dipendente potrebbe non essere in grado di gestire una grande somma frutto di un'eventuale vincita.

A COME AUTONOMO	- il suo obiettivo è la sicurezza a lunga scadenza, ma la sua pensione non sarà un granché; - esige uno standard di vita perlomeno medio; - può ottenere un rendimento annuo dalla sua banca pari al massimo al 2 per cento; se investe con intelligenza, potrà ottenere il 10 per cento in più l'anno; - pensa che per fare soldi sia necessario lavorare duro per tutta la vita, tuttavia potrebbe trovarsi di fronte a una situazione critica: non avere lavoro o averne troppo e non sapere come gestirlo.
T COME TITOLARE D'IMPRESA **I COME INVESTITORE**	- sono ricchi e tengono alla propria libertà; vogliono divertirsi e godersi la vita avendo tempo per curare altri interessi oltre al lavoro; - hanno standard elevatissimi che vanno ben oltre l'ordinario. Se fissano uno standard non accettano assolutamente di andarvi al di sotto; non si accontentano delle briciole e vogliono ottenere il 100, il 1000 per cento; - creano prodotti, comprano o investono in aziende che conoscono. Investire in attività significa lavorare con intelligenza.

Secondo te il dipendente che obiettivo ha? Quello di sopravvivere, di arrivare sino a fine mese, di campare. Deve guadagnare abbastanza per dare da mangiare ai figli, alla moglie e a se stesso, per andare una volta al mese a cena fuori, per comprarsi degli abiti, quindi, più che per vivere per sopravvivere. L'autonomo, invece, che guarda molto più avanti, dice a se stesso: «Sto lavorando, sono un professionista e spero un giorno di ottenere una buona pensione.» Quindi il suo obiettivo è la pensione, la sicurezza a lunga scadenza; questo è in genere l'obiettivo della classe media.

Tuttavia la pensione, un giorno che l'avrà, non sarà certo la grande rendita che crede, perché oggi è una sorta di miraggio, non è più così sicura, e certamente, nella maggior parte dei casi, non sarà neanche così cospicua. Pensaci: vuoi portare secchi o costruire il tuo acquedotto? Meglio lavorare con intelligenza finanziaria.

I titolari d'impresa, gli investitori e i ricchi in generale hanno come obiettivo la libertà. È molto semplice: per me l'obiettivo è una sempre maggiore libertà, perché per il ricco il valore più importante è la libertà finanziaria, che si traduce in una migliore qualità della vita.

Io ho un amico che si sveglia tutte le mattine molto presto per andare a lavorare, rientra la sera alle sei, cena e poi non sa che fare. Mi chiama e mi dice: «Che facciamo, usciamo?», ed io: «Sì, ma per andare dove?», e lui: «Boh, non lo so, basta che usciamo!» Giustamente, dopo una giornata di lavoro uguale a mille altre, sempre la solita routine, la sera ha voglia di uscire anche senza una meta. Io, invece, che sono abbastanza libero nella vita, non esco volentieri senza un obiettivo preciso. Anche se può capitare anche a me di voler semplicemente fare due passi, all'uscire tanto per uscire io preferisco stare a casa a leggere un buon libro.

In ogni caso ricorda che la libertà è la cosa più importante, è l'obiettivo più ambizioso che ci si possa prefiggere, anche più della sicurezza che può dare un posto fisso. Certo, la stabilità fa sentire bene, dà maggiori certezze, i genitori sono più contenti, ma posiziona invariabilmente o nel quadrante del dipendente o in quella dell'autonomo.

SEGRETO n. 58: l'obiettivo di chi è ricco è una maggiore libertà che si traduce in una migliore qualità della vita.

La differenza fondamentale fra i quattro tipi di lavoratori è la visione che hanno della propria vita. Il dipendente si preoccupa di come arrivare a fine mese, l'autonomo vive bene la sua vita e cerca di ottenere una buona pensione, mentre i ricchi (titolari e investitori) tengono principalmente alla propria libertà. Vogliono divertirsi e godersi la vita avendo tempo per curare altri interessi oltre al lavoro. La gestione degli obiettivi, degli standard è qualcosa di importantissimo.

Un mio parente, ad esempio, fa l'imprenditore ma lavora tutto il giorno tutti i giorni, anche se potrebbe non farlo; a mio avviso è troppo. Ama lavorare, ma non è il caso di arrivare la sera distrutto. Tra l'altro non si prende mai una vacanza, e questo è sbagliato. Infatti occorre tenere a mente l'obiettivo fondamentale: si lavora per soldi, è chiaro, ma il denaro non è un valore, è un mezzo per ottenere valori come la serenità, la libertà e la felicità.

A seconda del tipo di lavoratore gli standard saranno diversi. Il dipendente sa che a fine mese percepirà 1000 euro, lavora cercando di fare del suo meglio, ottiene quanto gli è dovuto e gli va bene, ma non conoscerà mai il suo vero valore. L'autonomo esige uno standard perlomeno medio, vuole un certo tipo di vita, ci tiene ad andare a cena fuori, che i figli vestano bene, vadano a una buona scuola e così via. I ricchi, infine, hanno standard elevatissimi che vanno ben oltre l'ordinario. Non si accontentano, e se fissano un dato standard non accettano assolutamente di andarvi al di sotto.

Un giorno Anthony Robbins si rese conto di aver toccato il fondo e prese la decisione di riscattarsi dalla sua situazione. Decise di non accettare più standard tanto bassi; li ha elevati e ha iniziato ad agire, a lavorare, arrivando infine al successo. Ma a quel punto non si è accontentato, e ha fissato standard sempre più alti. Ha acquistato un castello sulla spiaggia, che era uno dei suoi obiettivi, accendendo un mutuo milionario e pagando una rata mensile di 20.000 dollari. Il problema era che a quell'epoca lui guadagnava non più di 4000-5000 dollari al mese. Essendosi posto un obiettivo tanto ambizioso, e sapendo che altrimenti l'avrebbe perso, si impegnò tanto da guadagnare 20.000 dollari al mese. Per questo ti consiglio di tenerti alto, perché arriverai comunque a guadagnare di più.

I dipendenti, non avendo rendite e attività, hanno un rendimento mensile pari allo zero. L'autonomo dalla sua banca può ottenere un rendimento annuo che arriva a un massimo del 3-4 per cento; se investe con intelligenza potrà ottenere il 10 per cento in più all'anno. E il ricco? Ovviamente non si accontenta delle briciole, perché ha degli standard molto elevati e vuole ottenere il 100 per cento, il 1000 per cento. Se qualcuno gli propone un investimento pari al 10 per cento, ti risponde che non ha tempo da perdere. Perché? Perché se ha dei soldi, come ce li ha, e li investe in un rendimento pari al 10 per cento, non potrà poi più investirli in un rendimento pari al 100 per cento nel momento in cui gli capita.

In realtà il ricco è solo qualcuno che ha rendite maggiori delle spese, quindi si può essere ricchi anche con 2000 euro al mese in più nel cash flow. Se poi decide di mettere da parte quei 2000 euro e arriva a 20.000, può anche decidere di accettare un investimento al 10 per cento; certo, lo può fare, però poi ha finito perché tutto ciò che aveva l'ha vincolato a questo investimento. Se invece non ha fretta e può aspettare l'occasione giusta, quando questa arriva può investire al 50 o al 100 per cento. Se, ad esempio, ti avessi proposto di investire sulla mia casa editrice, ti avrei fatto guadagnare ben più del 10 per cento. Quindi bisogna imparare a cogliere le giuste occasioni e non accontentarsi.

Della banca non ci si può accontentare. Io tenevo la maggior parte dei miei soldi in una banca che mi dava lo 0,01 per cento di rendimento annuo. Non ho atteso di perdere ancora soldi e possibilità, ho trasferito i soldi in un'altra banca in cui mi danno il 4 per cento. Oggi l'offerta permette di scegliere per il meglio in questo senso. Se i soldi ti servono per la gestione mensile della famiglia, più che farli stare fermi in un conto che ti rende lo 0,01 annuo ti conviene farli stare fermi in un altro conto che ti rende il 4 per cento. Ciò servirà anche a far capire al direttore di quella banca che non siamo degli sciocchi e che ci rendiamo conto che ci stanno facendo perdere tempo e soldi. I soldi che metti in banca, infatti, non stanno certo fermi ma vengono impiegati in mutui e investiti in attività a tassi ben più elevati dello 0,01 per cento. Il non accontentarsi di ciò che offre la prima banca che hai trovato a caso, ma cercarne una con tassi migliori, rientra sempre nel discorso dell'innalzamento dei propri standard.

Io, ad esempio, ho visto amici e parenti investire in immobili e fare affari colossali. Un mio ex-vicino di casa ha acquistato all'asta, per 400.000 euro, una casa che vale più del doppio. Gli è andata veramente bene perché così non solo è rientrato del suo investimento, ma ci ha guadagnato ancor di più. In realtà gli è andata ancora meglio, perché lui, di suo, ha investito solo 50.000 euro, poi ha acceso un mutuo e il resto lo ha pagato la banca. Lui ha ottenuto circa 900.000 euro e ora può ripagarsi con calma il mutuo. Se si hanno dei soldi da parte, è anche intelligente acquistare un immobile e affittarlo, perché con l'affitto si paga il mutuo e ci si ritrova un immobile praticamente gratis.

Io ho visto case acquistate con mutui da 1000 euro al mese ripagati non dal proprietario ma dall'affittuario. Poniamo che tu compri una casa dando un anticipo e accendendo un mutuo pari a 1000 euro. Poi la affitti a 1500 euro mensili, e così facendo non solo ti ripaghi il mutuo ma ti restano dei soldi in più da gestire come vuoi. A questo punto, hai 500 euro in più nel cash flow; tra l'altro, una volta estinto il mutuo, dopo dieci o vent'anni, ti ritroverai proprietario di una casa che nessuno potrebbe più toglierti. Per fare soldi, quindi, più che altro ci vuole testa, psicologia.

SEGRETO n. 59: a seconda del tipo di lavoratore gli standard saranno diversi: il dipendente si accontenta del suo stipendio, l'autonomo si industria per mantenere un tenore di vita medio e assicurarsi la pensione, il ricco, che non si accontenta delle briciole, ha standard elevatissimi.

Che strategie ha il dipendente? Certo vorrebbe essere ricco, chi non lo vorrebbe? Però cosa fa? Vuole tutto e subito; quindi spende soldi in lotterie come il Lotto e il Superenalotto. Il Superenalotto è arrivato a cifre davvero spaventose, 60 milioni di euro. Più le cifre sono alte e più tutti vanno a giocare perché sperano nel colpo di fortuna.

Tuttavia la fortuna non è sufficiente, serve anche una testa pensante che sappia gestire in modo giusto i soldi che, per un colpo di fortuna, si potrebbero vincere. La ricchezza, infatti, non dà la felicità, su questo siamo d'accordo. Una persona può avere tanti soldi ed essere infelice. Ve ne sono testimonianze tutti i giorni! Figli di ricchi che si drogano e si suicidano, soldi vinti alla lotteria e poi totalmente bruciati. Molto meglio riflettere, lavorare con intelligenza e costruire il proprio acquedotto.

L'autonomo pensa che per fare soldi sia necessario lavorare duro tutta la vita. Ma qual è il problema del lavoro del professionista? Se non è particolarmente bravo le cose non vanno bene e non ha un guadagno; se è molto capace a un certo punto avrà talmente tanti clienti che non riuscirà più a gestirli, e soprattutto non avrà più tempo per vivere. In entrambi i casi non va bene.

Il ricco e l'investitore, invece, creano, comprano o investono in attività. Creano prodotti o investono in aziende che conoscono. Quando io investo dei soldi in azioni Google, sto comprando il tempo, le risorse e il lavoro di persone che lavorano in quella società. Investire in attività significa lavorare con intelligenza. Ricordi? Acquedotto e secchi d'acqua.

Dalle convinzioni dipende il nostro modo di pensare e il nostro atteggiamento mentale. Il dipendente pensa che se è vero che ci vogliono i soldi per fare i soldi, lui non ne ha, e quindi non ha possibilità di riscattarsi. In realtà, come sai, non è così; io conosco persone che si sono arricchite partendo da zero. Parlando solo del campo immobiliare, si possono fare affari incredibili grazie all'uso delle **opzioni**. Puoi trovare persone che hanno bisogno di un realizzo immediato, e che quindi sono disposte a venderti un immobile a un valore molto al di sotto di quello reale.

Per esempio, il proprietario di un immobile che vale 500.000 euro te lo venderebbe a 400.000. Tu gliene offri 350.000, lui accetta e tu, su questa base, gli fai firmare un'opzione. A questo punto hai il diritto, e non il dovere, di comprarla a quella cifra, e il prezzo dell'immobile è bloccato a tuo favore per la durata dell'opzione, che ragionevolmente si aggira sui tre mesi. Il massimo che può succedere, se decidi di non comprarla, è perdere il valore dell'opzione, che in questo caso potrebbe essere di 5000 euro.

Ora l'importante è reperire i soldi. Quindi, che fa il ricco? Per far fronte all'opzione non cerca soldi ma mette di nuovo in vendita la casa a un prezzo superiore che va dai 400.000 euro in su. Al peggio la venderà a 400.000, perché a quel prezzo l'immobile è comunque svalutato e si venderebbe subito. Alla persona che acquisterà trasferirà non la titolarità dell'immobile, che ancora non possiede, ma dell'opzione. Per cui, l'acquirente la paga 400.000 euro e il ricco, che la paga 350.000 euro, avrà la differenza di 50.000 euro che avrà guadagnato partendo dai 5000 euro di costo dell'opzione. Si può fare, ma non sono in molti a conoscere queste strategie. Io credo che i Berlusconi e tanti altri che hanno fatto affari in pochi anni nel settore immobiliare siano diventati miliardari così, partendo da zero. Ci vogliono soldi? No, non per forza, non a tutti i costi.

Ad esempio, io potrei chiederti se sai cucinare un hamburger migliore di quelli di Mc Donald. Se mi rispondi di sì allora mi dovresti anche dire perché non sei altrettanto ricco. Il signor Mc Donald, tempo fa, ha tenuto una conferenza e ha chiesto al pubblico se immaginava di quale business lui facesse parte. Tutti hanno risposto in coro che il suo business è quello degli hamburger. Lui ha replicato che in realtà non era quello, quanto piuttosto il campo immobiliare. Infatti il signor Mc Donald non si occupa dei singoli ristoranti, che fanno tutti parte di una rete di franchising. In realtà ha rendite sia dal franchising che dall'affitto dei singoli immobili di cui è divenuto proprietario facendo pagare il mutuo agli affittuari. Anche in questo caso non occorre essere ricchi quanto lavorare con **intelligenza finanziaria**.

Se a una persona qualsiasi fornissi 10.000 euro da gestire liberamente e le dessi appuntamento tra un anno per chiederle cosa ne ha fatto, cosa pensi che succederebbe? Probabilmente non avrebbe più nulla in mano, avrebbe speso tutto, esattamente come l'80 per cento delle altre persone cui lo potrei chiedere. Li avrebbe bruciati in manutenzione della macchina, vestiti, gioielli, figli e altro. Ci vuole poco per spendere 10.000 euro. Il 16 per cento del mio campione tornerà con 10.300 o 10.500, quindi con una piccola maggiorazione. Probabilmente li avrà investiti in qualcosa, li avrà tenuti in banca per ottenere quel 3-5 per cento di rendimento. Atteggiamento tipico della classe media. Poi ci sarà un 4 per cento del campione che, lavorando con intelligenza finanziaria, tornerà con una cifra fra i 20.000 e il milione di euro.

SEGRETO n. 60: per diventare ricchi non servono a tutti i costi soldi cui attingere, basta avere le giuste convinzioni e lavorare con "intelligenza finanziaria", adottando le strategie più idonee.

Abbiamo osservato il modellamento fatto sui poveri, sulla classe media e la classe ricca, quindi sui dipendenti, gli autonomi, i titolari d'impresa e gli investitori. Ciò che li distingue non è un comportamento, un modo di comunicare o un obiettivo: sono le convinzioni, quindi la differenza riguarda un livello molto profondo. Il padre ricco di Robert Kiyosaki, seppure in un dato momento si trovasse al verde, sentendosi ricco continuava a ragionare e agire da tale. Il padre povero, invece, sentendosi di vivere sempre al limite della sopravvivenza, non intendeva correre rischi di sorta a livello finanziario. Questo atteggiamento va anche oltre le convinzioni, investe l'identità di una persona indipendentemente dalla quantità di denaro che ha in banca.

Infatti il padre ricco continuava a sentirsi tale, anche quando non aveva un soldo in tasca perché un affare era andato male e aveva parecchi debiti. Questo capita anche ai grandi finanzieri. Si sentono ricchi, sono ricchi, si comportano da ricchi e hanno le convinzioni dei ricchi. Robbins, a questo proposito, racconta che a un certo punto della sua vita, quando gli affari andavano benissimo, si trovò coinvolto in una situazione incresciosa: scoprì che il suo socio lo aveva truffato sottraendogli illecitamente 800.000 dollari, creando così un grosso buco nelle finanze dell'azienda. Un fatto simile sarebbe un problema per qualsiasi azienda, dalla più piccola alla più grande, perché comunque vi sono scadenze da onorare, pagamenti da effettuare e fornitori da soddisfare. Si trovò dunque a ripartire da zero, ma fortunatamente a quel punto aveva acquisito un altro tipo di ricchezza: quella data dalla sua esperienza, dalla sua capacità di comunicare, dalle sue doti di leadership e dalla sua ampia rete di relazioni.

Si dice che la cosa più difficile sia passare da zero a un milione di euro, mentre è facilissimo passare da un milione a due milioni di euro. Infatti, quando si è già raggiunto una prima volta questo obiettivo, si ha già in mano qualcosa che vale e si sa già come fare per ottenerlo di nuovo. Prova a immaginare di aver già guadagnato il tuo primo milione di euro. Come ti senti? Che cosa faresti per arrivare ad avere due milioni avendo già in mano un milione?

Applichiamo questa domanda al nostro schema base del cash flow. Per il dipendente il salto più difficile è certo di ordine psicologico; lui pensa che ci potrà arrivare solo vincendo alla lotteria, ma quante probabilità ha? Poche, una su milioni. L'appartenente alla classe media crede di poter vivere la propria esistenza con tranquillità, pensando all'istruzione dei figli, a mandarli all'università, a fare qualche bella vacanza e ad avere una bella macchina. Tempo libero? Ben poco. Il ricco, invece, punta alla libertà, ad avere molto tempo libero da dedicare a ciò che lo appassiona, e il suo lavoro è una delle sue passioni; è questa la differenza. Il mio lavoro mi appassiona ed io, non appena ho un po' di tempo libero, cioè spesso, leggo libri. Questo mi aiuta nella mia crescita personale e nel mio lavoro, e mi dà la possibilità di essere libero. È un circolo virtuoso per il ricco che non può che diventare sempre più ricco, e un circolo vizioso per il povero che resta invariabilmente nella sua situazione di indigenza, a meno che non cambi mentalità.

È inutile cambiare lavoro: non è che una scusa per rimandare un problema o per risolverlo a breve termine. Ricordi la storia di John e Richard? Quando arriva la concorrenza di Richard, John compra altri due secchi d'acqua per servire più efficacemente i compaesani, ma risolve solo temporaneamente il problema. Infatti ormai deve combattere con un acquedotto e non c'è più niente da fare. Puoi cambiare lavoro sperando che, di conseguenza, la situazione cambi, ma in realtà non farai che passare da un padrone all'altro. Forse all'inizio sembrerà tutto bello e semplice, poi qualcosa andrà male, inizieranno rapporti difficili e litigi con i colleghi e non sarai mai soddisfatto. Se anche ti aumentano lo stipendio, la situazione non cambierà di molto, perché in maniera direttamente proporzionale aumenterai le tue pretese e innalzerai il tuo tenore di vita; in breve tempo, dunque, sarai portato a mangiarti tutto il vantaggio così conquistato. In questo caso, qualunque cifra arriverai a guadagnare, sarai sempre povero, con un cash flow pari a zero.

Così come accade per i computer che, pur avendo sempre più memoria ed essendo sempre più veloci, continuano ad essere intasati dai vari programmi che riempiono tutto l'hard disk. Certo, questo può succedere anche se, pur avendo delle attività, non ti sai gestire. Può darsi, però, che tu abbia una mentalità diversa e che pensi non tanto a spendere quanto a investire soldi in modo tale da averne ancora di più. Se sei abituato a pensarla in questo modo, sì che ti godrai la vita! È solo questione di atteggiamento mentale e questo si può cambiare; tienilo a mente, e come Financial Coach rammentalo ai tuoi clienti.

Secondo te, qual è la maggiore risorsa per il ricco? Il suo **tempo**. Avere la libertà di potersi gestire con i suoi tempi è la sua vera ricchezza, perché in un'ora del suo tempo può arrivare a controllare altre attività,ognuna delle quali gli rende 10.000 euro. Un negoziatore, in un'ora, può guadagnare o risparmiare 100.000 euro. Quindi il tempo diventa una delle risorse più importanti, anche perché, sapendo gestire bene il tempo, si può pianificare, e la pianificazione è uno dei cardini della PNL. Nel momento in cui pianifico i miei obiettivi so che farò di tutto per raggiungerli, investirò nelle mie attività, avrò modo di valutare e creare con intelligenza il mio lavoro. Richard si è preso sei mesi per pensare al suo acquedotto prima di costruirlo fattivamente, e certo non è stato tempo sprecato.

Un buon Financial Coach sa che il segreto per vivere bene non è divenire schiavi del proprio lavoro ma crearsi delle rendite ulteriori. Ad esempio, il titolare di un'azienda, se deve rimanere fisso al suo posto per dieci ore al giorno e non si può muovere è, come tutti gli altri suoi dipendenti, ostaggio del suo lavoro. In un'azienda come Blockbuster, invece, il titolare non sta certo in tutti i punti vendita; ne apre dieci, cento, mille, impiega in ognuno due banchisti, un responsabile e quell'attività va avanti da sola.

Senza essere dei magnati della finanza basterebbe aprire, ad esempio, un piccolo negozio di affitto di DVD senza personale, con un distributore automatico che funzioni ventiquattro ore su ventiquattro. Il terminale registra ogni movimento, i soldi entrano mentre il titolare è a lavorare altrove facendogli così guadagnare altri soldi. Un'attività del genere rende *tot* euro al mese con pochissima gestione. Il proprietario, se ha un po' di soldi da investire, potrebbe aprire non una ma dieci di queste attività. Se da ognuna percepisce 3000 euro mensili, totalizza 30.000 euro aggiuntivi al mese. È facilissimo, l'ha fatto un ragazzo che conosco con ottimi risultati e lo può fare chiunque.

Un'altra buona idea, ad esempio, potrebbe essere quella di aprire dei solarium con lettini abbronzanti e lampade, che oggi vanno tanto di moda. Certo, è necessario un investimento iniziale, così come per la videoteca; però poi l'attività va da sé e fa sì che al titolare entrino soldi senza alcuna fatica.

Per contro, potrei anche portarti l'esempio di un'attività che non ti consiglierei di intraprendere e che come Financial Coach dovresti a tua volta sconsigliare ai tuoi clienti. Due miei amici, tempo fa, hanno avuto l'infausta idea di aprire un ristorante affiancandolo al lavoro che già facevano. Io penso che, certo, il ristorante sia un bell'hobby, può essere divertente e magari si può anche guadagnare molto, però è necessario esserci, è difficile delegare. Tra l'altro, essendo inesperti, non erano neanche in grado di impartire le giuste direttive al personale che lavorava per loro. Infatti, a un certo punto non ne potevano più e hanno dovuto vendere l'attività. Per arricchirsi, non ha senso impegnarsi fino a soffocare. Per raggiungere questo obiettivo è invece utile aprire una o più attività che non richiedano la nostra costante presenza. Ce ne sono tantissime, devi solo individuare quella più congeniale a te o al tuo cliente.

Io, ad esempio, sono una persona che naviga molto in internet, che già di per sé è un ottimo strumento; infatti basta avere un'idea giusta per aprire un sito, lanciare un prodotto e venderlo, con il vantaggio di dover sostenere costi bassissimi. Poi è anche una fonte inesauribile di ottimi spunti per altri tipi di attività. Anche se non hai un'idea originale, puoi provare a modificare e migliorare quella di qualcun altro.

Il primo sito mondiale del commercio elettronico è Amazon, la libreria online che vende trentuno categorie di prodotti fra musica, CD, DVD, videogiochi e molto altro. Ultimamente ha introdotto il noleggio dei DVD online. Mi sono chiesto, inizialmente, come si potesse noleggiare via internet. In una qualsiasi videoteca vai, scorri i vari film e scegli quello ti piace; poi, dopo averlo visto, lo riconsegni. Come fare online? È semplice: a fronte di un canone di pochi dollari, Amazon ti invia al mese quanti DVD vuoi, da restituire quando vuoi, spese di spedizione in andata e ritorno a carico loro. È certo un affare per il cliente ma, evidentemente, anche per Amazon. L'idea originale è di un'azienda, ormai miliardaria, di nome Netflix.

Da poco questa idea è approdata anche in Italia e per ora sono in pochi a offrire questo servizio, tuttavia sono certo che in breve tempo saranno molti di più. Chi ha una videoteca potrebbe pensarci, studiare il progetto, tenere per sé le idee migliori, scartare le altre e apportarne di nuove.

Con Bruno Editore anche noi siamo partiti da zero; ora abbiamo oltre 200.000 iscritti alla newsletter e questo perché abbiamo lavorato con intelligenza. Ad avere buone idee non ci vuole nulla, se non ne hai, prendi spunto da quelle di qualcun altro e migliorale aggiungendo qualcosa di tuo.

Una volta trovata la giusta idea, cosa può frenarti nel realizzarla? Come già ho affermato, quello che frena è la paura che molte persone hanno di lasciare il vecchio per il nuovo, la stabilità per l'incertezza. Non è detto che tu debba farlo: agire con intelligenza vuol dire affiancare la tua seconda attività alla prima, creando rendite costanti. In questo modo, avendo tempo a disposizione e non rischiando nulla, potrai verificare se l'idea va o meno. Concentrati sulla tua passione, da lì certo può venirti un'idea brillante perché, probabilmente, sai molto più di altri su quell'argomento.

Ho un amico che, stufo del suo lavoro, essendo appassionato di automobili, dietro mio consiglio si è dedicato al settore auto. L'ho consigliato io, perché aveva tutte le carte in regola per proporsi a un concessionario come dipendente o come consulente esterno. A un'altra amica, che è bravissima nell'arredare le case, ho consigliato di fare la consulente di arredamento. Hai idea di quante persone, non avendo tempo per farlo, hanno necessità di affidarsi a terzi per l'arredo della propria casa? Bene, lei cosa ha fatto? Ha creato un sito attirando moltissimi clienti. Attività di questo genere, tra l'altro, non richiedono troppo tempo. Il ristorante invece, come ti dicevo prima, non è un'attività intelligente, perché ci toglie tutto il tempo che abbiamo a disposizione.

SEGRETO n. 61: i componenti delle tre classi differiscono a livello di convinzioni e identità, quindi si comporteranno di conseguenza indipendentemente dalla quantità di denaro che hanno in banca.

In questa pagina puoi osservare il famoso **schema dei quattro quadranti** di Stephen Covey, autore del libro *I sette pilastri del successo* (la nuova edizione della Franco Angeli si intitola *Le 7 Regole per Avere Successo*).

	URGENTE	NON URGENTE
IMPORTANTE	**1- ATTIVITÀ:** crisi; problemi pressanti; programmi in scadenza. **RISULTATI:** stress; crisi gestionale; pressione continua; salute a rischio.	**2 - ATTIVITÀ:** pianificazione; prevenzione; sviluppo di relazioni; individuazione opportunità. **RISULTATI:** equilibrio; controllo; crescita; visione.
NON IMPORTANTE	**3 – ATTIVITÀ:** interruzioni; parte telefonate/posta; parte riunioni, rapporti; faccende urgenti; attività importanti per altri. **RISULTATI:** focus su obiettivi a breve; relazioni superficiali; obiettivi e progetti privi di validità.	**4 – ATTIVITÀ:** faccende banali; parte telefonate; parte corrispondenza; gente che fa perdere tempo. **RISULTATI:** totale irresponsabilità; dipendenza da altri per necessità primarie; licenziamento a rischio.

Questo schema è tuttora utilizzato nei corsi sulla gestione del tempo. In questo caso lo usiamo in chiave finanziaria, dividendo ogni attività della nostra vita in "urgente" e "non urgente", "importante" e "non importante". Affrontiamo tante situazioni, abbiamo a che fare con tante persone o tante piccole cose da gestire che possono essere urgenti o non urgenti e che possono avere maggiore o minore importanza.

Nel primo quadrante troviamo le cose urgenti e importanti. Cose importanti che dobbiamo fare perché servono per raggiungere i nostri obiettivi, per i nostri valori e per la nostra missione, e che, in più, sono urgenti. Quindi si tratta di cose importanti che vanno fatte di corsa. Ebbene, che succede quando facciamo di corsa le cose importanti? Che le facciamo male, siamo sottoposti a stress e finiamo in crisi.

Magari vorremmo qualche ora in più per risolvere il nostro problema, ma non c'è nulla da fare, dobbiamo decidere subito. In questo settore si collocano soprattutto gli appartenenti alla classe media, ti spiegherò poi il perché.

Cosa succede quando c'è qualcosa di urgente? Lavoriamo più in fretta. C'è un bellissimo aneddoto sulla FedEx, il corriere americano più famoso al mondo, che vorrei raccontarti. Questa azienda ha stabilimenti lunghi chilometri e fa migliaia, addirittura milioni di spedizioni nel mondo. Un giorno, improvvisamente, si bloccano i macchinari aziendali. È successo qualcosa, ma nessuno sa esattamente cosa e perché. La FedEx garantisce la puntualità delle sue spedizioni con il rimborso, e per questo motivo il direttore comincia ad agitarsi: sa che sta perdendo milioni di dollari ogni ora.

Finalmente arriva un tecnico che chiede di essere portato in sala macchine. Prende uno dei suoi strumenti, fa fare mezzo giro a una vite e, come per magia, il macchinario riparte e i nastri ricominciano a funzionare. Il responsabile, a quel punto, si congratula con lui per la sua bravura e gli chiede quanto gli deve. Il tecnico presenta un conto di 10.000 euro. Il responsabile inizialmente è scandalizzato, in fondo il tecnico ha lavorato per mezzo minuto, ha solo girato una vite, e per questo vuole farsi pagare 10.000 euro? Gli chiede, allora, di presentargli una fattura con le specifiche del lavoro eseguito.

Il tecnico si fa dare un pezzo di carta e scrive qualcosa. Il responsabile legge e immediatamente chiede alla segretaria di pagarlo e di dargli addirittura una mancia aggiuntiva. Cosa c'era scritto? Semplice:

Girare la vite: 1 dollaro

Sapere quale vite girare: 9.999 dollari

Ciò per dirti che occorre attribuire il giusto valore alla propria conoscenza, che in questo caso ha permesso di risolvere in pochi minuti un problema urgente e importante. Ognuno di noi ha un talento che può essere sfruttato per aiutare coloro che ne hanno bisogno. Il responsabile della FedEx, nel momento in cui ha letto la fattura, ha capito. Nel tempo che gli ha fatto risparmiare il tecnico ha guadagnato ben più di 10.000 euro! Quanti ne avrebbe persi se invece si fosse affidato a qualcuno incapace? Un buon professionista va pagato bene perché viene, non ti fa perdere tempo, in un minuto risolve il problema e ti fa risparmiare migliaia di euro.

Ora, con l'aiuto di una seconda tavola, cerchiamo di accostare le tre categorie della classe povera, media e ricca ai quattro quadranti:

	URGENTE	NON URGENTE
IMPORTANTE	**1.-ATTIVITÀ:** crisi; problemi pressanti; programmi in scadenza. **RISULTATI:** stress; crisi gestionale; pressione continua; salute a rischio.	**2.-ATTIVITÀ:** pianificazione; prevenzione; sviluppo di relazioni; individuazione opportunità. **RISULTATI:** equilibrio; controllo; crescita; visione.
NON IMPORTANTE	**3.-ATTIVITÀ:** interruzioni; parte telefonate/posta; parte riunioni, rapporti; faccende urgenti; attività importanti per altri. **RISULTATI:** focus su obiettivi a breve; relazioni superficiali; obiettivi e progetti privi di validità.	**4.-ATTIVITÀ:** faccende banali; parte telefonate; parte corrispondenza; gente che fa perdere tempo. **RISULTATI:** totale irresponsabilità; dipendenza da altri per necessità primarie; licenziamento a rischio.

(Indicazioni laterali: CLASSE MEDIA – CLASSE RICCA – CLASSE MEDIA POVERA – CLASSE POVERA)

Ecco, possiamo dire che la maggior parte degli appartenenti alla classe media si posiziona, quanto a ciò che deve fare, nell'*urgente e importante*, ma anche nell'*urgente e non importante*. Cosa ci può essere di urgente e non importante? L'enorme quantità di interruzioni che subiamo tutti i giorni mentre stiamo lavorando. Telefonate non attese, magari di parenti e amici o di scocciatori vari che ci propongono di acquistare questo o quel prodotto; posta spam in quantità industriale e così via. A quel punto che si fa? Siamo talmente concentrati sull'*urgente e non importante* da dimenticare l'*urgente e importante*.

Covey pone la maggiore distinzione proprio tra le due categorie dell'urgenza e dell'importanza. Secondo lui è essenziale non concentrarsi su ciò che è *urgente e non importante*, perché non finiremmo più e trascureremmo ciò che è realmente *importante*. Infatti la vita è fatta di urgenze.

È invece molto più utile concentrarsi su ciò che è *importante*, ossia i nostri valori, i nostri obiettivi e la nostra missione personale. Ovviamente per poter fare questo è necessario avere ben chiaro quali essi siano. Se non conosci te stesso e non sai bene dove andare, non hai valori predominanti, allora non saprai dove focalizzarti. Per questo motivo nell'*urgente e non importante* troviamo i componenti della classe media, che lavorano a capo chino senza mai fermarsi ad analizzare se stessi e a pianificare. In realtà non hanno assolutamente avuto modo di farlo perché troppo presi dall'urgenza di portare lo stipendio a casa, di sfamare la famiglia, di comprarsi dei vestiti, di uscire a cena fuori e altro.

Nell'*urgente* e nel *non urgente e non importante* troviamo la classe povera. Perché i cosiddetti "poveri", ovvero coloro con cash flow pari a zero, di certo non si fermano a ragionare sugli obiettivi. Come gli appartenenti alla classe media, soffrono molte perdite di tempo ogni giorno tra telefonate di vario genere e posta spam.

Quando il mio amico mi chiama e mi dice: «Usciamo stasera tanto per uscire?», io novantanove volte su cento dico di no, perché il mio tempo è prezioso e non intendo sprecarlo nel non fare nulla. Io do valore al mio tempo, e un'ora spesa a leggere un libro, a guardare un videocorso o anche a guardare un film mi dà molto di più che non fare nulla, magari per strada, a non parlare di nulla di importante. Non dico che lo svago non abbia valore, tutt'altro, ha un valore grandissimo; ma ci sono mille modi per impegnarsi in modo creativo. L'impegno può anche essere vario e quindi appassionante.

Dove sono i ricchi? Li troviamo nell'*importante e non urgente*. Si occupano di cose veramente importanti, come ad esempio pianificare i propri obiettivi per il futuro; si concentrano sul proprio sviluppo personale e professionale, su nuovi progetti e idee per la propria azienda. La lettura di questa guida è un momento che stai dedicando a te stesso, alla tua crescita e alla tua formazione. È fra le cose importanti e non urgenti che potranno cambiare la tua vita. Imparerai a gestire meglio il tuo tempo e, come Financial Coach, a far sì che le altre persone imparino a gestire meglio il loro. Sarai più libero di dedicarti alle tue passioni e valori veri. E per chi non ha ancora individuato i propri obiettivi, la cosa più intelligente da fare è la formazione, che si situa nell'*importante e non urgente*: può essere di grande aiuto.

Sempre nell'*importante e non urgente* troviamo la prevenzione, ossia il pensare agli eventuali problemi che potrebbero sorgere con la tua attività; in questo modo puoi avere tutto il tempo per risolverli, perché la loro soluzione non è urgente. Avrai quindi più controllo su te stesso, sulla tua attività lavorativa e sulla tua famiglia, ovvero su tutto ciò che per te è importante. Nell'*importante e non urgente* hai tempo di pianificare ogni cosa, quindi hai una visione a lungo termine. In gergo aziendale si parla di "vision", è l'esatto contrario dell'*urgente e non importante*, che impone una visione a breve e brevissimo termine.

In questo modo hai la possibilità di vederti in prospettiva, ovvero di immaginare come sarà la tua vita fra cinquant'anni. Nel corso sugli obiettivi io consiglio di vedersi come se già si avessero cento anni e si guardasse la propria vita alle spalle. Occorre chiedersi cosa si è ottenuto, se ci piace o meno e così via. Se per caso dovessi accorgerti di non aver ottenuto niente, poiché in realtà non hai cento anni, farai assolutamente in tempo a riparare. È meglio accorgersi per tempo, a trenta o quarant'anni, di ciò che veramente si vuole, piuttosto che guardare alle proprie spalle con tristezza e rammarico. Avere una buona visione ti permette di pianificare, di sviluppare progetti e di prevenire tutti i guai e gli imprevisti che potrebbero capitare.

Ora ti propongo un esercizio. Cerca di posizionarti in uno dei quadranti di questo schema, oppure, come Financial Coach, utilizzalo a beneficio del tuo cliente. Chiediti come trascorri la tua giornata lavorativa e non, quanto tempo dedichi al lavoro e quanto alla famiglia, che tipo di lavoro fai, quanto sei libero e così via. Se ti ritrovi nell'*urgente e non importante* vuol dire che sei sempre sotto pressione, stressato, con centomila cose da fare perché non sai come organizzarti efficacemente. Come fare per cambiare e passare nel quadrante dell'*importante e non urgente*? Prima di tutto posizionati nello schema e trova il tuo stato attuale; il tuo stato desiderato, che dovrebbe essere uguale per tutti, è di arrivare all'*importante e non urgente*. Ecco, quindi, che hai individuato la strada da imboccare.

Mentre fai questo esercizio pensa anche come ti posizioneresti nel primo schema che abbiamo visto, ovvero lo schema "DATI". Cosa sei? Un dipendente, un autonomo, un titolare o un investitore? Cosa ti piacerebbe essere? Oggi sei un dipendente e domani vuoi arrivare ad essere un titolare, oppure oggi sei un autonomo e vuoi arrivare ad essere un titolare. Devi individuare, a partire da questo schema, il tuo stato attuale e il tuo stato desiderato. Ovviamente sarà la ricchezza, perciò lo stato che probabilmente desideri è quello del titolare d'impresa e dell'investitore. Quindi, prendi la direzione giusta!

SEGRETO n. 62: grazie allo schema dei quattro quadranti puoi individuare facilmente le attività cui dedicarti per arricchirti e quindi la direzione più giusta da prendere per te o da consigliare al tuo cliente.

Intanto che lo fai, pensa a qualche progetto da poter realizzare o da indicare a chi seguirai come Financial Coach. Io ti ho offerto alcuni spunti parlandoti di attività che ti rendono senza richiedere a tutti i costi la tua presenza; se ti fermi sei mesi per pianificare il tuo acquedotto, poi campi di rendita tutta la vita. Inizia a farlo da ora e trova qualcuno con cui puoi condividerle condividere il tuo progetto, qualcuno che ti è vicino e che ti possa sostenere a costruire qualcosa di importante, oppure potrai suggerire le attività al tuo cliente come opzioni aggiuntive e sarai tu a sostenerlo.

Condividere un'idea è importantissimo, perché scambiandola l'idea raddoppia. Sai come si dice? Che se tu hai un dollaro e un'altra persona ha un altro dollaro e ve lo scambiate, andando via cosa avrete ottenuto? Sempre un dollaro a testa. Se invece ognuno di voi due ha un'idea e ve la scambiate, andando via quante idee avrete? Due a testa. Le idee possono crescere, per cui scambiane il maggior numero possibile.

Se ti viene in mente un'attività, parlane con gli amici, fatti aiutare, cerca qualcuno con cui condividerla. Prendi un amico di cui hai fiducia e proponigli qualcosa. Funzionerà, perché nel momento in cui tu non ci crederai più sarà lui a crederci e viceversa, e la cosa andrà avanti. Io sono a favore delle società, che mettono insieme almeno due persone, perché non sempre riuscirai ad essere motivato e a credere nella tua idea. Contornati di persone di cui ti fidi e con cui hai un buon rapporto, saranno una grande risorsa in ogni caso. Le risorse, in campo finanziario, vengono definite **leve**.

SEGRETO n. 63: se hai in mente un nuovo progetto da realizzare, cerca qualcuno di cui ti fidi con il quale condividerlo; ti sosterrà nei momenti in cui sarai meno motivato e lo stesso farai tu con lui.

RIEPILOGO DEL GIORNO 9:

- SEGRETO n. 57: fa' sì che il tuo cliente si prenda personalmente la responsabilità della gestione del suo denaro, che sia dipendente, libero professionista o ricco.

- SEGRETO n. 58: l'obiettivo di chi è ricco è una maggiore libertà che si traduce in una migliore qualità della vita.

- SEGRETO n. 59: a seconda del tipo di lavoratore gli standard saranno diversi: il dipendente si accontenta del suo stipendio, l'autonomo si industria per mantenere un tenore di vita medio e assicurarsi la pensione, il ricco, che non si accontenta delle briciole, ha standard elevatissimi.

- SEGRETO n. 60: per diventare ricchi non servono a tutti i costi soldi cui attingere, basta avere le giuste convinzioni e lavorare con "intelligenza finanziaria", adottando le strategie più idonee.

- SEGRETO n. 61: i componenti delle tre classi differiscono a livello di convinzioni e identità, quindi si comporteranno di conseguenza indipendentemente dalla quantità di denaro che hanno in banca.

- SEGRETO n. 62: grazie allo schema dei quattro quadranti puoi individuare facilmente le attività cui dedicarti per arricchirti e quindi la direzione più giusta da prendere per te o da consigliare al tuo cliente.

- SEGRETO n. 63: grazie allo schema dei quattro quadranti puoi individuare facilmente le attività cui dedicarti per arricchirti e quindi la direzione più giusta da prendere per te o da consigliare al tuo cliente.

GIORNO 10:

Leve finanziarie esterne e interne

«Datemi un punto di appoggio e vi solleverò il mondo». Così diceva Archimede, e in questa frase è contenuto il principio della leva. Se vuoi ottenere una grande quantità di denaro, uno, 10 o 100 milioni di euro, come puoi "sollevarli"? Come puoi aiutare te stesso o, come Financial Coach, il tuo cliente a farlo? Attraverso le "leve", una delle quali è il "tempo".

Il tempo è una tua leva interiore, riguarda te, le tue caratteristiche, le tue capacità e le tue risorse. Se, dovendo sollevare 10 milioni di euro, metti come contrappeso il tempo, hai buone speranze di farcela? Dieci milioni sono tanti da sollevare in un anno, ma potrebbero non esserlo in cinquant'anni. Questo perché, magari, da qui a cinquant'anni 10 milioni di euro si saranno svalutati moltissimo e varranno molto meno. Se avessi tutto il tempo, l'impresa sarebbe facilissima. Quindi possiamo concludere che il tempo è un grande risorsa. Cos'altro lo è?

Le **idee**; infatti può darsi che domani, svegliandoti, ti venga un'idea brillante. Allora cosa fai? La brevetti e, in un anno, arrivi a 10 milioni di euro. Anche a me è successo quando una mattina mi sono svegliato con l'idea di portare in Italia gli ebook. È stata un'idea assai produttiva che per me ha costituito un cambiamento importante. La persona che ha creato e poi venduto il suo software a eBay per alcuni milioni di sterline ha certamente avuto una buona idea e fatto un ottimo affare. Quante idee valgono milioni? Io ne ho tantissime, e la maggior parte devo ancora realizzarle. Ricorda: le idee sono una delle leve più importanti di cui disponiamo, basta solo avere un po' di fantasia, creatività e immaginazione.

Ancora, una buona leva sono le nostre **conoscenze**. In questo caso mi riferisco alle relazioni che intrecciamo ogni giorno o abbiamo intrecciato nel passato. Se conosco un giornalista e questo mi fa pubblicità, ottimo; può tornarmi molto utile, può contribuire a rendermi famoso. Ad esempio i ragazzi di *Amici*, la trasmissione di Maria De Filippi, grazie a quella favolosa vetrina passano da emeriti sconosciuti a beniamini del pubblico giovanile, e non solo, nel giro di pochi mesi. A quel punto fra "ospitate", pubblicità, serate in locali e discoteche guadagnano cifre favolose. Se conosci un direttore di banca puoi ottenere il prestito che tanto ti serve e che ti permetterà di raggiungere il tuo scopo facendo quel dato investimento a cui tieni tanto.

Altra leva di grande importanza riguarda le proprie **capacità**. Se non sai fare nulla, non sei particolarmente creativo, non hai idee, non hai tempo perché già lavori, non conosci nessuno e quindi non ti puoi far raccomandare da nessuno, che cosa puoi fare? Semplice, puoi sviluppare le tue capacità. Il fatto che tu oggi stia leggendo questa guida significa che stai cercando di sviluppare le tue capacità; in particolare vuoi formarti come Financial Coach e vuoi perfezionare le tue competenze finanziarie, per te stesso e per aiutare altre persone a diventare ricche. Fare formazione è sempre positivo. Seguire un corso di comunicazione insegna a comunicare meglio, un corso di motivazione insegna a focalizzare i propri obiettivi. In questo modo crei capacità o le porti allo scoperto, se erano nascoste. Puoi diventare bravo in tutto. Uno dei presupposti della PNL è che ogni persona, con l'aiuto delle giuste strategie, è in grado di raggiungere ottimi livelli in qualsiasi settore.

Passiamo alla leva data dalle **esperienze**. Sotto questo punto di vista ognuno di noi è diverso dall'altro, perché ognuno ha maturato diverse esperienze nella propria vita. Tu, essendoti formato in un certo modo, avrai un certo tipo di carattere che ti potrà aiutare o limitare nello spingere la tua leva.

Del **talento** abbiamo parlato a proposito delle capacità. Un'altra potente leva è il **denaro**. Magari sei ricco di famiglia oppure hai ricevuto un'eredità, o ancora hai messo via dei soldi grazie al tuo lavoro, quindi, ti interessa scoprire i segreti del Financial Coach anche per poterli gestire al meglio. Tuttavia, come ricorderai, abbiamo detto che per riuscire nell'intento di diventare ricco non sempre è necessario possedere già di base tanto denaro.

Poco fa abbiamo fatto l'esempio delle opzioni, con le quali si può comprare senza avere nulla in partenza. Un mio amico, ad esempio, investe nel campo immobiliare e spesso acquista case con pochi soldi. Tempo fa aveva individuato un appartamento da acquistare in un edificio in costruzione: costo 200.000 euro, consegna degli immobili prevista in due anni. Il costruttore chiedeva 20.000 euro per bloccare la casa e lui ha pensato che la cosa poteva convenirgli, valutando che poi, nel tempo di attesa, la casa si sarebbe apprezzata arrivando a valere, magari, anche 220.000 euro. Se invece avesse deciso di disfarsene entro i due anni, gli sarebbe bastato mettere un annuncio sul giornale e l'avrebbe venduta per 220.000 euro, recuperando così i 20.000 euro dati in acconto.

Avrebbe anche potuto decidere, avendo 200.000 euro da parte, di pagare subito tutta la casa e poi di venderla a 220.000, guadagnando 20.000 euro, un 10 per cento. Questo è l'atteggiamento di chi ha una vita serena e tranquilla e si colloca nella classe media. Mentre se tu hai gli stessi 200.000 euro ma una mentalità da ricco, cosa puoi fare? Compri tutte e dieci le case del palazzo per un valore totale di 2 milioni di euro, dando per ognuna un anticipo di 20.000 euro. Le rivendi tutte e su ognuna guadagni 20.000 euro in più. A quel punto i tuoi 200.000 euro di investimento iniziale diventano 400.000. Questo è lavorare con intelligenza finanziaria.

Di base ci sono sempre gli stessi 200.000 euro, ma il ricco è disposto ad accollarsi qualche rischio in più, sapendolo gestire e valutare. Se compri un intero palazzo e poi non riesci a vendere le case, cosa fai? Siamo d'accordo, il ricco sostiene maggiori rischi, ma, normalmente, il suo fiuto per gli affari lo guida nella giusta direzione. Si prende la responsabilità dell'investimento, ed è più sicuro di chi si affida a un consulente finanziario di dubbia capacità ed esperienza.

Tra l'altro, sempre parlando del campo immobiliare, la persona che investe in proprio normalmente lo fa in una zona di sua perfetta conoscenza. Sa qual è l'andamento del mercato, le pecche non solo della zona in generale ma di uno specifico tratto di strada, di un immobile rispetto a un altro, tutte cose che può sapere solo chi frequenta abitualmente un luogo. Se decidi di investire in immobili, indirizzati laddove hai maggiori competenze ed esperienze; improvvisarti investitore alla cieca, infatti, è rischioso.

SEGRETO n. 64: le leve finanziarie interne consistono nelle risorse proprie di ognuno, su cui ci si deve basare per raggiungere la ricchezza e la libertà finanziaria.

Dopo aver parlato di risorse interne, arriviamo ora a una risorsa esterna, ovvero la **tecnologia**. Può aiutarti? Può aiutare i tuoi clienti? Ho detto più volte che molti, oggi, lavorano quasi esclusivamente via internet, esattamente come me. È una risorsa? Sì, infatti grazie agli indirizzi registrati in newsletter io posso raggiungere con una email duecentomila persone a costo zero. Pensa invece a quanto ti costerebbe inviare 200.000 volantini o lettere a tutti i tuoi clienti! Non solo dovresti faticare parecchio per ottenere un database di persone reali, ma sosterresti i costi di lettere da scrivere, stampare, affrancare e spedire! La tecnologia ci può essere d'aiuto! Ricordalo anche a coloro che seguirai in veste di Financial Coach.

In realtà tutte le risorse che ho definito come interne, viste da un altro punto di vista, potrebbero anch'esse essere esterne. Ovvero le idee degli altri, il tempo degli altri, le conoscenze degli altri, le capacità degli altri, le esperienze degli altri, i talenti degli altri e il denaro degli altri. Ti faccio qualche esempio. Può darsi che a te sia venuta un'ottima idea e che tu mi proponga di realizzarla insieme, perché sai che ho le giuste competenze per farlo.

Mettiamo in comune le nostre due leve, la creatività e la competenza, e raggiungiamo l'obiettivo, creiamo un business.

Anche il tempo degli altri è un grandissimo valore che puoi sfruttare. In questo periodo sto ristrutturando casa e i muratori stanno lavorando per me, sto utilizzando il tempo degli altri. Potrei anche farlo da me, potrei dedicarmi a questo progetto e, dopo sei mesi, riuscire a ristrutturare il bagno, oppure potrei delegare ad altre persone che lo fanno per me e terminare in un mese. Se hai uno studio professionale e impieghi una segretaria, tu paghi 1000 euro mensili per il suo tempo, che è un valore perché ti permette di essere più libero e di dedicarti anche a un'altra attività magari che ti rende 10.000 euro mensili, quindi dieci volte tanto.

Se io dovessi perdere tempo a impaginare gli ebook che pubblichiamo e a inviarli non potrei fare altro, non potrei studiare e accrescere la mia cultura; inoltre dovrei rinunciare all'idea di seguire corsi e non potrei strutturare progetti. Mi costerebbe certo troppo. Per cui il consiglio che ti do, e che tu potrai girare ai tuoi clienti, è quello di delegare a qualcuno; certo, ti costerà qualcosa, ma ti permetterà di sfruttare più razionalmente il tuo tempo.

Applichiamo ora le leve al nostro schema "DATI". Osserva la seguente tavola:

DIPENDENTE	RAPPORTO 1:1; non ha leve in quanto può contare solo su se stesso.
AUTONOMO	RAPPORTO 1:3/1:4; ha tre o quattro leve, in quanto può contare sull'aiuto di un manipolo di segretarie e assistenti.
TITOLARE D'IMPRESA	RAPPORTO 1:N; ha moltissime leve in quanto può contare su un numero imprecisato di dipendenti.
INVESTITORE	RAPPORTO 1:N; investe in azioni aziendali e diventa socio del titolare d'impresa, sfruttando il lavoro di un numero imprecisato di dipendenti.

Come vedi, il dipendente ha un rapporto pari a 1:1, cioè non ha leve; può contare solo su se stesso, e non su altri, per guadagnare di più. La segretaria fa il suo lavoro, le sue ore e nessuno la aiuta; ciò che fa ha il valore di 1000 euro, secondo il suo datore di lavoro, e tanto è pagata. L'autonomo ha un rapporto 1:3 o 1:4, perché è un professionista, ha un suo studio, una segretaria, o più di una, e un assistente; quindi può contare su due/tre persone. Grazie a loro, riesce a seguire dieci clienti al giorno invece che quattro, e arriva a guadagnare il triplo avendo molti più soldi. L'imprenditore, nella sua azienda, può avere un numero imprecisato di dipendenti, quindi il rapporto sarà di 1 a un numero "N".

Quante persone lavorano per la Microsoft? Migliaia. Se Bill Gates dovesse contare solo su se stesso, quanto potrebbe arrivare a guadagnare? Forse 5000 euro al mese. Al contrario guadagna miliardi di dollari perché sfrutta le idee, le conoscenze informatiche e il tempo di migliaia di persone. Infine c'è l'investitore che acquista le azioni della Microsoft, diventa socio di Bill Gates e sfrutta il lavoro di diecimila persone. Certo, se i dipendenti lavorano male l'azione scende e perde soldi, ma se lavorano bene l'investitore ha molte possibilità di sollevare milioni di euro.

Veniamo ora alle conoscenze altrui, conoscenze informatiche e tecniche. Se ci pensi, non è necessario che un imprenditore o un investitore abbia conoscenze specifiche su tutto; in ogni caso non potrebbe, è per questo che assume le persone. Se sei convinto del fatto che non potrai mai creare un'azienda perché non hai alcun talento o perché non hai conoscenze specifiche di un certo argomento, cosa fai? Assumi qualcuno che lo sappia fare. Se non hai una conoscenza, la "compri".

Nello stesso modo si possono sfruttare le capacità, le esperienze e il denaro degli altri. La banca o un socio finanziatore potrebbero prestarti del denaro. Richard, come ricorderai, ha costruito il suo acquedotto con il denaro dei soci finanziatori; questo ha poi generato molti soldi con cui li ha ripagati, tenendo per sé il surplus. Stai certo che se hai una buona idea troverai qualcuno che la finanzierà. Il mondo è pieno di persone che hanno denaro ma non buone idee, e viceversa. Per questo, se hai un po' di soldi da parte e incontri qualcuno che ha una buona idea, finanziala, perché funziona. Se sei tu ad avere l'idea giusta, cerca qualcuno che te la finanzi, certo lo troverai.

La tecnologia, abbiamo detto, è una leva in ogni caso esterna. Cerca tra i grandi siti internet di commercio elettronico, come Amazon e Yahoo, le idee più alla moda, gli spunti vincenti.

SEGRETO n. 65: le leve esterne sono i mezzi come la tecnologia che, prescindendo dalla singola persona, possono aiutare a raggiungere ricchezza e successo.

Ora facciamo un piccolo e breve esercizio. Pensa di aver già raggiunto il tuo obiettivo di essere un Financial Coach e cerca di individuare quali potrebbero essere le leve più giuste per aiutarti a raggiungere gli obiettivi finanziari tuoi o del tuo cliente. È importante che ti impegni a utilizzarle e, se sei un Financial Coach, che aiuti il tuo cliente a impiegarle. Se ti è venuta in mente una persona che ti può essere d'aiuto, che può diventare tuo socio, che potrebbe finanziarti, prendi accordi con lui, ne vale la pena. Ancora, se riesci a liberare il tuo tempo e a delegare a qualcun altro ciò che fai oggi, potrebbe essere una buona idea.

Se, ad esempio, una persona fa un lavoro con il quale guadagna 5000 euro al mese e riesce a delegare buona parte dei suoi incarichi a un'altra persona pagandola 2000 euro, gli restano sempre 3000 euro e ha praticamente tutta la giornata libera. Se questa persona è in grado di fare bene il lavoro al 70 per cento, ne vale la pena; il 100 per cento è comunque difficile da raggiungere. Nessuno potrà mai fare il tuo lavoro esattamente come lo faresti tu, ma neanche puoi pensare di fare sempre tutto da solo, tanto più se ragioni in grande e pensi di assumere personale.

Io dico che è necessario delegare se si vuole lavorare con intelligenza finanziaria, perché nella delega c'è la leva. Come Financial Coach devi applicare per primo questo principio e consigliarlo a coloro che segui. Il dipendente, che ha rapporto 1:1, non delega a nessuno, anche perché non può farlo, non ha margini. L'autonomo delega la segretaria e l'assistente a fare varie cose che a lui non va di fare o che materialmente non arriva a fare. Il titolare d'azienda ha un amministratore cui delega la gestione della sua attività; per questo può partire per una vacanza e dalla sua nave può chiamare per chiedere se va tutto bene e poi tornare a tuffarsi in piscina.

Questo deve essere l'obiettivo: delegare gli altri, utilizzare la leva per spingere nel punto più alto e riuscire a sollevare i propri soldi. Se per ora non saranno 10 milioni, ma magari un milione, non è un problema, va bene così. Stai pur certo che quando il milione realmente arriverà non ti basterà più, ne vorrai 10.

Qual è la leva dalla quale dipende il vero e proprio successo? Le **convinzioni**. Di esse abbiamo già parlato, in chiave diversa, in riferimento allo sport coaching; qui approfondiamo il discorso con riguardo all'obiettivo di lavorare con intelligenza finanziaria e crearsi rendite ulteriori rispetto al proprio lavoro. Le convinzioni, come ben sai, se positive ti possono aiutare moltissimo, ma se negative ti limitano, ti sbarrano la strada. Quindi, se tu hai delle convinzioni limitanti riguardo al denaro e alla possibilità di diventare ricco, certo non lo diventerai. Infatti, in questo ambito il movente psicologico conta all'80 per cento.

Ci sono tante convinzioni errate sulla ricchezza radicate nella cultura italiana. Ad esempio che i ricchi siano invidiati, che non si possa diventarlo senza imbrogliare. È vero o no che se vediamo un ragazzo giovane già molto ricco, a meno che non lo sia di famiglia, ci viene da pensare che "spacci droga"? Un'altra idea comune è che i ricchi siano spesso in pericolo di vita. In effetti spesso si sente di gente ricca rapita o uccisa per denaro. Di questo condizionamento non ci accorgiamo, non ne siamo consci ma ne siamo fortemente limitati.

SEGRETO n. 66: la leva delle convinzioni è fondamentale per raggiungere il successo e la libertà finanziaria; a seconda che siano positive o negative, possono spingerti verso di essi o sbarrarti la strada.

La prima volta che ho seguito un corso sulla ricchezza, precisamente su come investire in Borsa, ho esternato al trainer la mia convinzione di allora che era la seguente: «non si può vincere in Borsa». Era un'idea radicatissima, motivatissima perché data dalle mie esperienze.

Ebbene, Robbins dice che una convinzione può essere rappresentata come il piano di un tavolino, le cui gambe sono i riferimenti della convinzione stessa, ossia le esperienze concrete sulle quali poggia.

Il trainer del corso, quindi, ha tentato di scardinare la mia convinzione rifacendosi al metodo del tavolino di Robbins.

Invece di scrivere le classiche convinzioni limitanti di tipo personale, come «io non riesco a intrecciare una relazione», «io non sono una persona di successo» e così via, disegnò un tavolino e sul piano scrisse «io non credo che si possa vincere in Borsa», poi mi chiese come facessi a saperlo. Risposi che mi riferivo all'esperienza di un mio amico che, pur giocando in Borsa da diverso tempo, non faceva che perdere; negli ultimi tre anni aveva ha perso circa il 70 per cento del suo capitale. Quindi, sulla prima gamba del tavolo scrisse il riferimento «il mio amico perde».

Apro una parentesi per ricordarti che si parlò di questo argomento quando scoppiarono le famose "bolle dell'era internet". Un esempio per tutti è quello del titolo Tiscali, che crebbe velocemente per poi crollare in breve tempo. In genere, quando un titolo cresce con continuità in modo particolarmente deciso, ne parlano giornali e tv, e a quel punto tutti gli investitori improvvisati corrono a puntarvi. Un investitore esperto non lo farebbe mai; sa che quando la notizia diventa di dominio pubblico il titolo ormai ha dato tutto ciò che poteva dare e ormai è prossimo a scendere. Infatti gli investitori dell'ultimo minuto, di lì a poco si ritrovano in mano un titolo crollato. Questo per mancanza di esperienza, perché seguono ciecamente le indicazioni del proprio consulente, i giornali, la tv e arrivano tardi, quando ormai non c'è più nulla da guadagnare.

Torniamo al trainer del mio corso. Gli rivelai gli altri miei due riferimenti, ossia che mi sentivo eccessivamente inesperto per poter vincere e che la Borsa, in quel periodo, non faceva che scendere, e che quindi non ritenevo conveniente comprare. Ogni giorno scendeva dell'1 , del 2 per cento, alcune società stavano perdendo fino all'8-9 per cento. Per cui, sulla seconda e terza gamba del mio tavolo, lui scrisse i seguenti riferimenti: «io non ho esperienza e quindi sicuramente perdo» e «questo è un brutto periodo per la Borsa che non fa che scendere».

Quindi, ricapitolando, la mia convinzione che in Borsa non si potesse vincere era basata su tre gambe del mio tavolo, che si riferivano a esperienze concrete: 1) il mio amico perde; 2) io non ho esperienza quindi sicuramente perdo; 3) questo è un brutto periodo per la Borsa che non fa che scendere.

Il trainer, a questo punto, scardinò uno a uno i miei riferimenti, partendo dal primo, ovvero «il mio amico perde». Mi chiese: «Il tuo amico che gioca e perde è forse un Financial Coach? Si occupa di finanza? Ha studiato economia?» Risposi di no, dissi che semplicemente si era messo a fare trading online. Continuò dicendo: «Dunque, se va avanti per tentativi e non ha nessuna formazione, perché dovrebbe saper investire in Borsa? Perché dovrebbe sapere quali titoli scegliere? Perché dovrebbe avere delle strategie se nessuno gliele ha mai insegnate? E, soprattutto, perché dovresti prendere lui come riferimento? Impareresti a sciare da chi non lo sa fare?» Risposi di no, ovviamente.

A quel punto il mio primo riferimento, la prima gamba del mio tavolino, ossia «il mio amico perde», non aveva più senso e la cancellai. Ho dovuto dargli ragione: il fatto che il mio amico perdesse non significava che in Borsa si perde, non c'è, infatti, alcun nesso logico. Il mio amico non aveva una formazione adeguata, non aveva maturato esperienza, non aveva studiato economia, per cui non poteva aver successo in Borsa se non per caso, se non per pura fortuna, cosa che non ha avuto.

La mia seconda convinzione era: «non posso vincere in Borsa perché non ho esperienza». Mi disse: «È vero, è un dato di fatto. Come puoi vincere in Borsa se non hai esperienza? Infatti non si può. Proprio per questo potresti seguire un corso di formazione e acquisire l'esperienza che ti occorre facendo simulazioni.» Si inizia così, tutti hanno difficoltà all'inizio, non avendo esperienza; la si conquista con il tempo. Anche in questo caso scoprii che non c'era alcun nesso tra la mia convinzione e questo dato di fatto. Ci sono persone che vincono in Borsa? Sì. Avranno iniziato anche loro, quindi sono partiti dal non avere esperienza; con il tempo l'hanno acquisita; magari all'inizio hanno perso dei soldi ma alla fine hanno compreso il meccanismo. Quindi anche questo riferimento non aveva più senso.

Terza convinzione: «è un brutto periodo per la Borsa che non fa che scendere». Il trainer rispose: «La Borsa, da un paio d'anni a questa parte, scende, è un dato innegabile. Ma tu sei qui per imparare a investire e vincere in Borsa persino quando scende.» Non tutti sanno, infatti, che si può investire al ribasso, quindi comprare un titolo sperando che perda di valore e scenda in picchiata, perché è proprio allora che ci si guadagna.

Se non hai esperienza e non hai conoscenza diventa un gioco d'azzardo: come alla roulette punteresti sul rosso o sul nero, in Borsa punti sulla percentuale di possibilità che scenda o salga. L'unico problema è che se anche ci azzecchi una volta su due finisci per andare in pari, ma nel frattempo avrai bruciato migliaia di euro in commissioni. Infatti, ogni volta che fai un'operazione il tuo broker online percepisce una percentuale.

Il trainer, in questo modo, ha costruito in me una nuova convinzione: quella che si poteva vincere in Borsa. Offrendomi i suoi riferimenti ha detto: «Io, nell'ultimo anno, ho guadagnato più dell'80 per cento rispetto a ciò che ho investito.» Va bene, potevano essere dati non reali, ma mi ha anche detto: «Sappi che la Borsa è uno scambio, quindi per uno che perde c'è qualcun altro che vince.» Dunque si può vincere in Borsa.

Poi c'è da dire che non esistono strategie sicure per guadagnare in Borsa; la psicologia, anche in questo campo, ti condiziona all'80 per cento. Se mentre simuli riesci a mantenere la freddezza mentale e a non farti prendere dal panico, non puoi sapere se utilizzando soldi veri ti faresti giocare dall'emozione. Tuttavia se hai delle strategie, delle tecniche e ti attieni a quelle, puoi programmare un buon risultato. Ciò che ti raccomando è di non giocare mai soldi che ti servono, dai quali dipende la tua famiglia, ma solo quelli che ti avanzano. Quindi ricorda: qualsiasi tua convinzione può essere smontata, basta dimostrare che non c'è un nesso con l'esperienza che la sosteneva.

Come puoi immaginare, un buon Financial Coach ha delle convinzioni su di sé. Se io fossi convinto di non essere un buon formatore, come entrerei in aula? Certo a capo chino e braccia conserte, e poi con tono dimesso direi ai miei allievi: «Buongiorno, sono molto contento di vedervi qua. Oggi faremo un bellissimo corso... almeno lo spero!» Chi ha paura non è in grado di stare davanti a un pubblico, non può trasmettere emozioni. Così un Financial Coach che non sia convinto delle sue capacità non può insegnare ad altri come gestire con successo il loro denaro né può gestire con successo il suo. Come ho già avuto modo di dire, è chiaro che al di là delle convinzioni è necessario avere una preparazione di fondo; se non c'è, non si ha materiale sul quale lavorare. Ma a parità di preparazione, di pubblico e di persone, di aula e di condizioni ambientali, è la convinzione a fare la differenza.

Io sono convinto di essere un buon formatore, per cui quando entro in aula trasmetto ai miei allievi tutta la mia sicurezza. Gesticolo in un certo modo, parlo con un certo tono e ottengo certi risultati. Quindi la convinzione non è vera o falsa, ma semplicemente mi limita o mi potenzia. Una convinzione limitante ti frena perché non ti permette di scoprire sulla tua pelle se è vero o meno ciò che pensi. Per tornare all'esempio fatto poco fa, prima di decidere che ti è assolutamente impossibile vincere in

Borsa, fai esperienza, e poi chiediti se ti piace o meno. Nel secondo caso, lascia stare e prova qualcos'altro; ma fallo, perché se lascerai stare, lo farai perché ti sarai reso conto per esperienza diretta che non riesci, che la Borsa non fa per te, e non avrai rinunciato perché, come è successo a me, conosci qualcuno che gioca e non fa che perdere. Almeno potrai dire a te stesso che la tua decisione deriva da una tua esperienza.

Se pensi che per fare soldi ci vogliano i soldi, e lo pensi perché un tuo amico è povero da sempre e per questo non può riscattarsi dalla sua situazione, io ti posso portare dieci esempi di persone che non avevano nulla e sono diventate milionarie. Molti tra i grandi potenti d'Italia, in fondo, sono emersi dal nulla. Anche Google non c'è da sempre, ha avuto un suo inizio. Tutte le idee sono nate da zero.

L'inventore e scienziato Alexander G. Bell, in America, fu a lungo considerato l'inventore del telefono, sino a che nel 2002 lo stesso Parlamento statunitense non riconobbe la paternità dell'invenzione ad Antonio Meucci. Bell provò a vendere il suo brevetto per 100.000 dollari a una compagnia telefonica famosa in

America che non accettò la richiesta, ritenendola troppo esosa. Allora Bell si mise in proprio, creò una sua compagnia guadagnando miliardi di dollari. Meno male per lui che la prima vendita non fosse andata a buon fine, perché avrebbe ceduto il più grande brevetto mai creato. Quindi di idee, di convinzioni che ti possono limitare o meno, ce ne sono tante; e puoi smontarle.

Ora fai questo esercizio: prendi una convinzione limitante a proposito della possibilità di diventare un buon coach o di saper gestire con successo i tuoi soldi. Se tu da domani volessi impegnarti nella formazione o volessi iniziare a lavorare con intelligenza finanziaria, cosa ti frenerebbe? Se trovi una convinzione limitante in questo senso crea il tuo tavolino, scrivila sul piano e metti sulle gambe i riferimenti alle esperienze che la sostengono. A questo punto chiediti per ciascun riferimento: «Ma è sempre vero questo? Il fatto che non abbia esperienza significa che non potrò mai acquisirla e divenire un buon coach?», il fatto che finora hai "portato secchi" significa che non potrai mai costruire il tuo acquedotto imparando a lavorare con intelligenza finanziaria? In pochi minuti individua la convinzione da eliminare e smontala.

SEGRETO n. 67: puoi smontare una tua convinzione limitante aiutandoti con la strategia del tavolino di Robbins: sul piano scrivi la tua convinzione limitante, sulle gambe i riferimenti che la sostengono e poi procedi a scardinarli.

Hai distrutto la tua convinzione limitante? Se sì, ottimo. Tuttavia sono sicuro che non basta, perché quando hai iniziato a leggere la guida probabilmente non ne avevi una sola, quindi dovrai ripetere lo stesso procedimento più di una volta, per ogni convinzione limitante. La nostra cultura, infatti, ce ne ha trasmesse davvero tante e altre si possono essere formate nel corso della nostra vita. Le nostre convinzioni, infatti, nascono a volte da esperienze proprie e a volte da quelle degli altri. In tenera età assorbiamo le convinzioni dei nostri genitori e le prendiamo per verità rivelate, diventano la nostra realtà e il nostro modo di pensare.

Mio padre, ad esempio, mi ha trasmesso delle buone convinzioni. L'ho sempre visto imprenditore e per questo non mi è mai passato per la mente di essere, un giorno, dipendente di qualcuno. Ecco perché, già dalla maggiore età, ho sempre lavorato in proprio, ho sempre avuto molte idee, alcune delle quali mi hanno poi portato al successo. Le convinzioni sono a un livello interiore talmente profondo che davvero hanno il potere di cambiare la vita.

Le convinzioni del padre ricco, rispetto a quelle del padre povero, hanno cambiato la vita di Robert Kiyosaki e lo hanno portato a creare le varie sue teorie tra cui quella dei quadranti. Ha poi sottolineato l'importanza del cash flow senza le sovrastrutture complicate proprie degli studi economici. Il padre ricco faceva vedere ai due ragazzini dei disegni, degli schemi come quelli che hai visto in queste pagine. Sono intuitivi, tutti sono in grado di comprenderli e anche tu potrai ripeterli ad altri. Che il ricavo è dato dal guadagno meno la spesa, infatti, te lo hanno insegnato in prima elementare e il concetto del cash flow è tutto lì.

Kiyosaki ci dice, con grande semplicità, che un'attività è qualcosa che aggiunge soldi, mentre una passività è qualcosa che li sottrae. Sono schemi semplicissimi con i quali, però, è possibile cambiare la propria vita e quella degli altri; l'importante è che tu ne sia convinto.

Io ti ho offerto più spunti, più strategie possibili, ti ho mostrato come i ricchi, pur guadagnando di più, riescono a pagare meno tasse. Ricorda sempre che «tutto ciò che l'uomo può pensare, può anche realizzare», ma soprattutto che «tutto ciò che l'uomo non riesce a pensare, non riuscirà mai a realizzare». Infatti, se tu non credi in qualcosa è certo che non la realizzerai. Lo so perché è capitato a me, perché è capitato ad altri e perché nel settore della formazione, come in molti altri, se non si crede nelle proprie possibilità non si va avanti.

Abbiamo detto che le tecniche di PNL sono nate come ciò che per definizione funziona; sono state create modellando le persone di successo, i geni, i grandi comunicatori, i leader, i ricchi. In questo ambito è stato effettuato un modellamento che ha prodotto dei risultati evidenti, malgrado le persone modellate avessero obiettivi diversi, standard diversi, una visione diversa delle prospettive di rendimento e strategie molto diverse. Il modellamento è stato fatto su persone reali, perché persone di successo esistono; ci sono nomi e cognomi dietro a queste teorie, e utilizzandole molte persone sono diventate ricche.

416

Per farti un esempio, oggi Bandler, assieme al suo nuovo socio John La Valle, subentrato a Grinder, ha creato un sistema di rendita legato alle certificazioni dei programmi ufficiali di PNL. Hanno previsto che chiunque venga certificato paghi una tassa pari a 200 dollari; hanno deciso che è questo il valore di una loro firma su una certificazione e della spedizione del documento dall'America. Benissimo: se lo meritano, guadagnano molti soldi perché hanno avuto tante buone idee in passato, hanno lavorato sodo, con intelligenza e hanno costruito il loro acquedotto. Oggi possono stare tranquilli, fare due/tre corsi l'anno e insegnare tutto quello che sanno. Sicuramente lo fanno con la massima disponibilità, perché ci credono al 100 per cento, e al tempo stesso possono avere tutta la libertà che vogliono.

Smetti, se ancora lo fai, di portare secchi d'acqua, perché non ne vale la pena e prima o poi ti stancherai. Comincia invece a pensare a come lavorare con intelligenza e a come costruire il tuo acquedotto. L'unico modo per farlo è agire. Spero che leggendo questa guida ti siano venute veramente tante idee positive per il tuo futuro.

La cosa più importante, comunque, è crederci. Se sei convinto che qualcosa possa funzionare troverai un modo per realizzarla. Quando c'è un perché nel fare una certa cosa, il come si trova sempre, mentre non è vero il contrario. Se non c'è il perché, infatti, non troverai mai il come. Potrai conoscere tecniche e strategie ma se non ci credi non funzioneranno.

Se sei convinto di poter fare qualcosa, avendo anche una buona preparazione, potrai arrivare dovunque. L'invito è quello ad agire, a continuare, a non lasciare che il lavoro finisca con la lettura di questa guida ma continui da domani. Perché è da domani che sarai nella tua vita reale e, preso da mille impegni, avrai difficoltà nel pianificare. Sarà proprio in quel momento che dovrai trovare la forza di farlo; di decidere quali obiettivi vuoi raggiungere da qui a un anno o dieci anni, e per quanto tempo ancora vuoi accettare questi standard.

SEGRETO n. 68: se sei convinto che qualcosa possa funzionare, troverai un modo per realizzarla; se c'è il "perché", infatti, il "come" si trova sempre.

RIEPILOGO DEL GIORNO 10:

- SEGRETO n. 64: le leve finanziarie interne consistono nelle risorse proprie di ognuno, su cui ci si deve basare per raggiungere la ricchezza e la libertà finanziaria.
- SEGRETO n. 65: le leve esterne sono i mezzi come la tecnologia che, prescindendo dalla singola persona, possono aiutare a raggiungere ricchezza e successo.
- SEGRETO n. 66: la leva delle convinzioni è fondamentale per raggiungere il successo e la libertà finanziaria; a seconda che siano positive o negative, possono spingerti verso di essi o sbarrarti la strada.
- SEGRETO n. 67: puoi smontare una tua convinzione limitante aiutandoti con la strategia del tavolino di Robbins: sul piano scrivi la tua convinzione limitante, sulle gambe i riferimenti che la sostengono e poi procedi a scardinarli.
- SEGRETO n. 68: se sei convinto che qualcosa possa funzionare, troverai un modo per realizzarla; se c'è il "perché", infatti, il "come" si trova sempre.

CONCLUSIONE

I principi del coaching sono molto semplici, che si tratti di crescita personale, sportiva o finanziaria. C'è uno stato attuale, il presente, e uno stato desiderato, il futuro; il coach è colui che ti ci porta.

Se il coach sei tu, è importante che tu sia chiaro nello spiegare al cliente che la responsabilità della buona riuscita del coaching è condivisa tra te e lui. Infatti il coach non può prendere il cliente e portarlo al risultato senza che lui faccia nulla. Ricordi Robbins? «Tu mi hai programmato male!» Non è così, il coach può aiutare, fornire gli strumenti, ma poi è il giocatore a scendere in campo per segnare il suo goal. Il coach è colui che dà il quarantesimo cammello e poi se lo riprende.

Vorrei che dopo la lettura di questa guida tu pensassi a come mettere in pratica tutto questo anche con le persone con cui ti rapporti ogni giorno; dunque non solo con i clienti, ma anche con la famiglia, con i figli, con i genitori, gli amici. Magari arriva un tuo amico arrabbiatissimo per qualcosa che gli è successo in ufficio e tu con le tue domande puoi aiutarlo, guidarlo a stare meglio. Con il partner, con i figli, le domande sono uno strumento che crea sintonia, che dà fiducia, comprensione, che trasmette valori; soprattutto trasmette ascolto e interesse verso quella persona che ha tante cose da dirti, e che sicuramente puoi aiutare a raggiungere i propri obiettivi.

Richard Bandler dice: «Lasciate le persone in uno stato migliore di quello in cui le avete trovate.» È una frase straordinaria. Fai la stessa cosa: aiuta tutte le persone che hai intorno a stare meglio, a cominciare da te stesso.

Buon lavoro!
Giacomo Bruno

www.ingramcontent.com/pod-product-compliance
Lightning Source LLC
Chambersburg PA
CBHW062152270326
41930CB00009B/1504